Denken, das Weite atmet

Festschrift für Hans Waldenfels

Günter Riße / Klaus Vellguth (Hg.)

Denken, das Weite atmet

Text und Kontext in der Theologie

Matthias Grünewald Verlag

VERLAGSGRUPPE PATMOS

PATMOS
ESCHBACH
GRÜNEWALD
THORBECKE
SCHWABEN

Die Verlagsgruppe
mit Sinn für das Leben

Für die Verlagsgruppe Patmos ist Nachhaltigkeit ein wichtiger Maßstab ihres Handelns. Wir achten daher auf den Einsatz umweltschonender Ressourcen und Materialien.

Bibliografische Information der Deutschen Nationalbibliothek
Die Deutsche Nationalbibliothek verzeichnet diese Publikation in der Deutschen Nationalbibliografie; detaillierte bibliografische Daten sind im Internet über http://dnb.d-nb.de abrufbar.

Umschlaggestaltung: Finken & Bumiller, Stuttgart
Druck: CPI – buchbücher.de, Birkach
Hergestellt in Deutschland
ISBN 978-3-7867-3123-8

Inhalt

Vorwort

Anlässlich des 85. Geburtstags von Prof. Dr. Dr. h.c. Hans Waldenfels SJ fand vom 7. bis 9. Oktober 2016 an der Philosophisch-Theologischen Hochschule Vallendar das Symposium „Text und Kontext in der Theologie – Kontextuelle Ansätze in einer globalisierten Welt" statt. Organisiert wurde das Symposium vom Institut für interkulturelle und interreligiöse Begegnung (IIIB), dem Institut für Missionswissenschaft (IMW) sowie von der Waldenfels-Born-Stiftung. Im Rahmen des zweieinhalbtägigen Kongresses wurden sowohl Vorträge zur Relevanz kontextueller Theologien als auch konkrete kontextuelle Theologien vorgestellt. Dabei zeigte sich: Theologie kann heute nicht mehr kontextlos gedacht werden. Kontextualität ist längst zu einem theologischen Schlüsselbegriff in der postchristlichen Moderne geworden, in der das Christentum nicht mehr für sich den Anspruch erheben kann, die alleinige Norminstanz zu sein.

Kontextualität darf dabei nicht mit religiösem Relativismus gleichgesetzt werden. Deshalb betonte das Symposium neben dem Kontext gerade auch die Bedeutung des Textes. „Gott hat sich uns in Jesus Christus geoffenbart", lautet der von Hans Waldenfels formulierte christozentrische Grundsatz einer kontextuellen Fundamentaltheologie. In dieser Formulierung kommt in zugespitzter Form zum Ausdruck, dass es im theologischen Diskurs gerade auch um die verbindliche Überlieferung einer Offenbarung geht, die in verschiedenen und sich permanent wandelnden Kontexten immer neu gesagt werden soll.

Die Vorträge des Symposiums „Text und Kontext in der Theologie – Kontextuelle Ansätze in einer globalisierten Welt" wurden von Schülerinnen und Schülern von Hans Waldenfels gehalten, die in ihrem eigenen theologischen Wirken vom kontextuellen Denken des Bonner Fundamentaltheologen beeinflusst wurden und heute selbst an unterschiedliche Orten in der theologischen Lehre und Vermittlung tätig sind. Die Beiträge des Symposiums werden im vorliegenden Band dokumentiert und laden dazu ein, die Kontextualität der Theologie als eine im Zeitalter der Globalisierung nicht mehr wegzudenkende Hermeneutik neu zu bedenken.

Günter Riße

Klaus Vellguth

Text und Kontext in der Theologie
Rückblick und Ausblick

Hans Waldenfels

Der „Ort" der „Kontextualität"

Als ich vor gut 30 Jahren 1985 meine *Kontextuelle Fundamentaltheologie* veröffentlichte, war das Attribut „kontextuell" eher eine Verlegenheitslösung. Es war die Stunde der Fundamentaltheologie. Ein vierbändiges Handbuch erschien[1]. Der Altmeister Heinrich Fries gab seine Fundamentaltheologie heraus[2]. Eugen Biser sprach von „hermeneutischer Fundamentaltheologie", Peter Knauer von „ökumenischer Fundamentaltheologie", Johann Baptist Metz von „praktischer Fundamentaltheologie"[3]. „Kontextuell" war vor allem eine Anregung der lateinamerikanischen Theologie. Das wachsende Bewusstsein für die sprachlich-kulturelle Vielfalt der Theologie machte klar, dass die aktuelle Verkündigung der christlichen Botschaft sich nicht mit der korrekten Wiedergabe der Botschaft begnügen kann, sondern sich vor allem um das Verständnis der Adressaten kümmern muss. Was nützt die schönste Botschaft, wenn sie nicht verstanden wird? Das war Anlass genug, zu fragen, wohin die Botschaft mit ihrem „Text" gehen soll, um so den „Kontext" zu beachten[4].

„Kontextualität" hat nicht zuletzt mit der Sprache, gerade auch in diesem Sinne mit Texten und ihren Kontexten zu tun. Erschien in den Tagen des letzten Konzils noch wichtig, dass Latein als verbindende und verbindliche Sprache der westlichen Kirche gepflegt wird, brach diese Sicht in der Folgezeit mehr und mehr in sich zusammen. Ich darf daran erinnern, dass ich die philosophischen Kernfächer in Pullach bei München in den Jahren 1953–1956 noch auf Latein gehört habe und in ihnen lateinisch geprüft wurde. Auch in Tokyo, wo ich Theologie studierte, wurde in den Jahren 1960–1964 noch lateinisch unterrichtet, und meine mündliche Prüfung zur Promotion an der römischen Gregoriana legte ich kurz nach dem Konzil

---

[1] Vgl. Kern, Walter/Pottmeyer, Hermann/Seckler, Max (Hrsg.), Handbuch der Fundamentaltheologie (4 Bde.), Freiburg 1985 ff.
[2] Vgl. Fries, Heinrich, Fundamentaltheologie, Graz 1985.
[3] Vgl. Biser, Eugen, Glaubensverständnis. Grundriss einer hermeneutischen Fundamentaltheologie, Freiburg 1975; Knauer, Peter, Der Glaube kommt vom Hören. Ökumenische Fundamentaltheologie, Graz 1978; Metz, Johann Baptist, Glaube in Geschichte und Gesellschaft. Studien zu einer praktischen Fundamentaltheologie, Mainz 1977.
[4] Vgl. ausführlicher die Einführung zur 4. Auflage aus dem Jahr 2005, S. 16–30.

1967 gleichfalls in lateinischer Sprache ab. Der Einspruch der Pius-Bruderschaft gegen Teile des Konzils, vor allem gegen die heute verbreitete Gestalt der Messfeier in den Muttersprachen, hat auch wesentlich mit dem vermeintlichen Verlust kirchlicher Einheit in der Sprache zu tun.

Es ist keine Frage, dass der Einspruch Joseph Ratzingers bei seiner Wahl zum Papst gegen die Vorherrschaft des Relativismus mit einer Verängstigung gegenüber dem Einfluss pluralistischen Denkens und Handelns zu tun hatte. Diese Angst zeigt sich heute sowohl im Inneren der Kirche als ganz allgemein in der Gesellschaft. Die Internationalisierung der kirchlichen Leitung und die vom jetzigen Papst geforderd Dezentralisierung der Kirche[5] ist ein starker Appell zur Umsteuerung. Andererseits greifen die Ängste vor dem Fremden und Anderen angesichts der starken Migrationsbewegungen in unserer Öffentlichkeit in erschreckendem Maße um sich.

Bei all dem ist die Kontextualität der Theologie jedoch in den letzten Jahrzehnten so sehr zur Selbstverständlichkeit geworden, dass sie grundsätzlich kaum noch thematisiert wird. Dabei ist das Interesse an der Eingebundenheit in die Kontexte der Geschichte und Gesellschaft einer der wesentlichen Gründe für die veränderte Gestalt heutiger Theologie. Diese zeigt sich, wenn man beachtet, dass man die Theologie heute sowohl mit einem deutlichen Zeit- als auch einem Raumindex verstehen muss. Davon ist im Folgenden zu handeln. Wir beginnen mit dem Zeitindex.

Theologie in der Zeit

● **Zeit und Geschichte:** Wer bewusst in der Zeit denkt, weiß, dass wir aus einer Vergangenheit kommen, in der Gegenwart leben und auf Zukunft hin unser Leben gestalten. Die Zeit ist dann gleichsam eine Linie, die voranschreitet. Dem widerspricht nicht die andere Beobachtung, dass es innerhalb des Fortschreitens etwa die zyklischen Wiederholungen der Jahreszeiten gibt, die der Mensch nicht beeinflussen kann, denen er aber ausgesetzt ist. Der Unterschied wird deutlich, wenn wir auf den doppelten Begriff der „Zukunft" in der christlichen Liturgie achten; lateinisch gesagt; *adventus* und *futurum*. Im Sinne von *adventus*, „Advent", ist Zukunft, das, was uns erwartet und geschenkt wird, in einem ungläubigen Verständnis das, was uns bedroht und in seiner Unberechenbarkeit ängstigt, *futurum* dagegen die Zukunft, die wir Menschen gestalten.

---

[5] Vgl. dazu Waldenfels, Hans, Sein Name ist Franziskus. Der Papst der Armen, Paderborn 2014, S. 64 f. u. ö.

Den linearen Ablauf der Zeit nennen wir „Geschichte". Grundmerkmal der Geschichte ist, dass sie sich verändert und dass das, was geschieht, endlich ist und vergeht. Zum heutigen Verständnis der Geschichte gehört, dass der Mensch selbst wesentlich die Geschichte gestaltet und in ihr zum Guten wie zum Schlechten wirkt. Der Mensch ist das Subjekt der Geschichte. Nach einer langen Periode der Euphorie und des Stolzes über die vollbrachten Leistungen neigt die Menschheit heute in großen Teilen eher zu einer pessimistischen Sicht der Dinge.

Nun steht in *Evangelii gaudium* 222 der Satz: „Die Zeit ist mehr wert als der Raum." Ob Papst Franziskus damit der Frage der Kontextualität voll gerecht wird, lässt sich bezweifeln. Der Satz stimmt, solange die Kontextualität in einem eher einheitlichen Raum gesehen wird. Doch auch dann führen der Zeitindex und damit die Hinwendung zur Geschichte zur Beschäftigung mit den Kontexten und der Kontextualität.

• **Gott und Geschichte:** Nun spricht die Theologie aber, wie es der Begriff sagt, von Gott. Gott aber ist aus seinem grundsätzlichen Verständnis heraus der Zeitlose, der Ewige, der Unendliche und Unveränderliche, also gegenüber der vergänglichen und sich stets verändernden Welt der Ganz-Andere. Angesichts des Interesses an diesem Ganz-Anderen, am Ewigen und Unvergänglichen ist zu verstehen, dass der Sinn für geschichtliche Abläufe in den Hochzeiten theologischen Denkens im Mittelalter, gerade auch in der Zeit der Universitätsgründungen in Europa, eher in den Hintergrund treten, ja in gewissem Sinne in Vergessenheit geraten musste.

• **Vernunft und Glaube:** Das abendländische Mittelalter war aber auch die Zeit, in der die Denker sehr bewusst begannen, ihr Denken, also die Leistung der Vernunft, mit dem immer neuen Staunen über das im christlichen Glauben Vermittelte zu verbinden. Die Mitte der christlichen Botschaft war und ist die Kunde von einem Mensch gewordenen Gott. Die Menschwerdung aber ist ein geschichtliches Ereignis von einzigartigem Rang und stellt eine Zäsur der ganzen Geschichte dar. Kein Wunder, dass der Glaube an den einzigartigen Eintritt Gottes in die Zeit die Geschichte gleichsam halbierte und die Zeit sich in eine Zeit vor und eine Zeit nach der Geburt Christi teilte. Die Entstehung der Zeitrechnung und des Kalenders ganz allgemein ist ein eigenes Thema[6]. Interessant ist, dass sich die im Christentum gründende Zeitmessung heute weltweit als verbindende Zeitbestimmung durchgesetzt hat.

---

[6] Vgl. dazu Maier, Hans, Die christliche Zeitrechnung, Freiburg [6]2008; Ders., Welt ohne Christentum – was wäre anders? Freiburg [6]2016, S. 33–63.

Gerade das singuläre Ereignis der Menschwerdung Gottes in Jesus von Nazareth treibt die christliche Theologie bis auf den heutigen Tag an, in diesem einen Menschen Gott und seine eigentümliche Präsenz in dieser Welt zu erkennen[7]. Von der Geburtsstunde des Christentums an stand aber weniger das Menschsein Jesu im Vordergrund des Interesses als seine Göttlichkeit. Denn nicht das Menschliche war an diesem Menschen Jesus von Nazareth das Besondere, sondern der Anspruch seiner Göttlichkeit und die Überzeugung von Menschen, dass in ihm der unzugängliche und unbegreifliche Gott ein menschliches Antlitz erhalten hat. Folglich ging es in allen großen Konzilien der Frühzeit bis zu Chalkedon und Konstantinopel, wie wir Christen bis heute im großen Glaubensbekenntnis bekennen, um sein „wahrhaft Mensch- und wahrhaft Gott-Sein" (vgl. DH 301 f.).

• **Die Rolle der lateinischen Sprache:** Hier ist noch ein anderes zu beachten: Die Sprachform, in der die zentrale Glaubensüberzeugung des Christentums inzwischen ausgedrückt wird, ist nicht biblisch, sondern wesentlich von der Begrifflichkeit griechischen Denkens geprägt. Dieser Prozess hat sich in der Folgezeit, als es unter dem Einfluss politischer Entwicklungen zur Trennung von morgenländischer und abendländischer Christenheit kam, fortgesetzt.

Für die weitere Entwicklung der abendländischen Christenheit waren zwei gravierende Momente bedeutungsvoll. Einmal übernahm die lateinische Sprache im intellektuellen wie im politischen Diskurs die Führung. Man kann auch sagen: Die im Volk sich ausbreitende Sprache ersetzte im Westen des römischen Reiches das Griechische. In der Folgezeit überlagerte Latein in der Expansion des römischen Reiches weithin auch die Sprachkulturen der besetzten einheimischen Völker.

Dieser Siegeszug des Lateinischen wurde nicht zuletzt dadurch begünstigt, dass es schon früh eine bemerkenswerte lateinische Literatur gab und zudem die lateinische Fassung des römischen Rechts dieser Gestalt des Rechts einen hohen Einfluss in der abendländischen Welt sicherte. Das wiederum war nicht nur im weltlichen, sondern auch im kirchlichen Bereich der Fall.

Die lateinische Sprache war jedenfalls das entscheidende Band der Einheit. Wo immer die abendländische Welt sich in der Folgezeit expansiv durchsetzte, war die lateinische Sprache ein entscheidender Faktor geistiger und politischer Machtausübung. Erst in unseren Tagen erleben wir den

---

[7] Vgl. die grundlegenden Arbeiten von Menke, Karl-Heinz, Stellvertretung. Schlüsselbegriff christlichen Lebens und theologische Grundkategorie, Einsiedeln/Freiburg 1991; Ders., Einzigkeit und Universalität Jesu Christi. Im Dialog mit den Religionen, Einsiedel/Freiburg 2001; Ders., Jesus ist Gott der Sohn. Denkformen und Brennpunkte der Christologie, Regensburg 2008.

endgültigen Bedeutungsschwund der lateinischen Sprache. Das zeigt sich nicht nur in der katholischen Kirche, sondern im gesamten Bildungsbereich. Nicht ohne Grund beklagen inzwischen selbst evangelische Theologen und andere Geisteswissenschaftler den Verlust an kultureller Verankerung durch die wachsende Geringschätzung der alten Sprachen.

In dem Maße aber, als es im Mittelalter politisch um Macht und deren Ausweitung ging, waren geschichtliche Entwicklungen (noch) kein vordringliches Objekt wissenschaftlichen Interesses. Die Krone der Wissenschaft waren – analog zum Kräftespiel zwischen Kaiser und Papst, Politik und Religion – Philosophie und Theologie. In beiden Disziplinen aber ging es wesentlich um das „Metaphysische", also um das, was jenseits des Physischen, jenseits der Natur liegt, bzw. um die „Transzendenz", also um das, was hinter allem Vordergründigen liegt und dieses übersteigt. Es ging um Gründe und Ursachen, um Ziele und Zwecke. Das aber konnte im Sinne von Anfang und Ende keine Vielfalt, sondern nur das Eine sein. Von diesem Einen sagt Thomas von Aquin in der klassischen Formel seines Denkweges am Ende: „Das nennen wir Gott." (vgl. S.th. I q.2). Was die großen Theologen des Mittelalters noch in großer Demut letztlich schweigend anerkannten, berührt heute viele Zeitgenossen nicht mehr, im Gegenteil, sie wehren es ab.

• **Verlust der Einheit:** Wir können hier nicht die Etappen unserer Geschichte, die in unserem Bewusstsein im Wesentlichen eine Geschichte Europas und dann der westlichen Welt war, im Einzelnen nachzeichnen. Unbestritten ist, dass den Beginn der abendländischen Neuzeit erneut eine Zäsur der Zeitgeschichte markiert, in deren Endphase wir heute eingetreten sind. Zwar war die Einheit des Christentums schon früh zerbrochen. Erst heute erkennen wir, wie fremd uns die ursprüngliche Gestalt des Christentums in Syrien und im palästinensischen Raum geworden ist. Die Einheit zwischen den so genannten „orthodoxen Kirchen" und der Westkirche zerbrach im Mittelalter. Die Aufhebung des Bannspruchs zwischen Rom und Konstantinopel am 7. Dezember 1965, einen Tag vor Schließung des Zweiten Vatikanischen Konzils, gehörte zu den ergreifendsten Momenten der großen Kirchenversammlung. An das römische Ereignis kann ich mich lebhaft erinnern, zumal es mit einem Schuldbekenntnis des damaligen Papstes Pauls VI. verbunden war.

Das Jahr 2017 erinnert an die weitere Verwundung des Christentums vor 500 Jahren, als die Reformation ausbrach und die Einheit der westlichen Kirche endgültig zerbrach. Leider erleben wir in unseren Tagen nur Spuren einer sich versöhnenden Verschiedenheit. Doch viel stärker ist inzwischen das Gefühl des Zusammenbruchs christlichen Lebens im Abendland überhaupt, über das sich die Kirchenleitungen vielfach mit wenig glaubwürdigen Appellen hinwegzutrösten suchen.

Dabei wurde die Reformation selbst im Raum der katholischen Kirche zunächst überspielt. Die Gegenreformation zeigte ihre Wirkung. Neue Orden entstanden, das Bildungswesen blühte auf. Das Papsttum erstarkte. Das Christentum breitete sich aus, zwar nicht so stark in Asien, aber in den verschiedenen Teilen Amerikas, in Afrika und Ozeanien. Im Schatten der Kolonialpolitik europäischer Völker waren die christlichen Missionare, die aus den europäischen Ländern in alle Welt eilten, erfolgreich. Nachdenklich stimmen muss nachträglich, dass ein Teil Amerikas bis heute als „Latein-Amerika" bezeichnet wird.

Mit den vergangenen 500 Jahren verbinden sich aber weitere Prozesse, die dem Christentum am Ende abträglich waren. Auf unterschiedliche Weise zeigte sich, dass der Mensch sich selbst als das weltbeherrschende Subjekt versteht. Die Welt wurde anthropozentrisch betrachtet. Was in der Euphorie lange übersehen wurde, ist, dass der Mensch konkret lange Zeit kein anderer war als der Europäer und dann der Bewohner der „Neuen Welt" Amerikas, also die Bewohner der westlichen Welt. Einprägsame Stichwörter der westlichen Neuzeit sind:

+ „*Entdeckungen*" fremder Länder, Welten und Kulturen bis hin zum Umsturz des Weltbildes und zu den heutigen Ausflügen ins All,

+ „*Erfindungen*" von der Buchdruckerkunst über Waffen und Maschinen bis zu den heutigen Möglichkeiten der Mobilität und Kommunikation,

+ „*Säkularisierung*", die Trennung bzw. Unterscheidung von Religion und Staat bzw. ganz allgemein: der Gesellschaft und der Freiheit in und von der Religion[8],

+ „*Autonomie*" und „*Subjektivität*" als Ausdruck radikaler menschlicher Selbstbestimmung bis hin zur heutigen Gender-Bestimmung und einem radikalen Individualismus.

Alle genannten Momente haben ihre positiv-konstruktive Seite. Doch erreichen wir inzwischen Punkte, in denen das freundliche Gesicht menschlichen Fortschritts zu einer Angst einflößenden Fratze wird. Katastrophenerfahrungen werden zu Wendepunkten der Geschichte hochstilisiert:

+ 6. und 8. August 1945 die Atombombe auf Hiroshima und Nagasaki.

+ 26. August: 1986 Nuklearkatastrophe von Tschernobyl.

+ 11. September 2001: Terroranschläge auf das World Trade Center in New York und in Washington, gefolgt von unzähligen Anschlägen bis in unsere Tage.

---

[8] Vgl. dazu grundlegend Taylor, Charles, Ein säkulares Zeitalter, Frankfurt 2009.

+ 11. März 2011: Tsunami vor Fukushima in Japan. Immer noch wirkt Auschwitz nach, aber auch der Fall der Berliner Mauer. Es gibt weitere Daten. Die Migrationen der letzten Jahre, begleitet vom modernen Terrorismus, führen zu so vielen erschreckenden Erfahrungen, dass inzwischen – unabhängig von den Ängsten – die Sinne sich abstumpfen und die Kraft zur Trauer schwindet.

Das alles beweist, dass das Wissen um Geschichte und Geschichten wohl zu keiner Zeit so groß war wie heute. Dank der modernen Kommunikationsmittel und der sozialen Medien leben wir heute gleichsam überall in der Welt. Das führt dahin, dass der Fremde und Andere uns niemals so nah war wie heute. Wir sind am Ende überall zu Hause und nirgends. Das führt dahin, dass viele Menschen sich heute heimatlos fühlen. Leider trägt die Kirche in unseren Breiten nicht wenig dazu bei, dieses Gefühl noch zu verstärken.

Damit kommen wir aber zu der anderen Seite der Geschichte, die sich in Zeit und Raum abspielt. Erst der Raumindex eröffnet uns den vollen Sinn für die Vielfalt, ihre Bereicherung, aber auch ihre Belastung. Es ist der Sinn für den Raum, der den Blick für die Kontexte vollendet. Es kommt hinzu, dass die Kontexte sich längst nicht mehr auf das Umfeld literarischer Texte beschränken.

Ehe wir uns diesen Seiten zuwenden, möchte ich den Blick zunächst auf jene Seite von Kontextualität richten, die der Begriff in seiner ursprünglichen Bedeutung zum Ausdruck bringt: Den Zusammenhang von literarischem Text und Kontext und das, da es um die Kontextualität der Theologie geht, zunächst im Blick auf den christlichen Urtext, die Bibel.

Die Bibel in Text und Kontext

In unserer Sprachwelt[9] bezeichnet „Text" vor allem die gesprochene oder geschriebene Gestalt sowie den Inhalt dessen, was wir aussagen. Vor allem geht es um die geschriebene Gestalt der Versprachlichung, die dem, was Menschen sagen, Dauer verleiht.

Grundlegend für das christliche Selbstverständnis ist, dass Gott zu uns spricht. Das Buch des Ursprungs, die Bibel, ist für den gläubigen Christen „Gottes Wort". Da sie uns aber immer als menschliches Wort begegnet, sprechen wir von „Gottes Wort im Menschenwort".

---

[9] Dass es über die Verbindung mit „Textilien" auch andere Assoziationsketten gibt, zeigt sich im Japanischen. Vgl. Waldenfels, Hans, Absolutes Nichts. Zur Grundlegung des Dialogs zwischen Buddhismus und Christentum, Erweiterte Neuausgabe Paderborn 2013, S. 69 A. 33.

• **Beginn kontextuellen Denkens:** Es gehört zu den Errungenschaften des ausgehenden 18. bzw. beginnenden 19. Jahrhunderts, dass die Bibel deutlicher als zuvor als Dokument der Geschichte, d. h. als ein in der Geschichte entstandenes literarisches Werk wahrgenommen wurde und seither auch inhaltlich auf seine historischen Aussagen und Verankerungen geprüft wird. Auch wenn der Begriff „Kontextualität" noch nicht erscheint, kann man die historisch-kritische Bibelanalyse, die seither eine starke bestimmende Rolle im Umgang mit der Heiligen Schrift spielt, als den Beginn kontextuellen Denkens in der Theologie bezeichnen.

Die historische Ortung eines Textes zeigt, dass er auf vielfache Weise befragt werden kann:

+ Wann und wo ist er entstanden?

+ Wer war sein Autor?

+ Für wen und in welcher Absicht ist der Text geschrieben?

+ Unabhängig von Entstehungszeit und Entstehungsort und vom Verfasser, kann nach der Wirkung eines Textes gefragt werden, nach seiner Rezeption, also nach der Aufnahme beim Leser und Hörer bzw. den Adressaten.

Die damit gegebenen Fragen werden im Fall der Bibel insofern noch komplizierter, als weitere Momente zu beachten sind:

+ Einmal besteht die Bibel aus einer Mehrzahl von Schriften, die auf unterschiedliche Autoren zurückgehen und zu unterschiedlichen Zeiten verfasst wurden.

+ Zudem unterscheiden sich die verschiedenen „Bücher" der Heiligen Schrift in ihren literarischen Formen; es gibt historische Erzählungen und unterweisende Texte, poetische Spruchweisheit und unterschiedliche Prosatexte u. a. m.

+ Wichtig ist vor allem, dass die christliche Heilige Schrift aus zwei Teilen besteht: Der umfangreichen jüdischen Heiligen Schrift und dem so genannten Neuen Testament. Die lange demgegenüber als „Altes Testament" bezeichnete jüdische Heilige Schrift hat deshalb Aufnahme gefunden und ist auch von Christen respektvoll zu lesen, weil sie die Heilige Schrift Jesu war. Jesus war schließlich nicht Mensch im Allgemeinen, sondern konkret der Sohn einer jüdischen Mutter[10].

Mit der historisch-kritischen Exegese setzte zugleich ein starker Diskurs mit vielen anderen Wissenschaften wie der Geschichtswissenschaft, konkret der Judaistik, den Literaturwissenschaften, dann auch der Religionswissenschaft, der Soziologie und Psychologie ein, – kurz: mit allen Wissen-

---

[10] Vgl. Waldenfels, Hans, „Er war Jude", in: Ders., Rückwärts blickend vorwärts schauen. Zeitbetrachtungen zu Christentum und Menschsein, Religionen, Kulturen und Gesellschaft (= Theologische Versuche Bd. 4), Paderborn 2016, S. 238–257.

schaften, die zur Kenntnis des Umfeldes der Bibel beitragen können und somit den „Kontext" der biblischen Texte erschließen helfen. Dasselbe gilt auch für die Rezeption der Heiligen Schrift bis in unsere Tage und in den verschiedenen Teilen der Welt.

Die Redlichkeit erfordert, dass wir eingestehen, dass die katholische Kirche für ihren Binnenbereich die angesprochene Entwicklung bis in das 20. Jahrhundert nachhaltig blockiert hat. Das Papsttum hat in den Entscheidungen der Modernismuskrise und den späteren Verurteilungen weitsichtiger Theologen, die dann im Konzil teilweise rehabilitiert wurden, bis in die Tage des Zweiten Vatikanischen Konzilshinein das freie Wort in der Kirche vielfach verhindert[11]. Der Sinn für das historische Denken hat sich dadurch im Raum der katholischen Kirche nur sehr langsam einen Ort sichern können. Die Streitkultur, die in unseren Tagen neue Blüten treibt, ist alles andere als das Zeugnis eines christlich-liebevollen Umgangs miteinander.

• **Dogmenentwicklung:** Das Interesse an der Kontextualität der Heiligen Schriften in ihrer Entstehung fand seine Fortsetzung in der Hinwendung zur Gegenwart und Zukunft, die sich in der Entwicklung der Lehre, aber auch der christlichen Praxis, zumal der Liturgie und des Sakramentenwesens zeigt[12]. Wir können durchaus von der „Kontextualität der Lehrentwicklung" sprechen. Auch hier wird der Begriff selbst nicht gebraucht. Er verbirgt sich aber hinter dem Begriff der Dogmenentwicklung, zu dem vor allem Karl Rahner Maßgebliches gesagt hat[13]. Der Begriff lädt auf den ersten Blick wieder zu einem Rückblick ein, doch im Jubiläumsjahr des Konzils von Chalkedon 1951 schrieb Karl Rahner einen richtungsweisenden Aufsatz mit der Überschrift *Chalkedon – Ende oder Anfang?*[14].

Bei der Dogmenentwicklung ist Mehreres zu beachten. „Dogma" steht heute für die verbindliche Formulierung der Lehre. Der Begriff hat aber seine eigene Geschichte durchgemacht. Die Entwicklung der Lehre beginnt in der Bibel selbst. Denn im Neuen Testament begegnen wir nicht nur in den Evangelien den Worten Jesu, sondern in weiten Teilen, zumal der paulini-

---

[11] Vgl. Neuner, Peter, Der Streit um den katholischen Modernismus, Berlin 2009.

[12] Vgl. dazu Wolf, Hubert, Krypta. Unterdrückte Traditionen der Kirchengeschichte, München 2015.

[13] Vgl. Rahner, Karl, Sämtliche Werke (Bd. 22/1a), S. 109–160 u.ö.; dort auch Beiträge zu Dogmatik und Exegese.

[14] Vgl. Grillmeier, Aloys/Bacht, Heinrich (Hrsg.), Das Konzil von Chalkedon – Geschichte und Gegenwart (Bd. 3), Würzburg 1954, 3–49. auch in K. Rahner, Sämtliche Werke (Bd. 12), S. 261–301.

schen Briefliteratur der Lehre *über* Jesus und sein Werk. Ihre Reflexion beginnt in der Bibel selbst.

Sodann war die Konstituierung der Bibel als maßgebliches Buch der Kirche unter Einschluss der Bibel Jesu, des Alten Testaments, in sich ein historischer Prozess wie auch die heute wieder diskutierte Ausbildung der Gemeinden und ihrer Autoritätsträger. Diskutiert wird heute auch wie in den Tagen Markions die Rolle der jüdischen Bibel im Gesamt der christlichen Bibel. Beide Fragen, die Kanon- wie die Ämterfrage, beweisen, dass vieles im Fluss ist und die Kirche sich immer neu nach dem Wandelbaren und dem Unwandelbaren in der Kirche fragen muss. Auch diese Frage ist nicht abgeschlossen[15].

Unbestritten war von der ersten Stunde an, dass die christliche Lehre in einer für die jeweilige Hörerschaft verständlichen Sprache vermittelt werden muss[16]. So sind uns selbst die Worte Jesu nicht in seiner Muttersprache, sondern in der damals im römischen Reich verbreiteten griechischen Sprache übermittelt. Als die lateinische Sprache sich im Volke durchsetzte, verdrängte diese Sprache das Griechische im Westen des Reiches und wurde die Sprache der Liturgie, der Konzilien, der Theologie und des Rechts. Hier verdienen die Reformansätze des jetzigen Papstes unsere besondere Aufmerksamkeit; sie verweisen uns in starkem Maße an die Ursprünge der Jesusbewegung.

Bekanntlich hielten die frühen Konzilien ihre Ergebnisse aber in griechischer Sprache fest. Bei der Klärung von Streitfragen fanden Begriffe der

---

[15] Vgl. meine Bemerkungen in: Waldenfels, Hans, Löscht den Geist nicht aus! Gegen die Geistvergessenheit in Kirche und Gesellschaft, Paderborn 2008, S. 36: „Ich denke, dass gerade die Frage, wozu die Kirche berechtigt ist und wozu nicht, weiterer Überlegungen bedarf. Bei der Frage nach den ‚viri probati‘ ging es darum, dass die Kirche ganz offensichtlich heute in ihren Leitungsgremien – Papst und Bischofskollegium – nicht geneigt ist, von dem Gebrauch zu machen, wozu sie berechtigt wäre. Im zweiten Punkt [gemeint ist die Frauenordination] arbeitet sie mit der Voraussetzung, nicht berechtigt zu sein. Könnte es aber hier nicht sein, dass sie sich vielleicht in einer analogen Situation befindet wie Petrus, der bis zu seiner Erfahrung mit dem Heiden Kornelius (vgl. Apg 10) sich nicht befähigt sah, Heiden die Taufe zu spenden? Erst die Schule des Heiligen Geistes befreite ihn von seinen Bedenken." Dazu meine Fußnote: „Die Frage kann hier nicht ausführlicher besprochen werden. Sonst müssten sowohl der Streit zwischen Petrus und Paulus (vgl. Gal 2) als auch die Diskussion des Apostelkonzils (vgl. Apg 15) behandelt werden. Sowohl in der Geschichte des Kornelius als auch am Ende des Apostelkonzils ist ausdrücklich von der Mitwirkung des Heiligen Geistes die Rede: Der Geist kommt auf Kornelius herab vor seiner Taufe; Petrus und seine Gefährten können es nicht fassen, doch Kornelius wird getauft. (vgl. Apg. 10, 44–48), und es ist der Geist, der zusammen mit der versammelten Gemeinde von Jerusalem beschließt: ‚Der Heilige Geist und wir haben beschlossen, […]‘ (Apg 15, 28)".

[16] Dies ist eines der grundlegenden Unterscheidungsmerkmale zwischen Christentum und Islam. Während das Christentum von Anfang an mit Übersetzungen arbeitet, galt der Koran lange als völlig unübersetzbar.

griechischen Philosophie Verwendung. Lange wurde übersehen, dass in dem heute „Hellenisierung des Christentums" genannten Prozess die ursprünglich biblisch-semitische Sicht der Dinge Schaden nehmen konnte und musste. Das führte in der Blütezeit mittelalterlicher Theologie bis in die Gegenwart der Neuscholastik dahin, dass nicht mehr gefragt wurde, was die Bibel aus ihrem Verständnishorizont sagt. Vielmehr wurde die Bibel nach Bestätigungen für die späteren dogmatischen Lehraussagen und Lehrformeln befragt. Dass diese Bestätigungen zumal für die jüngeren Dogmatisierungen sowohl im ekklesiologischen wie im mariologischen Bereich immer schwerer zu erbringen sind, ließe sich leicht aufzeigen. Schwierigkeiten hat die Kirche auch im Bereich der Sakramentenlehre, zumal wenn es um die zwischen Protestantismus und katholischer Kirche umstrittenen Sakramente und ihrer Rückführung auf die Einsetzung durch Jesus von Nazareth geht sowie um die Qualifizierung der verschiedenen Amtsträger und ihrer sakramentalen Vollmacht.

Raphael Schulte, emeritierter Professor für Dogmatik, hat in einem leider zu wenig beachteten großen Werk darauf aufmerksam gemacht, dass nicht die Dogmatik bzw. dahinter das kirchliche Lehramt das Verständnis der Heiligen Schrift bestimmen darf, sondern umgekehrt sich die Dogmatik am Grundverständnis der Bibel zu orientieren hat[17].

Die Offenbarungskonstitution des Zweiten Vatikanischen Konzils *Dei Verbum* 10 sagt es so: „Das Lehramt steht nicht über dem Wort Gottes, sondern dient ihm, indem es nur lehrt, was überliefert ist, insofern es jenes nach göttlichem Auftrag und mit dem Beistand des Heiligen Geistes fromm hört, heilig bewahrt und treu darlegt und all das aus dieser Hinterlassenschaft des Glaubens schöpft, was es als von Gott geoffenbart zu glauben vorlegt."

Das aber kann nicht heißen: Wir können auf historische Studien verzichten, zumal wir heute feststellen, wie vieles wir gar nicht mehr wissen. So sagt Albert Gerhards, Professor für Liturgiewissenschaft in Bonn: „Die Ursprünge christlicher Liturgie liegen noch weitgehend im Dunkeln."[18] Das aber hat seine Konsequenzen für die Frage: Wer war eigentlich Vorsteher beim Herrenmahl in der frühen Kirche? – eine Frage, die angesichts des heutigen Priestermangels eine Lebensfrage ist und zugleich zu einer Überprüfung des kirchlichen Ständewesens führen müsste[19].

---

[17] Vgl. Schulte, Raphael, Die Herkunft Jesu Christi. Verständnis und Missverständnis des biblischen Zeugnisses. Eine theologisch-kritische Besinnung, Münster 2012.

[18] Gerhards, Albert, „Liturgiegeschichte – Ballast oder Wegweiser?", in: Kirchenzeitung für das Erzbistum Köln 29 (2016) 16, S. 17.

[19] Vgl. Neuner, Peter, Abschied von der Ständekirche. Plädoyer für eine Theologie des Gottesvolkes, Freiburg u. a. 2016.

Nicht nur die Theologie, auch das Lehramt wird sich immer wieder fragen lassen müssen, ob und wieweit es in allem, was es lehrt, der grundlegenden Botschaft Jesu gerecht wird. Eine wesentliche Frage bleibt die Frage nach der Grenze zwischen Wandelbarem und Unwandelbarem. Das aber ist längst nicht mehr eine rein theoretische, sondern eine eminent praktische Frage.

Theologie im Raum

Kontextualität hat vordergründig mit der Geschichtlichkeit von „Texten" zu tun. Inzwischen wird der Begriff „Text" aber auch in einem über Schriftfassungen hinausreichenden Sinn gebraucht. Geschichte spielt sich in Zeit und Raum ab. Solange wir uns in der gemeinsamen Zeitgeschichte beheimatet fühlen, tritt der Raumindex eher in den Hintergrund. Tatsächlich wird aber die Einheit der Zeit zugleich von der Vielfalt im Raum geprägt. Gerade in der heutigen Zeit der verbreiteten Mobilität und der starken Migrationen trifft uns die Fremdheit, die Andersheit und Verschiedenheit in der Menschheit oft weniger als Geschenk, denn als Belastung und Grund zu Ängsten. Wir steuern, wie schon gesagt, auf eine starke Heimatlosigkeit zu. Wolfgang Beinert, emeritierter Professor für Dogmatik in Regensburg, hat in einem lesenswerten Beitrag aufgezeigt, dass die in Deutschland verbreitete Reform des Pfarreiwesens nicht unwesentlich dazu beiträgt, dass Menschen sich in der Kirche nicht mehr beheimatet fühlen[20]. Das dies den Vorstellungen von Papst Franziskus widerspricht, ist nicht zu übersehen.

Die Fremdheit begegnet uns heute vor allem in der Vielheit und Unverständlichkeit der Sprachen. Sie zeigt sich in den unterschiedlichen menschlichen Kulturen und schließlich in den Religionen und der sich steigernden Absage an die Religion.

• **Fremde Sprachen:** Zwischenmenschlich erfahren wir die Fremdheit heute, wenn wir einem Menschen begegnen, der uns anspricht und wir nichts verstehen. In meiner Jugend war es anders. Fremde Sprachen waren ein Lernobjekt. In den altsprachlich-humanistischen Gymnasien war die Sprachenfolge Latein, Griechisch, Englisch, zudem freiwillig Hebräisch und Französisch. Zwei Dinge fallen im Rückblick auf: Den Vergleichspunkt bildete weithin die lateinische Grammatik, und Ziel und Zweck der

---

[20] Vgl. Beinert, Wolfgang, „Priestermangel und Pfarreienstruktur", in: StZ 234 (2016) 10, S. 695–705, v. a. S. 698–703.

Fremdsprachenlehre war die Befähigung, klassische Literatur der Fremdsprachen zu lesen, nicht, sie zu sprechen.

Dass es anders sein kann, zeigt die Erfahrung in der japanischen Sprachschule, die ich zwei Jahre besuchte. Hier ging es wesentlich um das Sprechen der fremden Sprache und ihr Verstehen. Die totale Andersheit gegenüber der westlichen Welt zeigte sich aber vor allem darin, dass Japan über drei Silbenschriftsysteme verfügt und ohne eine hinreichende Kenntnis der aus China importierten Bilderschrift nichts zu lesen ist. Wir lernten seither auch, dass die Japaner selbst angesichts der starken Entwicklungen im naturwissenschaftlichen, technologischen und medizinischen Bereich die Unterrichtung in der Muttersprache als Überlastung empfanden. Das führte bereits in den 60er Jahren des letzten Jahrhunderts dahin, dass das zuständige Ministerium in Tokyo die Zahl der verpflichtend zu lernenden *kanji* bzw. Bildzeichen stark reduzierte.

Für die katholische Kirche und Theologie bedeutete das, dass eine Reihe von Grundbegriffen völlig neu formuliert werden mussten. Dazu gehörte sogar der Begriff „Gott". Hatten die katholischen Missionare bei der Wiedereinführung des Christentums in Japan Ende des 19. Jahrhunderts den in China gebräuchlichen Begriff des „Himmelsherrn" (jap. *tenshu*) verwendet, so ersetzte die Bischofskonferenz ihn jetzt durch den japanischen Begriff „kami". Kami war lange ein polytheistisch verwandter Begriff (= Götter), erschien aber nach dem Pazifischen Krieg geeignet, auch monotheistisch (= Gott) verwendet zu werden.

Das Erlernen der japanischen Sprache, also einer Sprache aus einer nicht-westlichen Kultur, machte aber auch deutlich, dass man nicht einfach bekannte Begriffe wie Eins und Eins austauschen kann. Nicht wenige Begriffe haben ihre unausgesprochenen Kehrseiten und Hintergründe. Das gilt auch für Satzkonstruktionen und Aussagen. Ein Ausländer stand auf dem Bahnhof von Hiroshima und erwartete, abgeholt zu werden. Niemand kam. Ärgerlich orderte er schließlich ein Taxi. Als er nach seiner Ankunft seinem Ärger Luft machen wollte, lächelte ihn der Hausherr an und sagte: „Was wollen Sie? Sie haben doch gesagt: ‚Vielleicht komme ich[...]'" Für den Japaner besagte das „Vielleicht" eine versteckte Absage. Das Nicht-Gesagte macht hier den Kontext des ausgesprochenen „Textes" aus. Es ist eine spannende Erfahrung, wenn man eine fremde Sprache spricht und plötzlich erkennen muss, dass man doch nicht verstanden hat.

Wenn in unseren Tagen der Fremdeinwanderung als Erstes die Erlernung der Sprache gefordert wird, ist das eine sinnvolle Forderung. Denn die Kenntnis der fremden Sprache bedeutet immer auch die Bereitschaft, den Menschen im fremden Land kennen zu lernen und zu verstehen. Denn mit der gesprochenen Sprache lernt man zugleich immer auch, Unausgesprochenes wahrzunehmen, zu tun oder zu lassen.

Natürlich macht es einen wesentlichen Unterschied, ob man sich in einem fremden Land nur besuchsweise und als Gast aufhält oder beabsichtigt, in dem fremden Land zu bleiben und Wurzeln zu schlagen. Wer im fremden Land bleiben will, muss sich entscheiden, ob er am Ende in die Identität des neuen Landes wechseln will. Viele Menschen, die heute zu uns kommen, wollen am Ende ihre Identität wechseln, andere aber auch nicht. Das ist nichts völlig Neues. Immer wieder sind Menschen ausgewandert und haben sich eine neue Existenz in einem fremden Land aufgebaut. Doch jede Zeit, in der dies geschieht, hat ihre Besonderheiten. Das gilt auch für unsere Zeit.

• **Kulturschock:** Sprachen sind also immer auch Wege, auf denen die Eigenheiten eines bestimmten Volkes und seiner Geschichte Ausdruck finden. Was Menschen aus ihrer Umwelt und den natürlichen Gegebenheiten ihrer Lebenswelt machen, nennen wir im abendländischen Bereich „Kultur" – im Unterschied zu den unabhängig von menschlichem Eingriff Gewachsenen, der „Natur". Sie ist das vom Menschen pfleglich Bewahrte („konservieren", daher „konservativ") und das neu Geschaffene (im Sinne von „Fortschritt" „progressiv").

Das lateinische Grundwort „*colere*" enthält eine Mehrzahl von Konnotationen, „mitgedachte" Bedeutungen. *Colere* findet einmal einen starken Zusammenhang zur *agri cultura,* also zum pfleglichen Umgang mit dem Acker, in diesem Sinne mit der Natur. *Deos colere* = die Götter verehren beweist, dass die göttliche Hintergründigkeit der Natur in den Vollzug von Kultur einbezogen ist. Diese Haltung hat bis in die Gegenwart in unseren Breiten Wirkung gezeitigt. So beginnt die Präambel des Grundgesetzes der Bundesrepublik Deutschland mit den Worten: „Im Bewusstsein seiner Verantwortung vor Gott und den Menschen [...]". Erst in jüngerer Zeit wird diskutiert, ob Gott einen Ort in einer Verfassung haben sollte oder nicht. Bekanntlich hat der erneute Antrag, einen entsprechenden Eintrag in die Landesverfassung von Schleswig-Holstein aufzunehmen, am 22. Juli 2016 die erforderliche Mehrheit im Landtag um eine Stimme verfehlt.

„Kultur" ist aber, wenn wir auf andere Teile der Welt und ihre Sprachen achten, keineswegs überall gleich im Ursprung und Verständnis. Kein Wunder, dass viele Zeitgenossen heute einen „Kulturschock" erleben. So kommt es zu Fremdenhass und Gewalttätigkeit. Einheimische zünden Asylantenheime an, und Asylanten greifen Einheimische an. Die Freude und

Neugier am Fremden geht in einer Vielgestalt von Ängsten unter. Offene Grenzen rufen nach neuen verschlossenen Toren und neuen Mauern.

In den neuen Debatten gehen auch die theologischen Diskussionen um Inkulturation, besser: um Interkulturation unter[21]. Zu den Errungenschaften des Zweiten Vatikanischen Konzils gehörte sicher die Neueinstellung zur Verbreitung der christlichen Glaubensbotschaft. Dabei ging es in einem ersten Schritt um die positive Beachtung und den Respekt vor den fremden Kulturen, in die hinein die Botschaft verkündet wird. In diesem Sinne sprach man von „Inkulturation". Beachtet man aber, dass die göttliche Botschaft selbst von Anfang an inkulturiert, also in eine konkrete Kultur eingebettet war, stellt sich die Frage: Was geschieht, wenn sich zwei Kulturen begegnen? Im Blick auf zwei Religionen gefragt: Führt die Begegnung einer Religion, die selbst bereits eine Kultur mit sich bringt, dahin, dass sie die fremde Kultur, in der sie verkündet wird, zerstört? Ein Stückweit muss sich das Christentum, wenn man an die Missionstätigkeiten in der Zeit des neuzeitlichen Kolonialismus denkt, den Vorwurf gefallen lassen, dass sie zerstört hat. Joseph Ratzinger hat seinerseits von „Interkulturation" gesprochen[22]. Damit kommt zum Ausdruck, dass in der Begegnung zweier Welten beide die Möglichkeit haben müssen, ihren positiven Beitrag zu leisten.

Ohne dass die Termini gebraucht werden, befinden wir uns – wie gesagt – im Augenblick in einer Phase des Kulturschocks, weniger der Interkulturation. Im Raum steht die Furcht vor einer Islamisierung Europas, also der Ausbreitung des Islam in der westlichen Welt. Dabei ist es gleichgültig, wenn Bischöfe und andere Persönlichkeiten beschwichtigend dagegen halten. In seiner Festpredigt zum Fest Mariä Namen, am 12. September 2016, sagte der Wiener Kardinal Christoph Schönborn: „Heute vor 333 Jahren ist Wien gerettet worden. Wird es jetzt einen dritten Versuch einer islamischen Eroberung Europas geben? Viele Muslime denken und wünschen sich das und sagen: Dieses Europa ist am Ende. Und ich denke, dass das, was heute Moses in der Lesung tut und was Gott der Barmherzige mit seinem jüngeren Sohn tut, wir heute für Europa erbitten sollen: Herr, gib uns noch einmal eine Chance!"[23]

● **Der eine Gott, viele Götter und das absolute Nichts:** Zu den Merkwürdigkeiten unserer Tage gehört, dass auf der einen Seite der Prozess der

---

[21] Vgl. dazu meine indischen Dharmaram Lectures, vor allem Lecture No. 5, in: Waldenfels, Hans, In-Between. Essays in Intercultural and Interreligious Dialogue, Bangalore 2011, S. 93–117.

[22] Vgl. Ratzinger, Joseph, Glaube – Wahrheit –Toleranz. Das Christentum und die Weltreligionen, Freiburg 2003.

[23] Zitiert nach KathNet vom 12. 9. 2016, http://www.kath.net/news/56682 (13. 05. 2017).

Säkularisierung auf unterschiedliche Weise die westliche Gesellschaft beherrscht; jedenfalls gibt es eine starke Tendenz vor allem in den westeuropäischen Ländern die Religion in ihren Symbolen aus der Öffentlichkeit zu verbannen. Das Kreuz ist vielen Menschen ein Ärgernis, – gleichgültig, ob es in Schulzimmern und Gerichtssälen hängt, am Wegesrand in der Natur oder auf Berggipfeln steht. Interessant ist eine Pressemeldung, wonach mehr als zwei Drittel der Deutschen eine Abschaffung des Religionsunterrichts an den Schulen befürworten. 69 Prozent sollen das Vorgehen Luxemburgs unterstützen, wo der konfessionelle Religionsunterricht zum neuen Schuljahr durch einen allgemeinen Werte-Unterricht ersetzt wurde[24].

Der religionsfeindlichen, zumindest religionsindifferenten Haltung steht aber die Beobachtung gegenüber, dass lange nicht mehr in der Öffentlichkeit so viel über Religion gesprochen wird wie in unseren Tagen. Sicher trägt dazu bei, dass angesichts der eigenen Schwäche der islamische Einfluss wächst und man sich gegen Burka und Burkini wehrt. Interessanterweise stand aber der diesjährige Deutschen Historikertag in Hamburg unter dem Thema „Glaubensfragen"[25].

Zweierlei geht dabei Hand in Hand: Einmal die Beschuldigung der Religion für die Gewalttätigkeit und Friedlosigkeit in der Welt auf der einen und die Klage über den Niedergang der religiösen Praxis auf der anderen Seite. Die Frage ist: Welche Rolle spielt die Religion noch positiv im Kontext menschlichen Lebens? Wieweit gehört Religion in diesem positiven Sinn noch zum Umfeld des Lebens? Was bedeutet es, wenn einerseits in den traditionell christlichen Ländern Europas konkret der Sinn für den Glauben an den christlichen Gott schwindet und Gott in weiten Kreisen der einheimischen Bevölkerungen totgeschwiegen wird, andererseits die Religionsfrage gleichsam durch die Hintertüre mit den Einwanderern wieder ins Land kommt?

Unter den Fremden, die zu uns kommen, gibt es einmal durchaus bekennende Christen. Doch größer ist die Zahl gläubiger Muslime, denen die Scharia als göttliches Gebot maßgeblicher ist als die staatliche Rechtsordnung und die Vorschriften der Staaten, in denen sie Zuflucht suchen. Die Kraft des fundamentalistisch gelebten Islam ist nicht zu übersehen. Die Zeiten, in denen Allah vor allem in Hinterhofräumen angerufen wurde, gehen zu Ende. In allen größeren Städten erscheinen nach und nach Minaretts, und die Moscheen ziehen nicht wenige Besucher an. Sie werden bald zum Kontext unserer Umwelt gehören. Insofern wird es zu einem müßigen

---

[24] Vgl. WAZ (Essen) vom 29.09.2016, S. 1.
[25] Vgl. dazu den Bericht von Schwabe, Alexander, „Die Gotteskrise und die Lust zu lügen", in: Christ in der Gegenwart 68 (2016) 40, S. 431–432, hier: S. 447.

Streit, ob wir den Islam zu Deutschland zählen oder nicht. Dass viele junge Muslime ihrerseits sich von ihrer Religion abwenden, ist keine wirkliche Antwort auf die Fragen, die sich hier stellen.

Diskutiert wird bei uns auch: Können Christen und Muslime miteinander beten?[26] Darauf würde ich zweierlei antworten: Einmal fragt es sich: Wie weit sind eigentlich viele so genannte Christen von dem islamischen Gott entfernt, wenn sie in Jesus von Nazareth nicht mehr den wahren Gott und den wahren Menschen erkennen und der dreifaltige Gott ihnen zu einem Fremdwort geworden ist? Zum anderen: Wenn Allah der Gott schlechthin ist, was kann es über ihn hinaus noch geben? Natürlich bleiben Unterschiede, wenn wir *über* unser je eigenes Gottesverständnis sprechen. Doch wenn der einfache Christ und der einfache Moslem nach Gott ruft, – sind sie dann so weit voneinander entfernt? Noch einmal: Was sollte es über den „Gott schlechthin" noch geben? Was die drei Religionen Judentum, Christentum und Islam verbindet, ist der Glaube an Gott den Schöpfer Himmels und der Erde wie auch der Glaube an Gott den Richter der Lebenden und der Toten.

Doch viele Menschen haben längst ihre eigenen Götter. Immer noch ist für viele Mammon ihr Gott, das Geld, von dem man nicht genug haben kann. Das goldene Kalb feiert auch heute seine Triumphe. Anderen ist Sex ihr Gott, wieder anderen der Sport und jede Form möglichen Glücks. Für viele geht nichts über den Erfolg des eigenen Ichs. Es geht um mich und mein Wohl um sonst nichts in der Welt.

Schleichend breiten sich aus dem asiatischen Raum Formen von Religiosität aus, die weder Gott noch Götter, aber auch kein Ich zu brauchen scheinen. Die Anthropozentrik macht der Noch-Anthropozentrik Platz. Worte versagen, und es bleibt das Schweigen. Im Buddhismus ist die Rede vom „absoluten Nichts", das man aber nicht wie eine Sache in Besitz nehmen kann, und dann von der „Leere", von der man leicht einen Bezug zur Rede von der „Kenosis" in Phil 2 herstellen kann[27]. Was in unseren Breiten einen negativen Beiklang hat, übt in anderen Kulturkreisen eine nicht zu übersehende Faszination aus. In diesem Sinne habe ich schon früh einer meiner Publikationen den Titel *Faszination des Buddhismus* gegeben[28]. Diese leise Faszination ist inzwischen bei uns kaum noch zu übersehen.

Der religiöse Pluralismus wird, ob wir es wollen oder nicht, zu unserem Kontext. Das zwingt uns, der Frage nicht auszuweichen: Wo gehören wir

---

[26] Vgl. Waldenfels, Hans, Löscht den Geist nicht, a.a.O., S. 157–169.

[27] Vgl. dazu ausführlicher die Neuausgabe meines Buches: Absolutes Nichts, a.a.O.

[28] Mainz 1982. Vgl. in diesem Zusammenhang auch mein kleines Buch: Gott, Leipzig ²1997, sowie das neue Kapitel: „Gott und Leere", in: Absolutes Nichts, a.a.O., S. 223–249.

hin? Die Frage „Wer sind wir, und worin finden wir unsere Identität?", wird unausweichlich. Kommen wir nicht zur Klärung, nützt alles Gerede von Freiheit nichts; wir bleiben Gefangene unserer unerreichbaren Träume – abgesehen davon, dass viele Menschen immer mehr zu Sklaven unserer technischen Errungenschaften werden. Soziale Medien führen nicht wenige junge Menschen in eine virtuelle Welt.

„Weil-Theologie" (F. Gmainer-Pranzl) und die Mystik des Alltags

Das große Feld der Kontexte ist heute ein immer unübersehbareres Spannungsfeld globalen Ausmaßes. Der Salzburger Fundamentaltheologe Franz Gmainer-Pranzl fordert angesichts dieses globalen Horizonts eine „Welt-Theologie"[29]. Damit gemeint ist eine christliche Theologie, die den europäischen Rahmen sprengt und die kulturelle und religiös-weltanschauliche Vielfalt zu den „Zeichen der Zeit" zählt, die wir im Sinne von *Gaudium et spes* 4 wahrzunehmen und im Licht des Evangeliums zu deuten und zu verstehen haben[30]. Hier wiederhole ich mich: Es reicht nicht aus, nur von der Zeit zu sprechen. Wir müssen das *„Aggiornamento"*, die „Verheutigung" unseres Denkens und Handelns, in seiner „Multikulturalität" vollziehen und dabei den Raum, die vielen Orte in den Blick nehmen, zu denen das Evangelium zu tragen ist[31].

„Kontext" und „Kontexte" sind sperrige Begriffe. Sie enthalten aber immer den „Text", der bei allen Überlegungen nicht außer Acht gelassen werden darf. Das Spannungsfeld der Kontexte ist, wie gesagt, weit. Es geht um das Ganze und seine Teile, um Universalität und Partikularität, um Globalität und Lokalität (*„Think globally, act locally"*!), um das Abstrakte und das Konkrete, um Einheit und Vielheit, um Zustände und Prozesse, Ereignisse und ihre Reflexion, um Worthaftes und Nicht-Worthaftes.

Gerade auf das letztgenannte Spannungsfeld ist eigens hinzuweisen, weil wir uns bei der Betrachtung von „Kontext" und „Text" in der Regel auf das in Worten Fixierte und Fixierbare konzentrieren. Dabei wird vielfach übersehen, dass es Weisen der Kommunikation gibt, die zunächst wortlos sind und

---

[29] Vgl. Gmainer-Pranzl, Franz, „Welt-Theologie – Verantwortung des christlichen Glaubens in globaler Perspektive", in: Interkulturelle Theologie = ZMiss 38 (2012) 4, S. 408–433.

[30] Vgl. Waldenfels, Hans, „Zeichen der Zeit", in: Delgado, Mariano/Sievernich, Michael (Hrsg.), Die großen Metaphern des Zweiten Vatikanischen Konzils. Ihre Bedeutung für heute, Freiburg/Basel/Wien 2013, S. 101–119.

[31] Vgl. Bredeck, Michael, „Aggiornamento", in: Delgado, Mariano/Sievernich, Michael, Die großen Metaphern, a.a.O., S. 59–80; Waldenfels, Hans, „Zerstört Multikulturalität den Kern der christlichen Botschaft", in: Ders., Löscht den Geist nicht, a.a.O., S. 69–83.

gerade dadurch ihre eigene Faszination ausüben. Dazu gehört vor allem der umfangreiche Bereich der Kunst.

Es ist einmal die Musik, der zu allen Zeiten Menschen schweigend zuhören, aber auch im Tanz sich bewegen lässt und in Liedern und Chorgesang erneut ins Wort drängt.

Sodann sind es die Malerei und die darstellenden Künste, die durch Form, Farbe und Gestaltung eine eigene Sprache sprechen. Sie laden Menschen zum Schauen ein, zum Schweigen, dann vielleicht auch zu Kommentaren, am Ende sogar zu eigenen Versuchen, sich ohne Worte auszudrücken und kreativ zu sein[32].

In der Offenbarungskonstitution *Dei Verbum* 2 wird die göttliche Offenbarung als eine Begegnung Gottes mit den Menschen angesprochen. Dort heißt es dann: „Dieses Offenbarungsgeschehen ereignet sich in Taten und Worten (lat. *gestis verbisque*), die inwendig miteinander verknüpft sind, so dass die Werke, die in der Heilsgeschichte vollbracht wurden, die Lehre und die durch die Worte bezeichneten Dinge kundtun und bekräftigen, die Worte aber die Werke verkündigen und das in ihnen enthaltene Mysterium ans Licht bringen."

Es ist also auf das Wortlose und das Worthafte zu achten, auf Worte und Gesten. Papst Franziskus gehört zu den Menschen, die vor allem der Sprache der Gesten auf neue Weise Gehör verschaffen[33]. Bedauerlicherweise nehmen viele Menschen bis in die Kirchenleitungen hinein diesen neuen Umgang mit der Wirklichkeit nicht wahr, und sie verstehen den Papst folglich auch nicht oder missverstehen ihn.

An dieser Stelle ist noch an ein anderes Stichwort zu erinnern, das in unseren Tagen einen neuen Klang erhält: „Mystik". Nicht viele Sätze von Karl Rahner haben einen so starken Widerhall gefunden wie der folgende: „Der Fromme von morgen wird ein ‚Mystiker' sein, einer, der etwas ‚erfahren' hat, oder er wird nicht mehr sein, weil die Frömmigkeit von morgen nicht mehr durch die im Voraus zu einer persönlichen Erfahrung und Entscheidung einstimmige, selbstverständliche öffentliche Überzeugung und religiöse Sitte aller mitgetragen wird, die bisher übliche religiöse Er-

---

[32] Um dem Anliegen des Non-Verbalen Ausdruck zu verleihen, sind in die Tagung bewusst musikalische und Elemente der darstellenden Kunst eingefügt worden. Alban Rüttenauer hat seinen Beitrag zur Musik als „locus theologicus" mit musikalischen Darbietungen auf dem Flügel umrahmt. Maria-Luise Born hat im Vorgriff auf eine geplante Ausstellung zum Thema „Mit den Augen des Geistes sehen – Das Unsichtbare sichtbar machen" drei Fische präsentiert, die zu ihrem Projekt „Die leidende Schöpfung. Vermüllung der Erde im Schicksal der Fische (M.-L. Born) mit dem toten Fisch-Christus von R.-P. Litzenburger" gehören und aus Plastiktüten, also Wegwerfmaterial, gearbeitet sind.

[33] Vgl. Waldenfels, Hans, Sein Name ist Franziskus, a.a.O., S. 27–36.

ziehung also nur noch eine sehr sekundäre Dressur für das religiös Institutionelle sein kann."[34]

Der Satz spricht einmal von der Zäsur, die unsere Zeit markiert: Der einheitliche Rahmen, der uns in unserer Kulturlandschaft jahrhundertelang bestimmt hat, zerbricht. Das bedeutet: Wir fallen auf uns selbst zurück und damit auf das, was ein jeder im alltäglichen Leben erfährt. „Erfahrung" wird so zu einem entscheidenden Schlüsselwort. Dabei geht es keineswegs allein um das, was wir selbst produzieren, sondern wesentlich um das, was uns widerfährt. Das aber kann bedrohlich sein oder ein dankbar angenommenes Geschenk, theologisch sagen wir: eine Gnade.

Religiös gelangen wir hier in den Bereich, der in der Geschichte als „Mystik" angesprochen wird. Er hat es mit ganz persönlicher Gottesbegegnung und Gotteserfahrung zu tun und gehört daher zu dem Persönlichsten, was Menschen widerfährt. Für Karl Rahner, aber auch für Papst Franziskus geht es hier nicht um einen religiösen Sonderbereich, sondern um das, was Menschen in ihrem Leben auf ihrer Suche nach Sinn erfahren[35]. Entscheidend ist, dass Menschen sich nicht verschließen, sondern offen sind für das, was sich ihnen erschließt, selbst wenn ihm das Wort „Gott" nicht oder noch nicht über die Lippen kommt. In diesem Sinne ist es – in der Sprache Karl Rahners – die Aufgabe der Theologie und der einfachen Verkündigung „mystagogisch" zu sein, das heißt, den Menschen in das Mysterium, das Geheimnis, das in allem Vordergründigen verborgene Hintergründige einzuführen.

Dabei geht es um das „Hören des (inneren) Wortes", um die „Unterscheidung der Geister", um die „Mystik des ‚Alltags". Christlich gesprochen, gelangen wir so zu dem, was der Heilige Geist den Gemeinden und jedem in ihnen sagt. Nur wo wir nicht in uns verschlossen, sondern offen sind für die uns geschenkten neuen Erfahrungen mit uns selbst und mit anderen Menschen, kann sich das Wort der Offenbarung erfüllen: „Siehe, ich stehe vor der Tür und klopfe. Wenn jemand meine Stimme hört und die Tür öffnet, werde ich bei ihm eintreten und Mahl mit ihm halten, und er mit mir." (Offb 3,20). Das aber kann nur geschehen in Zeit und Raum, wo immer ich und jeder andere konkret leben.

---

[34] Rahner, Karl, Schriften zur Theologie VII 22 f. (= Sämtliche Werke 23, 39 f.).
[35] Vgl. Waldenfels, Hans, Sein Name ist Franziskus, a.a.O., S. 37–51. Wichtig sind für Papst Franziskus die Arbeiten von Michel de Certeau; vgl. dessen Buch. Mystische Fabel. 16. bis 17. Jahrhundert, Frankfurt 2010.

Unsere (europäische) Gesellschaft als spezifischer kontextuell-theologischer Beitrag

Ursula Nothelle-Wildfeuer

Als ich im Wintersemester 1978/79 an der Rheinischen Friedrich-Wilhelms-Universität das Studium der Theologie (und der Germanistik) aufnahm, stand tatsächlich Montagmorgen von 9–11 Uhr, Hörsaal 10, Fundamentaltheologie bei Hans Waldenfels als allererste Veranstaltung meines Studiums auf dem Stundenplan – zugegeben, nicht gerade leichte Kost für Erstsemester. Auch wenn damals das Waldenfelssche Lehrbuch, die „Kontextuelle Fundamentaltheologie"[1] noch nicht veröffentlicht war, war der Duktus der Vorlesung ja schon das, was wir damals gehört haben, und wurde somit zu einem frühen und wichtigen Grundstein meines eigenen theologischen Denkens. Wer Sozialethik betreibt – und das kristallisierte sich schon sehr bald als *mein* Fach und Schwerpunkt heraus –, der kommt um die Beschäftigung mit dem Kontext Gesellschaft nicht herum. Was es aber im Laufe der Zeit erst und immer intensiver zu lernen galt, war der erkenntnistheoretisch höchst bedeutsame Aspekt, dass der Kontext nicht nur das beliebig austauschbare Anwendungsgebiet einmal festgestellter und formulierter Normen und Werte ist, sondern dass es auch der Kontext ist, der konstitutiv auf das Theologie- und Sozialethiktreiben zurückwirkt und bedeutsamen Einfluss haben kann. Theologie im Elfenbeinturm oder gar Sozialethik im Elfenbeinturm – das hat keinerlei Bestand.

Dieses theologische Denken hat mich zunehmend fasziniert, erst recht bei dem Eintauchen in die nähere theologische Begründung – denn es ist gerade nicht so, dass diese Bedeutung des Kontextes in der Theologie zähneknirschend zur Kenntnis genommen und nolens volens hingenommen wird, sondern spätestens mit dem Zweiten Vaticanum haben wir eine genuin theologische Reflexion dieser Relevanz des Kontextes.

I. Kontext und Zeichen der Zeit

In dem Zusammenhang der Frage nach dem Kontext ist zentral der Topos der „Zeichen der Zeit" in den Blick zu nehmen: In der Pastoralkonstitution des II. Vatikanums *Gaudium et spes* (GS) findet sich die diesbezüglich relevante und signifikante Formel: Die Kirche, so heißt es dort, habe die

---

[1] Waldenfels, Hans, Kontextuelle Fundamentaltheologie, Paderborn ³2000.

Pflicht, „nach den *Zeichen der Zeit* zu forschen und sie im *Licht des Evangeliums* zu deuten" (GS 4).

Mit dieser Formel knüpfte das Konzil an die Menschenrechtsenzyklika Johannes XXIII. *Pacem in terris* von 1963 an. Hier findet sich in der kirchlichen Verkündigung erstmalig der Terminus der „Zeichen der Zeit", zumindest in der deutschen Übersetzung. Als solche „Zeichen der Zeit" werden in *Pacem in terris* am Ende der vier großen Kapitel jeweils positive charakteristische Entwicklungen der Zeit genannt, u. a. der wirtschaftlich-soziale Aufstieg der Arbeiterklasse, die Teilnahme der Frau am öffentlichen Leben und die wachsende Bedeutung und Anerkennung der UN-Menschenrechtserklärung – Aspekte, die unter den Vorzeichen der Weiterentwicklung 50 Jahre später auf unsere Gegenwart hin zu aktualisieren sind, aber durchaus noch den Charakter von bleibenden Herausforderungen besitzen.

In GS heißt es weiter in der Nr. 11, dass das Volk Gottes „im Glauben daran, dass es vom Geist des Herrn geführt wird, der den Erdkreis erfüllt," sich darum „bemüht, in den Ereignissen, Bedürfnissen und Wünschen, die es zusammen mit den übrigen Menschen unserer Zeit teilt, zu unterscheiden, was darin wahre Zeichen der Gegenwart oder der Absicht Gottes sind"[2]. Es geht also zutiefst darum, die Welt in ihrer spezifischen Beschaffenheit, mit ihren Fakten und Ereignissen, mit ihren vielfältigen Entwicklungstendenzen, wahrzunehmen und sie dann im „Lichte des Evangeliums" zu deuten. Dabei ist natürlich mit „Evangelium" nicht im strengen Sinn der bibelwissenschaftlichen Gattungslehre ausschließlich der Text der Bibel nach den vier Evangelisten gemeint, sondern die gesamte frohe Botschaft des Alten und Neuen Testaments wird mit dem Terminus umfasst.

Theologisch ist dieses Verständnis von Welt und dieser Umgang mit ihr, die Relevanz der „Zeichen der Zeit", gegründet auf dem „Aggiornamento", das eine der Leitlinien des II. Vatikanischen Konzils darstellt. „Aggiornamento" meint in keiner Weise eine unreflektierte, pauschale Anpassung an die Welt, will auch nicht die Gegenwart zum absoluten Maßstab erheben und stellt auch nicht eine taktisch geschickte und pädagogisch kluge, letztlich jedoch oberflächlich bleibende Maßnahme dar. Es geht vielmehr um den Übergang, der sich durch ein wirkliches „Über-Setzen über den Strom der Zeiten hin" tatsächlich so vollzieht, dass die eine unaufhebbare und bleibende Wahrheit und Wirklichkeit neu gesagt werden soll, dass sie als Frohen Botschaft in ihrem Ernst und in ihrer Größe wieder vollends gehört werden

---

[2] Zweites Vatikanisches Konzil, Pastoralkonstitution über die Kirche in der Welt von heute Gaudium et spes vom 7. 12. 1965, in: Bundesverband der Katholischen Arbeitnehmer-Bewegung Deutschlands (KAB) (Hrsg.), Texte zur katholischen Soziallehre, Kevelaer [7]1989, S. 11.

kann. Dass dieses „Über-Setzen", das Deuten der Zeichen der Zeit, nicht nur ein Zugeständnis ist, sondern ein Konstitutivum für das Verständnis der frohen Botschaft, ist die Erkenntnis in Konsequenz eines neuen, geänderten, auch in seiner theologischen und ekklesiologischen Begründung neu bedachten Verständnisses von Welt (und dies nicht abstrakt, sondern konkret auch die Gesellschaft mit ihren Entwicklungen implizierend). Die „Zeichen der Zeit" sind daher eine theologische Kategorie, die ohne die Frohe Botschaft nicht erkenn- und verstehbar ist. Anders gewendet lässt sich sagen, dass es bei den „Zeichen der Zeit" nicht allein um einen Vorhof von Theologie, nicht um das Sprungbrett für die eigentliche theologische Erkenntnis handelt, sondern dass sie selbst einen möglichen Ort darstellen, an dem auch theologische Erkenntnis generiert werden kann.[3]

II. Zeichen der Zeit – Kontext heutigen Theologietreibens

Wenn nun im Folgenden einige solcher „Zeichen der Zeit" benannt werden, dann wird damit in keiner Weise ein Anspruch auf Vollständigkeit gestellt. Im Gegenteil: Man könnte eine Vielzahl anderer „Zeichen der Zeit", von Veränderungen und Wandlungen nennen, die die Gegenwart und den aktuellen gesellschaftlichen Diskurs prägen, hier sei nur verwiesen auf die Entwicklungen im Umfeld von Industrie 4.0 und Digitalisierung. In den nachstehenden Überlegungen wird als bestimmende Perspektive der aktuellen Entwicklungen die Frage nach Flucht und Migration gewählt, denn es handelt sich dabei nicht nur um *eine* Veränderung in einer ganzen Reihe von Veränderungen, sondern um die entscheidende Veränderung der letzten Jahre: Zwar ist auf der einen Seite klar, dass die Geschichte Europas sich als eine Abfolge von Migrationen beschreiben ließe – so Bundestagspräsident Norbert Lammert[4] –, aber auf der anderen Seite ist doch offenkundig, dass das Problem der aktuellen großen Flüchtlingsbewegung eine neue und spezifische Herausforderung für Europa darstellt. Unter dem Eindruck und den Auswirkungen dieser Entwicklung haben sich tatsächlich nahezu alle Parameter unserer Gesellschaft verändert. Das Thema Flüchtlinge steht damit als Vorzeichen vor der Klammer der Veränderungen.

---

[3] Vgl. Polak, Regina, Migration als Ort der Theologie, S. 12 f., http://dioezesefiles.x4content.com/page-downloads/migration_als_ort_der_theologie.pdf (19.03.2017).

[4] Vgl. Lammert, Norbert, Europa und Migration, https://kreuz-und-quer.de/2016/09/26/europa-und-migration/ (15.03.2017).

1. Der fremde neue Nachbar – Migration und Flucht

1.1 Age of Migration

Weltweit gab es Ende des Jahres 2015 laut UNHCR-Bericht 62,1 Millionen Flüchtlinge, davon waren 40 Millionen Binnenflüchtlinge, Asylsuchende sind davon nur 3,2 Millionen. Die Anzahl der Flüchtlinge im Verantwortungsbereich des UNHCR (d.h. ohne die palästinensischen Flüchtlinge) stieg von 2009 knapp 10,5 Millionen auf 2015 gut 16 Millionen. Wenn wir uns das Ranking der zehn Länder anschauen, aus denen die meisten Flüchtlinge stammen, dann liegt da mit Abstand Syrien vorne: 2015 sind knapp 5 Millionen Menschen von dort geflohen. Darauf folgen dann mit 2 Millionen Abstand Afghanistan und Somalia bis hin zu Eritrea und zur Ukraine. Bei dem Ranking der zehn Länder mit den meisten aufgenommenen Flüchtlingen steht die Türkei ganz oben an (2,5 Millionen), gefolgt von Pakistan und vom Libanon (1,5 und 1 Millionen) bis hin zum Kongo (380 HT) und Tschad mit 370 HT. Deutschland kommt in dieser Statistik gar nicht vor, weil die Bundesregierung Ende 2015 die Zahl derer, für die das Asylverfahren abgeschlossen war und die somit offiziell als Flüchtlinge anerkannt waren, mit 300.000 angegeben hatte. Diese Zahl war aber de facto schon Ende 2015, statistisch erfasst dann auch im April 2016 deutlich höher. Auf der Grundlage der neueren Zahlen von Mitte 2016, ist „Deutschland nach der Türkei weltweit das Land, in dem die meisten Flüchtlinge leben"[5]. Zum 30. April ist von mehr als 1,5 Millionen Menschen mit laufendem oder abgeschlossenem Asylverfahren in Deutschland die Rede, die Zahl der für 2015 zu uns gekommenen Schutzsuchenden wurde im September auf 890.000 korrigiert.

Diese Entwicklung von Flucht und Migration hat sich in den letzten Jahren zu einem die Geschichte und die Welt prägenden und verändernden Phänomen entwickelt, auch wenn man festhalten muss, dass es solche Völkerwanderungsphänomene immer wieder gegeben hat. Die Sozialethikerin Regina Polack weist unter Bezug auf Castles und Miller darauf hin, dass „die zeitgenössische Migration Merkmale auf[weist], die in Quantität und Qualität historisch so neuartig sind, dass man von einem ‚Zeitalter der Migration' (‚Age of Migration') sprechen kann."[6] Die Ursachen für diese Flucht- und Migrationsentwicklung sind vielfältig: An erster Stelle stehen

---

[5] Geiger, Klaus/Kürschner, Mareike, Flüchtlinge. Nur ein Land nimmt mehr auf als Deutschland, www.welt.de/politik/ausland/article156356943/Nur-ein-Land-nimmt-mehr-Fluechtlinge-auf-als-Deutschland.html#cs-DWO-AP-Fluechtlinge-1-jpg.jpg (03.03.2017).
[6] Ebd., S. 3.

Krieg, Verfolgung, Folter, Mord, Menschenhandel, Vertreibung; aber auch Hunger, fehlende Zukunftsperspektive und Zukunftsangst, Leben unter dem Existenzminimum spielen eine wichtige Rolle.

Die Folgen von Flucht und Migration für die Geflüchteten hat Hanna Arendt in ihrem Essay „We migrants" von 1943 (erstmals publiziert im Menorah Journal) in eindrücklicher Weise formuliert, die aktuelle Neuausgabe dieses Textes zeigt auch heute noch seine hohe Relevanz. Es heißt dort: „Wir (denn sie selber war 1941 dem Tod nur durch erneute Flucht entronnen. Anm. d. Verf.) haben unser Zuhause und damit die Vertrautheit des Alltags verloren"; ferner schreibt sie: „Wir haben unseren Beruf verloren und damit das Vertrauen eingebüßt, in dieser Welt irgendwie von Nutzen zu sein. Wir haben unsere Sprache verloren und mit ihr die Natürlichkeit unserer Gebärden und den ungezwungenen Ausdruck unserer Gefühle."[7] „Unsere Identität wechselt so häufig, dass keiner herausfinden kann, wer wir eigentlich sind."[8] Überdies habe das Getrenntsein von den zurückgelassenen oder ermordeten Freunden und Angehörigen „den Zusammenbruch unserer privaten Welt"[9]. Eindringlicher und substantieller habe ich es noch nicht gelesen, was Flucht und Migration für die Menschen selber bedeutet.

Das, was wir seit Frühjahr 2015 erlebt haben, sprengt alle Grenzen, auch und primär die der Statistik, denn wir wissen, dass viele Menschen hier zunächst überhaupt nicht erfasst worden sind und z. T. auch immer noch nicht sind. Die im Zuge der Grenzöffnung zu uns gekommenen Menschen sind mittlerweile alle registriert, aber es gibt andere, die nicht registriert sind und trotzdem zu diesen Flüchtlingen und Migranten gerechnet werden müssten. Hier wären etwa zu nennen die Arbeitsmigranten, die Saisonmigranten etc. Das, was wir spätestens seit dem Sommer 2015 erlebt haben, sprengt aber auch, und das wiegt ungleich schwerer, nationale Grenzen – und dies, gleichwohl seitdem auch Länder wieder versuchen, Grenzen zu errichten: Wo es bislang noch nicht deutlich war, ist es jetzt offenkundig: Andere Kulturen, andere Gewohnheiten und Überzeugungen fordern ihren Platz und ihre Berechtigung in Kontexten, die bisher leidlich offene Gesellschaften waren.

---

[7] Arendt, Hannah, Wir Flüchtlinge. Mit einem Essay von Thomas Meyer (Was bedeutet das alles?), Ditzingen 2016, S. 10.
[8] Ebd., S. 25.
[9] Ebd., S. 11.

Die Reaktionen der hiesigen Bevölkerung waren und sind unterschiedlich, sie changieren zwischen den Ausrufen des „Wir schaffen das" und dem „Untergang des Abendlandes".

Auf der einen Seite sind es die zahllosen Bürger und Bürgerinnen, die den ankommenden Flüchtlingen einen gastfreundlichen Empfang bereiten, die den Menschen, die mit viel Hoffnung im Gepäck in einer ihnen unbekannten Welt stehen, hilfsbereit und mit großem ehrenamtlichem Engagement – auch heute noch nach all den gesellschaftlichen und politischen Debatten – zur Seite stehen und so unserer Zivilgesellschaft ein Gesicht, mehr noch: eine Seele geben. Der in den ersten Tagen nach der Öffnung der Grenzen die Socialmediawelt prägende durchaus euphorische Hashtag #trainofhope – Zug der Hoffnung – geriet zur Überschrift einer großen Bewegung, die aus unterschiedlichsten Motivationen und mit jeweils eigenen Schwerpunktsetzungen agiert, die aber insgesamt davon geprägt ist, dass sie nicht zulassen will, dass Ausländerfeindlichkeit und Gewaltbereitschaft das Bild Deutschlands im Ausland prägen. Ist auch der Begriff des „Gutmenschen" in der Zwischenzeit zur simplifizierenden Kritik an einer vermeintlich reinen Gesinnungsethik verkommen, so wird doch darin offenkundig, dass Solidaritätsbereitschaft und Solidaritätskompetenz in unserer Gesellschaft nicht verschwunden sind, ganz im Gegenteil – die Menschen finden neue, heute notwendige und mögliche Formen, genau diese Solidarität zu organisieren und in einer Willkommens- und Integrationskultur zum Ausdruck zu bringen und umzusetzen.

Hannah Arendt zieht (in einem anderen Essay) aus ihrer Erfahrung als Flüchtling folgende Schlussfolgerung: „Mit uns (sc. den aus dem nationalsozialistischen Deutschland geflohenen Juden. Anm. d. Verf.) hat sich die Bedeutung des Begriffs ‚Flüchtling' gewandelt", in der Weise, „dass das Wort Flüchtling, das einst einen fast Ehrfurcht gebietenden Klang hatte, die Vorstellung von etwas zugleich Verdächtigem und Unglückseligem [...] erregt."[10] Wie sehr diese gewandelte Bedeutung des Begriffs auch gegenwärtig wieder Raum greift, zeigt sich an der zweiten durchaus größer werdenden Gruppe innerhalb der Bevölkerung, bei der die „wachsende Migration und medienwirksame Betonung der Illegalität [...] vielerorts Ängste vor Überfremdung und Unterwanderung (erzeugen)"[11].

---

[10] Arendt, Hannah, „Gäste aus dem Niemandsland", in: Arendt, Hannah, Nach Auschwitz. Essays und Kommentare 1. Deutsche Erstveröffentlichung 1989, S. 151, zit. nach Mayer, in: Arendt, Hannah, Wir Flüchtlinge, a.a.O., S. 46.

[11] Lutz, Bernd/Ziebertz, Eva, „‚Mittendrin. Ohne Rechte'. Frauen und Mädchen ohne gültige Aufenthaltspapiere in Deutschland. Pastoraltheologische Überlegungen zu einer Kampagne

Der Anfang 2017 verstorbene Soziologe Zygmunt Bauman hat für diese Bevölkerungsgruppe einen spezifischen Mechanismus des Umgangs mit den Flüchtlingen identifiziert: In seinem neuesten Buch von 2016 beschreibt er, dass viele Menschen in unserer Gesellschaft das Gefühl hätten, „Opfer zu sein. Opfer wovon? Von Umständen, auf die man nur sehr geringen oder gar keinen Einfluss hat – von Kontrolle gar nicht zu reden."[12] Man schiebt es auf das Schicksal und fühlt sich erniedrigt. Um dieser Erniedrigung zu entgehen, versucht man, die zu benennen, die einen zum Opfer gemacht haben. „(D)iese Leute müssen ein erkennbares Gesicht haben"[13]. Und genau diese Bedingung erfüllten, so heißt es bei ihm weiter, die ankommenden Flüchtlinge, sie hätten das Gesicht, man könne fast sagen: sie liefern es. „Man erinnert sich nicht mehr, dass der Job schon unsicher und der Wohlstand schon gefährdet war, bevor sie auf den Straßen auftauchten – während man jetzt, da sie angekommen sind oder auf dem Weg sind, nur zu gut weiß, dass es so ist."[14]

Diese Angst vor dem Fremden und den Fremden hat auch noch eine zweite Seite, nämlich die der Angst vor der vermeintlichen Islamisierung Europas, vor allem aber Deutschlands. Die besorgten Bürger sorgen sich vor vermeintlicher islamischer Überfremdung des Landes, im schlimmsten Fall schreien sie ihren Hass auf alle Ausländer, auf alles, was in ihrer kleinen Welt ungewohnt ist, auf der Straße heraus und verlieren dabei jede Contenance. Die Hemmschwelle sinkt und das Aggressionspotential und die Gewaltbereitschaft steigt. Lautstarke Protagonisten mit durchaus wachsendem Gefolge ereifern sich für die Verteidigung des christlichen Abendlandes und begründen damit ihre vehement vorgetragene Weigerung, Flüchtlinge aufzunehmen, weil diese in der weitaus größeren Zahl Muslime sind.[15] Dass hier christliche Werte missbraucht und pervertiert werden, wenn damit Ausschluss, Exklusion, menschenunwürdige Zustände, schutzloses Ausgeliefert-Sein an Krieg, Terror, Folter und Verfolgung in Kauf genommen werden, sei mit einem Wort von Kardinal Marx an dieser Stelle nur noch einmal erinnert: „Wenn wir Menschen in Not an unseren Grenzen sterben lassen, dann pfeife ich auf die christliche Identität"[16].

---

von IN VIA", in: Agan, Polykarp Ulin/Höring, Patrik C./Dölken, Clemens (Hrsg.), Migration, Sankt Ottilien 2015, S. 51–68, hier: S. 55.

[12] Bauman, Zygmunt, Die Angst vor den anderen. Ein Essay über Migration und Panikmache, Berlin 2016, S. 110.

[13] Ebd.

[14] Ebd., S. 111.

[15] Vgl. Küppers, Arnd/Schallenberg, Peter, Flucht, Migration, Integration. Versuch einer sozialethischen Einordnung, Köln 2016, S. 8.

[16] Marx, Reinhard, Jeder Mensch ist Ebenbild Gottes, *http://www.katholisch.de/video/16086-jeder-mensch-ist-ebenbild-gottes* (20.03.2017).

2. „Ach Europa" – Populismus als Alternative?

2.1 Die politische Spaltung der Gesellschaft

Im Kontext „der massenhaften Zuwanderung von Flüchtlingen hat sich in der deutschen Gesellschaft eine Kluft aufgetan, wie man sie wenige Monate zuvor für unvorstellbar gehalten hätte"[17]. Im Blick auf die deutsche Gesellschaft gab es schon lange die Rede von einer Spaltung, aber das bezog sich zumeist auf die soziale Kluft, auf das untere Drittel, das nicht abgehängt werden durfte. Jetzt aber sind es nicht sozioökonomische Strukturen und Faktoren, aufgrund derer von Spaltung geredet wird, sondern es geht um eine politische Spaltung, die auf einer komplexen (nicht nur argumentativ ausgetragenen) Debatte innerhalb der Gesellschaft beruht. Im Hintergrund stehen hierbei zwei äußere Herausforderungen, nämlich die Eurokrise und die Flüchtlingskrise.[18] Im Rahmen dieser Herausforderungen hat sich allerdings auch die politische Verortung der klassischen Parteien verschoben. Es scheint eine Lücke entstanden zu sein, die vom Populismus, in Deutschland konkret von der Parteineugründung AfD, genutzt und gefüllt wurde.

Jedoch muss man gerade in diesen Fragen den Blick noch einmal weiten auf den größeren politischen Bezugsrahmen – um es mit Jürgen Habermas und seinem so trefflichen Titel der 2012 gehaltenen Rede zur Entgegennahme des von der hessischen SPD verliehenen Georg-August-Zinn-Preises zu sagen: Ach Europa. Der Philosoph beklagt in dieser Rede das Versagen Europas – damals allerdings mit Blick auf die Regulierung der Banken- und Finanzmarktkrise 2008/2009. Aber als Konsequenz daraus sieht er den damals schon entstehenden Rechtspopulismus – und das ist die Frage, die nicht nur national, sondern auch europaweit (es sei nur der Verweis auf Frankreich, Ungarn, Polen und die Niederlande erlaubt), ja sogar jetzt auch in den USA von besorgniserregender Relevanz für die Entwicklung und den Zustand von Demokratie und Politik insgesamt ist.

2.2 Populismus und das „wahre" Volk

Der Politikwissenschaftler Jan Werner Müller arbeitet Charakteristika des Populismus heraus. er benennt dabei zunächst die antielitäre Ausrichtung,

---

[17] Münkler, Herfried/Münkler, Marina, Die neuen Deutschen. Ein Land vor seiner Zukunft, Berlin 2016, S. 183.
[18] Vgl. ebd., S. 184.

die „'Anti-Establishment-Attitüde'"[19], die allerdings für sich allein genommen, so Müllers These, zu kurz greift, denn hinzukommen müsse auf jeden Fall als zweites Kriterium „das Anti-Pluralistische"[20]. Ihm zufolge lautet der „Kernanspruch aller Populisten [...] stets ungefähr so: ‚Wir – und nur wir – repräsentieren das wahre Volk.'" Und dies sei, so betont er, „als moralische, nicht als empirische Aussage gemeint."[21] Hier erkennt er den einfachen Mechanismus der Populisten, die, die gegen sie stimmten, gehörten gar nicht zum wahren Volk. Im Unterschied dazu könne eine Formulierung wie „'Wir sind auch das Volk' (vielleicht ergänzt um: ‚Und Ihr habt uns vergessen!') [...] durchaus zu gehaltvollen demokratischen Auseinandersetzungen beitragen."[22] Aber gerade da liege der Unterschied: Im Denken der Populisten komme das Volk nicht im Plural vor, man erliege, so Müller, der Versuchung, „die Behauptung aufzustellen, man kenne das Volk in Gänze"[23]. Wichtig ist dabei die Unterscheidung zwischen der Bevölkerung und dem wahren Volk, das als homogene, mit einer Stimme sprechende Größe gesehen wird und das zu repräsentieren (ohne Umwege über Institutionen) sich die Populisten anschicken. Vor diesem Hintergrund muss alles, was Regierungsmitglieder entscheiden und planen, dem Volk zum Schaden sein, denn die Populisten sehen sich auf jeden Fall auf der moralisch guten Seite. Das klassische, auf eingespielte demokratische Prozesse bauende politische Vorgehen weiß, dass in mühevollen Diskursen und Aushandlungsverfahren „(v)orhandene Ansätze, die Institutionen der EU zu reformieren und zu demokratisieren, [...] weiterzuentwickeln (sind); gute Politik [...] kommuniziert werden (muss) und neue Formen der demokratischen Willensbildung [...] zu suchen (sind)"[24].

Auf derlei Verfahren lassen sich Populisten nicht gern bzw. aus ihrer Denkweise heraus gar nicht ein, vielmehr erwecken sie den Eindruck, das Volk stünde vor einer höchstgefährlichen Bedrohung, die abzuwenden allein sie in der Lage sind. Das Prinzip der Repräsentation, das unser hochkomplexes politisches System prägt, wird insofern abgelehnt, als die gewählten Vertreter nicht anerkannt werden, da sie in den Augen der Populisten den Abstand zum Volk haben viel zu groß werden lassen – was, nebenbei bemerkt, die gewählten politischen Volksvertreter in der Tat nachdenklich machen sollte.

---

[19] Müller, Jan-Werner, Was ist Populismus? Ein Essay, Berlin 2016, S. 26; vgl. auch S. 34 f.
[20] Ebd.
[21] Ebd., S. 26.
[22] Ebd., S. 63.
[23] Ebd. S. 59.
[24] Becka, Michelle, „Rechtspopulismus und kein Ende?", in: feinschwarz.net. (22.02.2017), http://www.feinschwarz.net/rechtspopulismus-und-kein-ende/ (04.03.2017).

Populisten schüren, so die Würzburger Sozialethikerin Michelle Becka, die Ängste der Menschen: Abstiegsängste aufgrund des nicht mehr so rasant anwachsenden Wohlstandes mit der Frage: „Wie können wir für uns und die nachkommenden Generationen unser hohes Niveau halten?", Sicherheitsängste mit dem Verweis auf die instabile Weltlage sowie die Orientierungslosigkeit und Existenzängste aufgrund des „Freiheitsgewinn(s) der späten Moderne, den manche als Verlust von Gewissheiten und Halt gebenden Orientierungen erleben."[25] Und hieran schließt ein entscheidender Punkt des rechtspopulistischen Erfolgsrezeptes an: Dem Volk „aufs Maul zu schauen", vorher selbst geschürte und verbreitete, negative „Stimmungen auf(zu)greifen und […] Menschen so das Gefühl (zu vermitteln), ernst genommen zu werden"[26].

Im Zusammenhang mit dem Faktor der Angst schließt sich dann der Kreis auch wieder zu der vorab behandelten Flüchtlingsthematik, denn es ist genau die „Angst vor den anderen" (so der Buchtitel bei Bauman 2016), die die Populisten nutzen. Im besten Fall sorgen sich die besorgten Bürger um ihr eigenes Auskommen, um ihren Anteil an der sozialstaatlichen Unterstützung, um ihren Platz in Arbeitsverhältnissen, die für geringfügig qualifizierte Menschen geeignet sind, und damit letztlich um ihren Platz in der Gesellschaft, um es sozialethisch zu formulieren: um Anerkennung und Partizipation. Im Hintergrund steht hier eine Position, die die Flüchtlings- und Migrationsproblematik „im Paradigma des Nullsummenspiels" denkt, „wo […] man sich nur vorstellen kann, dass derjenige, der etwas gewinnt, es dem anderen im gleichen Umfang wegnimmt. Bei Zuwanderung in wohlhabende Gesellschaften sind das ‚unsere Arbeitsplätze', ‚unsere Sozialsysteme', ‚unsere Bildungssysteme', ‚unsere Kultur' etc."[27]

2.4 Deutschland, die Nation und die Gemeinschaft der Europäischen Völker

In diesem Zusammenhang wird auch die Frage tangiert, wer an dem, was „unser" ist, partizipieren darf – oder noch einmal anders formuliert: wer das Volk ausmacht. Gesellschaftspolitisch geht es hier auf den ersten Blick um die neu erwachte Frage nach der Nation, „um die Frage, ob Deutschland

---

[25] Ebd.
[26] Ebd.
[27] Dölken, Clemens, „Migration und Flüchtlingshilfe – Ein Paradigmenwechsel?", in: Agan, Polykarp Ulin/Höring, Patrik C./Dölken, Clemens (Hrsg.), Migration, Sankt Ottilien 2015, S. 35–50, hier: S. 44.

auch ein ethnisch tendenziell einheitlicher [...] Nationalstaat sein soll"[28], der dann ein verengtes Verständnis christlicher Werte und christlich-abendländischer Kultur nutzen möchte, um sich abzuschotten und – zumindest ideell – Mauern zu bauen, oder ob Deutschland – und es betrifft beileibe nicht nur dieses eine Land – sich weiterentwickeln kann und soll in Richtung einer offenen Gesellschaft, in der auf der Basis seiner christlichen Tradition, Grundwerte und Standards ein Zusammenleben von Menschen aus unterschiedlichen Herkunftskontexten und mit unterschiedlichen Religionen möglich ist. Im Blick auf die Frage nach unserem Nationalstaat gibt es eben eine nicht mehr ganz kleine Gruppe derer, die – so Herfried Münkler – gegen die gegenwärtige Flüchtlingspolitik sind, ein Teil von ihnen aus ethnischen Gründen, weil sie schon die derzeit vorhandene Vielfalt in unserer Gesellschaft rückgängig machen wollen, die anderen vor allem aus quasi religiösen Gründen der Sorge vor der Islamisierung unserer Gesellschaft.[29]

Die Linie der oben zitierten Klage des Philosophen Jürgen Habermas „Ach Europa" lässt sich ausziehen auf die z. T. auch auf europaweit feststellbare populistische Entwicklungen im Kontext der Flüchtlingsfrage: Seitdem Papst Franziskus im Juli 2013 seine erste Auslandsreise auf die Insel Lampedusa machte und damit das Drama vor der Küste Italiens ins Bewusstsein der Weltöffentlichkeit hob, seitdem er das, was dort passierte, mit dem Verdikt der „Schande" belegte[30], debattiert Europa zunehmend unverhohlen über die Bereitschaft, oder besser muss man sagen: über die nicht vorhandene Bereitschaft, die ankommenden Menschen europaweit nach einem gerechten Schlüssel zu verteilen. Dublin III ist gescheitert, das wurde spätestens im vergangenen Jahr deutlich, es hat aber in keiner Weise dazu geführt, dass alle europäischen Länder sich in der Verantwortung für die ankommenden Menschen sehen. Schauen wir nur auf Ungarns Ministerpräsident Viktor Orban und seine Anti-Flüchtlingspolitik, auf Österreich und speziell seinen Außenminister, Mazedonien und das Schließen der Balkanroute, den Türkei-Deal von Angela Merkel, die Habermas'sche Klage: „Ach Europa" scheint hier mehr als berechtigt.

Um an dieser Stelle noch einmal Hannah Arendt zu zitieren: „Und die Gemeinschaft der europäischen Völker zerbrach", so schließt sie 1943 im

---

[28] Münkler, Herfried/Münkler, Marina, Die neuen Deutschen, a.a.O., S. 185.
[29] Vgl. ebd., S. 185 f.
[30] Vgl. Radio Vatikan, Papst über neue Lampedusa-Tragödie: „Es ist eine Schande", http://de.radiovaticana.va/storico/2013/10/03/papst_%C3%BCber_neue_lampedusa-trag%C3%B6die_%E2%80%9Ees_ist_eine_schande%E2%80%9D/ted-733924 (20.03.2017).

Rückblick ihr Essay, „als – und weil – sie den Ausschluss und die Verfolgung seines schwächsten Mitglieds zuließ."[31]

Theologisch ist an Europa die Frage zu richten, was es sein möchte: eine feste – und das heißt hier: eine hermetisch abgeriegelte – Burg oder eine Gemeinschaft, die den zu ihr Geflüchteten in besonderer Weise Annahme, Fürsorge und Wertschätzung entgegenbringt. Sündenbock oder Gottes-ebenbild heißt dann die Frage im Blick auf die Menschen.

3. Die Rolle der Medien – Democracy dies in Darkness[32]

In engem Zusammenhang mit den Überlegungen zum Populismus und dessen politischem Stil steht auch die Entwicklung von Verschwörungs-theorien und die daraus resultierende Rede von der Lügenpresse.[33] Jeder fünfte Deutsche hält den Vorwurf von der Lügenpresse für gerechtfertigt. Das ist das Ergebnis einer Studie, die das Meinungsforschungsinstitut in-fratest dimap für den WDR durchgeführt hat, veröffentlich im Januar dieses Jahres.[34] Allerdings – auch das ein Ergebnis der gleichen Umfrage – gehen über 40 Prozent der Befragten davon aus, dass die Politik den Medien Vorgaben zur Berichterstattung macht. Bei solchen Zahlen wird deutlich, dass die deutschen Medien mehr als ein kleines Imageproblem haben, wenn es um ihren Stellenwert in der demokratischen Gesellschaft geht.

Bezieht man in diese Debatten um Unabhängigkeit, Transparenz, Ob-jektivität der Medien die Situation in den USA mit ein, so werden die Probleme noch offenkundiger. Dort bezeichnet ein demokratisch gewählter Präsident Journalisten immer wieder als die „unehrlichsten Menschen", die er kenne. „They make up sources. They are very dishonest people", sagte Trump, während er einen kürzlich erschienenen Artikel der Washington Post herausgriff, der letztlich zum Rücktritt seines nationalen Sicherheits-beraters Michael Flynn beigetragen hatte.[35] Seine Beraterin Kellyanne Conway spricht von „alternative facts", als Journalisten sie auf offensicht-

---

[31] Arendt, Hannah, „Gäste aus dem Niemandsland", in: Arendt, Hannah, Nach Auschwitz. Essays und Kommentare, 1. Deutsche Erstveröffentlichung 1989, S. 36.

[32] So lautete seit dem 3. März 2017 das neue Motto der Washington Post.

[33] Vgl. Müller, Jan-Werner, Was ist Populismus? a.a.O., S. 63.

[34] Vgl. Umfrage: Jeder Fünfte hält „Lügenpresse"-Vorwurf für berechtigt, http://www.hori-zont.net/medien/nachrichten/Umfrage-Jeder-Fuenfte-haelt-Luegenpresse-Vorwurf-fuer-be-rechtigt-145424 (05.03.2017).

[35] Vgl. Noack, Richard, Trump's attacks on the media sound eerily familiar to Germany's journalists, https://www.washingtonpost.com/news/worldviews/wp/2017/02/24/german-journalists-warn-that-trumps-america-is-looking-more-and-more-like-pegidas-germany/?utm_term=.779d9f7d1189 (05.03.2017).

liche Widersprüche und falsche Informationen in Aussagen des Präsidenten hinweisen. Man könnte das alles abtun als PR-Euphemismen, würde nicht dahinter echte, geradezu fanatische Überzeugung stecken.

Für Reporter und Autoren, für Chefredakteure und Verleger sind solche Situationen eine Herausforderung: noch tiefer zu graben, noch genauer hinzuschauen, noch mehr zu entdecken und besser zu prüfen. So schreiben US-Journalisten kurz vor der Inauguration des neuen Präsidenten in einem offenen Brief an ihn, dass Donald Trumps Verhalten gegenüber der Presse sie dazu gebracht hat, ihre Aufgaben besser zu verstehen. „You have forced us to rethink the most fundamental questions about who we are and what we are here for. For that we are most grateful".[36]

In den USA ist es ein Präsident, der die Medien der Lüge bezichtigt. In Deutschland sind es vor allem die AFD und die Pegida-Anhänger, die den nationalsozialistischen Begriff der Lügenpresse in die Gegenwart geholt und beinahe salonfähig gemacht haben. Abstreiten, das Gegenteil beteuern allein hilft dabei nichts. Die deutschen Medien reagieren vor allem mit einer Transparenzoffensive und viel Dialogangeboten. Aber die Skepsis bleibt – und sie ist auch gar nicht so neu. Das zeigen die Umfragezahlen. Denn die gleichen Fragen hatte infratest dimap schon im Herbst 2015 gestellt. Damals waren es auch 20 Prozent, die von Lügenpresse sprechen würden.

4. Die eine Menschheitsfamilie – Globalisierung als zunehmende Ungleichheit und Armut

Wir sind es gewöhnt, Globalisierung primär als soziologisch-ökonomischen Prozess zu verstehen und zu analysieren, um dessen diffizile Problematik wir wissen, als dessen Nutznießer wir uns aber auch bewusst und unbewusst erfahren. Mit der Flüchtlingskrise allerdings verändert sich die Perspektive auf diesen Prozess, negative Seiten der Globalisierung, die wir bislang nur aus der Sicht eines fernen Beobachters kannten, kommen mit den Flüchtlingen in unsere Städte, in unsere Gemeinden, Häuser, in unsere Feste, unseren Alltag und unsere Familien.

Die wichtigste Ursache für Flucht und Migration liegt zur Zeit in Krieg, Terror und Gewalt: „Nur weg aus den Räumen, die im buchstäblichen Sinn zu Todeszonen geworden sind".[37] In den letzten Jahren sind unzählige Kriegs- und Krisenherde dazugekommen, es handelt sich dabei um eine

---

[36] Pegoraro, Rob, An open letter to Trump from the US press corps, http://www.cjr.org/co-vering_trump/trump_white_house_press_corps.php (05.03.2017).
[37] Münkler, Herfried/Münkler, Marina, Die neuen Deutschen, a.a.O., S. 23.

multizentrische Entwicklung. In den vergangenen Monaten ist unübersehbar geworden, dass Krieg vor allem in Form von Terror auch in unseren europäischen Kontext hineingetragen wird, die wachsende Sorge um die für uns so selbstverständlich gewordene Möglichkeit der Verbindung von Freiheit, offener Gesellschaft und Sicherheit prägt unser individuelles und auch unser gesellschaftlich-öffentliches Verhaltens- und Reaktionsmuster.

Zugleich wird offenkundig, im Blick auf die zweite große Gruppe der Flüchtlinge, ohne hier die pejorative Rede von Wirtschaftsflüchtling in dieser Weise aufgreifen zu wollen, dass Menschen aufgrund von Hungerkatastrophen und wirtschaftlich aussichtsloser Lage sich auch wiederum nicht mehr nur als Individuen, sondern auch in großen Strömen gezwungen sehen, ihre Heimat in Richtung des reichen Nordens, der Überlebenschancen, Wohlstand und Sicherheit verheißt, zu verlassen. Die Flüchtlingsströme vor allem aus Afrika zeigen, dass das Versprechen und die „Erwartung, der Süden (sc. der globale Süden) könne es als Ganzes schaffen, auf das Niveau des (sc. reichen) Nordens zu kommen oder sich dem zumindest anzunähern"[38] nicht mehr tragen, das „Entwicklungsversprechen" der zweiten Hälfte des 20. Jahrhunderts hat deutlich an Bindekraft verloren, zumal sich mit dem Thema „Grenzen des Wachstums" – und diese Grenzen sind nicht nur ökologische – ein dem tendenziell widersprechendes Narrativ entwickelt hat. Warum aber Freiheit und Wohlstand (für alle) – so der Erhardsche Slogan – dann de facto doch nur die nördliche Hemisphäre meinen sollte, warum also nahezu selbstverständliche Exklusionsmechanismen für die Länder des Südens greifen sollten, ist, euphemistisch gesprochen – doch begründungsbedürftig, ethisch gesprochen, in einem Zeitalter, in dem die Menschenrechte als universal gültig erkannt sind, nicht zu rechtfertigen, sondern als Herausforderung zur Lösung aufzunehmen.

Diese globalen Fragen und Probleme lassen das Phänomen der Globalisierung, idealisierend von Hermann Lübbe als „räumliche Schließung der Erde"[39] bezeichnet, in ganz neuer Weise in unseren Kontext virulent werden. Ob sich hier allerdings die letztlich doch auf ein einfaches Paradigma hinauslaufende Analyse des Soziologen Stephan Lessenich als tragfähig erweist, mag mit Recht bezweifelt werden: Er beschreibt in seinem neuesten Buch „Neben uns die Sinflut" in einfacher Schwarz-Weiß-Malerei im Schema des Nullsummenspiels die Globalisierungsverlierer als die, die den Preis für das Wachstum und das Wohlergehen der Externalisierungsgesellschaft, also für unsere Gesellschaft, zahlen und die jetzt bei uns anklopfen und ihren Anteil

---

[38] Ebd., S. 26.
[39] Lübbe, Hermann, „Zur Theorie der zivilisatorischen Evolution", in: Biskup, Reinhold (Hrsg.), Globalisierung und Wettbewerb, Bern 1996, S. 39–63.

verlangen.[40] Die unter Ökonomen verbreitete Perspektive, dass allein eine Steigerung von Markt, Wettbewerb und Gewinn die Lösung des Armutsproblems sei, kann allerdings genausowenig überzeugen,[41] da selbst bei der Erzielung einer großen Wachstumssteigerung noch lange nicht ausgemacht ist, ob diese Steigerungseffekte auch die Richtigen, in diesem Fall die Verlierer, erreichen.

Fest steht aber – ohne hier eine Lösung präsentieren zu können –, dass es nicht länger vorrangig darum gehen kann, ökonomische Vorteile und quantitatives Wachstum zu generieren, auch nicht nur darum – wie bei den Verhandlungen zu den Handelsabkommen TTIP und CETA – unsere Standards primär für uns (und die Verhandlungspartner) zu sichern, sondern es geht darum, die geographische Aufteilung in Globalisierungsgewinner und Globalisierungsverlierer kurzfristig in ihren dramatischen Folgen einzugrenzen und mittel- und langfristig darum, diese Aufteilung aufzuheben.

III. Zeichen der Zeit – aktuelle theologisch-ethische Herausforderungen

Das umfangreiche Tableau von „Zeichen der Zeit", die in unserer Gesellschaft zu erkennen sind, impliziert zugleich große Herausforderungen theologisch-ethischer Art, auf die im Folgenden noch einmal näher eingegangen werden soll:

1. Prekäre Humanität oder Gottebenbildlichkeit und Option für die Armen

Wenn es in unserer Gesellschaft eine nicht mehr ganz kleine Gruppe von Menschen gibt, die „Geflüchtete immer als Kollektiv und niemals als Individuen" sehen, die mit diesen Menschen immer stereotyp die gleichen Zuschreibungen verbinden, wenn es – wie es Carolin Emcke beschreibt – „(i)mmer [...] der Islam (ist), der schuldig ist, immer [...] die Zuwanderung von Muslimen, [...] die kriminelle Energie, die jedem und jeder geflüchteten Person angeblich innewohnen soll"[42], dann steht damit nicht mehr und

---

[40] Vgl. Lessenich, Stephan, Neben uns die Sintflut. Die Externalisierungsgesellschaft und ihr Preis, München 2016, S. 65 f u. ö.

[41] Vgl. etwa Pies, Ingo, „Papst Franziskus – kein Gegner des Marktes. Eine wirtschaftsethische Stellungnahme zu ‚Evangelii gaudium'", in: Stimmen der Zeit 232 (2014) 12, S. 233–242.

[42] Emcke, Carolin, Gegen den Hass, Frankfurt a. M. ⁶2016.

nicht weniger auf dem Spiel als die humane Substanz unserer Gesellschaft, aus der herauszufallen bzw. Menschen herausfallen zu lassen aufgrund unterschiedlicher Hautfarbe, Herkunft oder Religion tatsächlich den Kern des christlichen Abendlandes tangiert und verrät, den aber zu retten genau die hier gemeinten, entsprechend agierenden Gruppen behaupten. Die Paradoxie dieser Rede von der Rettung bzw. Bewahrung des christlichen Abendlandes wird an dieser Stelle offenkundig. Genau an der Stelle wird die Humanität prekär, d. h. unsicher, beliebig, zum Spielball anderer. Wenn Papst Franziskus in seinem Apostolischen Schreiben *Evangelii gaudium* die Option für die Armen zum Kernpunkt der Botschaft macht, dann meint er – übertragen auf die Situation der Flüchtlinge in unserer Gesellschaft – unseren Einsatz auch „nicht ausschließlich in Taten oder in Förderungs- und Hilfsprogrammen" (EG 199), sondern er meint genau diese humane Substanz unserer Gesellschaft, er meint konkret, dem anderen „aufmerksame Zuwendung", „liebevolle Zuwendung" als „Anfang einer wahren Sorge um seine Person" (EG 199) zu schenken. Anerkennung als Individuum, als Person mit eigener, unantastbaren Würde, theologisch gesprochen: das Geschöpf und Ebenbild Gottes ist gemeint. „Existiert zuerst der Mensch, jedem anderen gleich an Würde, mit dem grundlegenden Recht, Rechte zu haben, oder steht am Beginn der Überlegungen die kulturelle Differenz?"[43] Gerade denen, die vor menschenunwürdigen Zuständen in ihrer Heimat geflohen sind, gebührt eine dieses Verständnis vom Menschen als Abbild Gottes zum Ausdruck bringende Kultur des Willkommens, der Gastfreundschaft und der Integration – ganz gemäß dem alttestamentlichen Wort im Buch Levitikus, basierend auf den Erfahrungen, die das Volk Israel in der Fremde gemacht hat. Es heißt dort: „Wenn bei dir ein Fremder in eurem Land lebt, sollt ihr ihn nicht unterdrücken. Der Fremde, der sich bei euch aufhält, soll euch wie ein Einheimischer gelten, und du sollst ihn lieben wie dich selbst; denn ihr seid selbst Fremde in Ägypten gewesen. Ich bin der Herr, euer Gott."[44]

Eine oben bereits angeklungene, ganz anderslautende Argumentation, läuft letztlich nach dem Muster des Homannschen Verständnisses von Wirtschaftsethik darauf hinausläuft, eine genuin ökonomische zur sozialethischen Perspektive zu erklären. Sie versucht, der Sorge der Bevölkerung, durch die Flüchtlinge könnte ihnen etwas abgehen an Wohlstand, an Aufstiegsmöglichkeiten, an Arbeitsplätzen, an Sozialleistungen etc., aufzufan-

---

[43] Landau, Michael, „Da sein für Menschen auf der Flucht. Das Engagement der Caritas im Umfeld von Aufnahme, Betreuung und Integration", in: Theologisch-Praktische Quartalschrift 165 (2017) 1, S. 4–11, hier: S. 8.
[44] Lev 19,33 f.

gen und sogar zu widerlegen, indem vielmehr deren Nutzen sowohl für das demographische Problem Deutschlands als auch für den Fachkräftemangel hervorgehoben wird. So formuliert etwa der Sozialethiker und Wirtschaftswissenschaftler Clemens Dölken: „Aus diesem factum brutum (sc. die demographische Entwicklung Deutschlands. Anm. d. Verf.) erwächst eine Chance, die so bisher weder gegeben war noch erkannt worden ist. Noch nicht im Detail, aber doch aufs Ganze gesehen können mehr Flüchtlingszustrom und Migration als Chance und zugleich Teil einer Lösung des deutschen Demographieproblems gesehen werden – sofern es gelingt, beides in tatsächlich geeigneter Weise kongruent zu machen, so zusammenzubringen, dass es tatsächlich funktioniert und als wechselseitig vorteilhaft empfunden wird.“[45] Nicht diese ökonomische Perspektive soll hier in irgendeiner Weise bestritten werden, sie ist – wie unterschiedliche Untersuchungen beweisen – richtig und sinnvoll, aber als ethische Perspektive greift sie deutlich zu kurz, denn: „Die Menschen kommen nicht, um das Erwerbspersonenpotential in Deutschland zu erhöhen oder den Fachkräftemangel zu mildern. Sie kommen in der Hoffnung auf ein besseres Leben“[46]. Gerade aus der christlich-sozialethischen Perspektive heraus dürfen Menschen nicht verzweckt oder funktionalisiert werden. Ergibt sich der oben beschriebene Nutzen, wenn Flüchtlinge in unser Land kommen, so ist das ein durchaus nicht zu verachtender Nebeneffekt, aber nicht die eigentliche Intention. Vielmehr gilt, dass „Schutz […] auch dem Verfolgten zustehen (muss), der aufgrund von Alter oder Gebrechlichkeit nicht wirtschaftlich aktiv sein kann oder mehr Unterstützung aus unseren Sicherungssystemen benötigt, als er über seine Beiträge zu leisten in der Lage sein wird“[47].

2. Ausgrenzende Solidarität oder Vielfalt und Gemeinwohl

Wenn im vorhergehenden Teil dieser Überlegungen von prekärer Humanität die Rede ist, dann meint „Prekariat" für die postindustrielle Gesellschaft das, was für die Industriegesellschaft das Proletariat war. Das Prekariat ist daher auch als ein Phänomen verstanden worden, das die Rückkehr der *sozialen Fragen* im 21. Jahrhundert bezeichnet. Es geht dabei – nicht nur, aber auch im Blick auf die Flüchtlingsfrage – um das für jeden

---

[45] Dölken, Clemens, Migration und Flüchtlingshilfe – Ein Paradigmenwechsel? a.a.O., S. 45.
[46] Cremer, Georg, Armut in Deutschland. Wer ist arm? Was läuft schief? Wie können wir handeln? München 2016, S. 194.
[47] Ebd.

einzelnen höchst schwierige Phänomen, sich offenkundig arrangieren zu müssen mit einer entsprechenden Exklusion aus der Gesellschaft. Papst Franziskus spricht in seiner Schrift *Evangelii gaudium* genau dieses Phänomen der Exklusion als Spezifikum unserer Gesellschaft an (im Unterschied zur Gesellschaft des 19. Jahrhunderts, wo das Phänomen im Wesentlichen das der Ausbeutung war). Dabei hat er vorrangig die Arbeitswelt im Blick, was aber auch als zugespitzte Analyse der gesellschaftlichen Wirklichkeit gelesen werden kann: „Es geht nicht mehr einfach um das Phänomen der Ausbeutung und der Unterdrückung, sondern um etwas Neues: Mit der Ausschließung ist die Zugehörigkeit zu der Gesellschaft, in der man lebt, an ihrer Wurzel getroffen, denn durch sie befindet man sich nicht in der Unterschicht, am Rande oder gehört zu den Machtlosen, sondern man steht draußen. Die Ausgeschlossenen sind nicht ‚Ausgebeutete', sondern Müll, ‚Abfall'." (EG 53) Die Verteilung von Lebenschancen tangiert massiv die Fragen der Gerechtigkeit – hat dies doch in unserer Gesellschaft viel zu tun mit der Möglichkeit, an der Erwerbsarbeit und darüber an gesellschaftlichen Prozessen, Einrichtungen und Errungenschaften zu partizipieren.

In der Tradition der christlichen Soziallehre kommt der Solidarität als einem der klassischen Sozialprinzipien eine besondere Bedeutung zu.[48] Aus der notwendigen Verknüpfung des Ethos der Solidarität mit der Ausrichtung an dem Ziel des Gemeinwohls ergibt sich eine wesentliche Konsequenz für dessen *universelle* Geltung als Sozialprinzip: Solidarität meint alltagssprachlich das Sich-Zusammen-Tun im Hinblick auf ein gemeinsames Interesse, sei es ein Nutzen oder eine Not, sei es eine gemeinsame Aufgabe oder Freude. Diese Ziele können sehr partikulär und in ihrer moralisch-ethischen Qualität sehr unterschiedlich sein. Der Taubenzüchterverein erwartet genauso Solidarität seiner Mitglieder wie die kriminelle Bande. Sehr viele Teilsolidaritäten sind heute gefordert; Solidarität wird somit deklariert zum „Lernziel" für kleine Gruppen. Sie soll politisch dazu führen, durch demonstrativ zur Schau gestellte Unzufriedenheit mit den gegenwärtigen gesellschaftlichen, sozialen, politischen und wirtschaftlichen Zuständen sowie durch die gemeinsam demonstrierte Kampfbereitschaft Änderungen herbeizuführen und eigene Ziele der Realisierung näher zu bringen. Diese Teilsolidaritäten spielen alle für das Funktionieren der Gesellschaft eine Rolle, aber das Ganze der Gesellschaft und ihr Wohl, das wiederum fundamental hingeordnet ist auf den Menschen als Person und deren Würde,

---

[48] Vgl. zum Folgenden detaillierter Nothelle-Wildfeuer, Ursula/Küppers, Arnd, Art. „Solidarität", in: Wildfeuer, Armin G./Kolmer, Petra (Hrsg.), Neues Handbuch philosophischer Grundbegriffe, Freiburg i. Br. 2011, Sp. 2027–2041.

darf nicht aus dem Blick geraten. Es muss ein wesentliches, sogar das entscheidende Kriterium sein, um die positiven Konsequenzen und die misslichen Nebenfolgen solcher Teilsolidaritäten im Falle des Konflikts abwägen zu können. Erst unter dieser Voraussetzung des Gemeinwohlbezugs wird „Solidarität als ein universelles Sozialprinzip erkennbar, das strukturell unbegrenzte Geltung beansprucht. Denn wenn die Würde des Menschen auf seinem Personsein gründet und Sozialbezogenheit zur Natur dieses Personseins gehört, dann schließt dies notwendig Solidarität mit allem ein, was Menschenantlitz trägt."[49]

Vor diesem Hintergrund wird offenkundig, dass Solidarität auch und gerade als Teilsolidarität durchaus ihre – allerdings begrenzte – Berechtigung hat. Solidarität mit den Menschen der eigenen Nation etwa gehört also durchaus auch in den gesellschaftlichen Diskurs, darf allerdings nicht den Bezug auf das Gemeinwohl und das bedeutet auf die Würde eines jeden Menschen, der mit uns im eigenen Land und auch weltweit lebt, aus den Augen verlieren. Solidarität meint nicht, kulturelle und andere Unterschiede zu verdrängen oder zu nivellieren, im Gegenteil: Solidarität lebt aus der Vielfalt.[50] So formuliert der kanadische Philosoph Charles Taylor seine Vorstellung von einem Zusammenleben in unserer Gesellschaft, in der Bindungen untereinander bestehen, zugleich als eine „starke Theorie der individuellen Freiheit": „Weil jedes Leben nur einen kleinen Teil des in der Menschheit beschlossenen Potentials verwirklichen kann, kommen wir nur dann in den Genuss des ganzen Reichtums menschlicher Errungenschaften und Fähigkeiten, wenn wir uns mit Menschen verbinden, die in ihrer Entwicklung andere Wege eingeschlagen haben. Indem wir andere zur Konformität zwingen, verurteilen wir uns selbst zu einem beschränkteren und ärmeren Leben."[51] Das Solidaritätsprinzip bietet damit keine politische Handlungsanweisung, markiert aber sehr wohl eine deutliche Grenze, hinter die das alltägliche gesellschaftliche und politische Agieren nicht zurückfallen darf.

---

[49] Baumgartner, Alois/Korff, Wilhelm, „Das Prinzip Solidarität – Strukturgesetz einer verantworteten Welt", in: Stimmen der Zeit 208 (1990), S. 237–250, hier: S. 238.

[50] Vgl. Nothelle-Wildfeuer, Ursula/Küppers, Arnd, Art. „Solidarität", a.a.O., Sp. 2027–2041.

[51] Taylor, Charles, „Demokratie und Ausgrenzung", in: Allolio-Näcke, Lars/Kalscheuer, Britta/Maneschke, Arne (Hrsg.), Differenzen anders denken. Bausteine zu einer Kulturtheorie der Transdifferenz, Frankfurt a. M. 2005, S. 197.

3. Zerbrechliche Freiheit oder (Religions-)Freiheit, Anerkennung und Absolutheitsanspruch

Die gegenwärtig aktuelle Debatte um die Rolle und Bedeutung des Islam im Kontext der Flüchtlingsfrage legt es nahe, zunächst auf die Religionsfreiheit zu schauen: Vor einer Generation waren wir allenthalben froh, dass Religionskriege weithin als überwunden galten (gleichwohl es die konfessionellen Auseinandersetzungen z. B. in Irland gab); heute sind Religionskriege erneut harte Wirklichkeit in vielen Ländern und Fluchtursache. Ob es dabei wirklich im tiefen Sinn des Wortes um Religion geht, ob darin der eigentliche Grund für die kriegerischen Auseinandersetzungen liegt, ist eine Frage, die wir in diesem Kontext gar nicht beantworten können. Was nun den Islam angeht, der angesichts der großen Zahl der hier ankommenden Flüchtlinge mit muslimischem Hintergrund im Vordergrund dieser Überlegungen steht, so ist festzuhalten, dass der Schlachtruf jedenfalls häufig genug das „allahu akbar" beinhaltet, „Allahu akbar" rufen Terroristen, bevor sie sich und die Menschen um sich töten. Gläubige Muslime betonen allerdings, dass der Terror der Terrormiliz Islamischer Staat (IS), der Al-Nusra-Front oder Al-Kaidas nichts mit dem Islam zu tun habe. Und doch rufen Selbstmordattentäter diese Formel, die von gläubigen Muslimen unter anderem auch bei den täglichen Pflichtgebeten gesprochen wird.[52]

Vor diesem Hintergrund ist die Sorge um die Ausbreitung des Islam im Westen Europas zu lesen. Deuten wir dies als Zeichen der Zeit, dass wir aus christlicher Perspektive und als Herausforderung für die Theologie zu begreifen anstehen, so ist hier die Frage nach dem Verständnis des Rechts auf Religionsfreiheit tangiert. Gerade in der jüngeren gesellschaftlichen Debatte haben wir in Deutschland in vielfältigen Zusammenhängen – etwa im Blick auf das Kreuz in der Öffentlichkeit des 20. und 21. Jahrhunderts – eine Entwicklung beobachten können, die das historisch gewachsene, grundgesetzlich verankerte und sorgsam austarierte Verhältnis von positiver und negativer Religionsfreiheit seit geraumer Zeit langsam, aber stetig, verschoben hat in Richtung der negativen Freiheit, des Rechts auf Freisein von Religion. In dem Kontext haben wir Christen, durchaus mit Recht, hervorgehoben, dass es nicht sein kann, dass unser Recht auf positive Religionsfreiheit, also auf Entfaltung unserer Freiheit zu Religion und ihrer Ausübung, darunter verloren geht. Jetzt stellt sich die Herausforderung der positiven Religionsfreiheit neu als Herausforderung für unser Verständnis von Toleranz und religiösem Miteinander: Hier muss sich neu erweisen, ob und dass wir es ernst meinen mit der bedingungslosen Anerkennung dieses

---

[52] Vgl. *http://religion.orf.at/stories/ 2742580*

Menschenrechts, das dann nicht nur für christliche Religionsausübung Geltung hat – so steht dann etwa die Rede von Moscheen, die hier erst dann gebaut werden dürfen, wenn Christen in der Türkei auch Kirchen bauen dürfen, auf sehr wackeligen Füßen. Zugleich muss aber natürlich auch ein austariertes Verhältnis von jeweils eigener Religionsausübung und Respekt der fremden Religion gefunden werden.

Nur als Klammerbemerkung sei hier festgestellt, dass im Hintergrund auch erneut die Debatte um die Bedeutung des Absolutheitsanspruchs der eigenen Glaubensüberzeugung mitlaufen muss. Aus diesen konkret-praxeologischen Diskursen erwächst jener Debatte um Religionsfreiheit sicher neue Erkenntnis.

Über die Religionsfreiheit hinaus erweist sich in diversen anderen Kontexten der aktuellen gesellschaftlichen Debatte Freiheit als äußerst zerbrechlich: Insbesondere dort, wo Presse- und Meinungsfreiheit bedroht, missachtet und ausgehebelt wird, stehen Demokratie und Partizipationsmöglichkeiten und damit wiederum auch aus christlichen Wurzeln gewachsene Grundprinzipien Europas in Gefahr. Ebenso gerät Freiheit dort aus dem Blick, wo Mauern gebaut, Zäune zur Abwehr von Flüchtlingen errichtet werden und viel Akribie in das Schließen von Grenzen und Verfassen von Notstandsverordnungen gelegt wird. Verantwortete Freiheit heißt vielmehr, sich zu bemühen um menschenwürdige Aufnahme, um gerechte Asyl- und Anerkennungsverfahren und um angemessene, zukunftsermöglichende Rahmen- und Lebensbedingungen in den Heimatländern derer, die zu uns fliehen.

4. Kurzsichtige Gerechtigkeit oder weltweites Gemeinwohl und Partizipation

Gerechtigkeit meint in christlich-sozialethischem Verständnis mehr als reine Verteilungsgerechtigkeit, mehr als Gerechtigkeit, die allein auf den ökonomischen Kontext bezogen ist. Vielmehr geht es, so definiert der hier maßstabsetzende Amerikanische Wirtschaftshirtenbrief von 1986, in der Weiterentwicklung häufig (so etwa in der christlichen Sozialethik, aber auch u. a. bei Amartya Sen) darum, die Formel von der „sozialen Gerechtigkeit" durch die Formel von der *„kontributiven bzw. partizipativen Gerechtigkeit"* zu ersetzen: Soziale Gerechtigkeit beinhaltet demnach, „dass die Menschen die Pflicht zu aktiver und produktiver Teilnahme am Gesellschaftsleben haben und dass die Gesellschaft die Verpflichtung hat, dem einzelnen diese

Teilnahme zu ermöglichen"[53]. Soziale bzw. partizipative Gerechtigkeit zielt also auf ein für jeden Menschen gegebenes Mindestmaß an Teilnahme und Teilhabe an Prozessen, Einrichtungen und Errungenschaften innerhalb der menschlichen Gesellschaft. Dies bedeutet dann etwa: „Es kommt darauf an, allen – je nach ihren Fähigkeiten und Möglichkeiten – Chancen auf Teilhabe und Lebensperspektive zu geben, statt sich damit zu begnügen, Menschen ohne echte Teilhabe lediglich finanziell abzusichern."[54] So verstandene Partizipation fordert dann Bemühungen um Integration, in den Arbeitsmarkt, aber auch in die Gesellschaft insgesamt.

Gerechtigkeit impliziert zugleich, den Blick über den eigenen Tellerrand hinaus zu weiten und im Kontext etwa der Globalisierungsfragen und der Suche nach Lösungen für die Fluchtursachen ein weltweites Gemeinwohl im Blick zu haben. Eine einfache America-first-Strategie bzw. auch jede andere „First-Strategie" läuft solchem verantworteten Handeln zuwider. Um die relevanten ethischen Aspekte an einem Beispiel zu verdeutlichen[55]:

Bei den Verhandlungen zu TTIP (wenn sie denn unter Trump überhaupt angemessen weitergehen) sind die Konsequenzen für die Entwicklungs- und Schwellenländer auch in den Blick zu nehmen. Diese sind von TTIP, auch wenn sie keine Vertragspartner sind, durchaus betroffen, denn vermutlich wird eine erhebliche Verlagerung der Handelsströme stattfinden. Schon nach dem Abschluss des Nordamerikanischen Freihandelsabkommens zwischen Kanada, USA und Mexiko (NAFTA) von 1994 hatte man negative Erfahrungen des Rückgangs der wirtschaftlichen Entwicklung und des Anstiegs der Armut in Mexiko gemacht. Der Handel zwischen EU-Ländern und USA würde die Handelsströme der Entwicklungsländer in die EU und USA zurückdrängen. Davon würden vor allem die afrikanischen Länder betroffen sein. Dass eine solche Entwicklung denkbar ungünstig ist im Blick auf die Demokratisierungsbemühungen dieser Länder und auch insbesondere unverantwortlich hinsichtlich des Bemühens, den Menschen in ihren Heimatländern eine Zukunftsperspektive zu eröffnen, liegt auf der Hand. Um also gerechtigkeitsorientiert zu handeln und d. h. die Entwicklungsländer angemessen in den Welthandel zu integrieren, bedarf es klarer, transparenter Regeln, guter Regierungsführung und schließlich auch „[f]ür schwächere Marktteilnehmer […] gezielte Anstrengungen […], um ihre

---

[53] Nationale Konferenz der Katholischen Bischöfe der Vereinigten Staaten von Amerika, Wirtschaftliche Gerechtigkeit für alle. Die Katholische Soziallehre und die amerikanische Wirtschaft (Stimmen der Weltkirche, Nr. 26), Bonn 1986, Nr. 71.

[54] Die deutschen Bischöfe, Kommission für gesellschaftliche und soziale Fragen 1998, S. 3.

[55] Vgl. dazu insgesamt Nothelle-Wildfeuer, Ursula, TTIP – Das Freihandelsabkommen zwischen der EU und den USA. Sozialethische Anfragen, Köln 2015.

Startchancen zu verbessern"[56]. Etwa ihnen eine gewisse Vorzugsbehandlung als Maßnahme der Solidarität für die Entwicklungsländer zukommen zu lassen.

IV. Theologie Treiben im Kontext der veränderten Gesellschaft

Welche Quintessenz lässt sich nun aus all diesen Überlegungen zu den Entwicklungen in unserer Gesellschaft ziehen, vor allem mit Blick auf die uns hier interessierende Frage danach, wie ein solcher sich ändernder gesellschaftlicher Kontext das Theologie Treiben beeinflusst.

Hierzu möchte ich im Folgenden nur noch einige abschließende Überlegungen anstellen:

1. Die Botschaft Jesu Christi umfasst alle Bereiche der Wirklichkeit – eine Theologie, die Fragen des menschenwürdigen und anerkennenden Umgangs mit Flüchtlingen außen vorlässt, die die Rede von der Gottebenbildlichkeit aller und jedes Menschen nicht den Prozessen von Exklusion, Verachtung und Verbrechen entgegensetzt, verfehlt den Kern der Botschaft.

2. Theologie im beschriebenen gesellschaftlichen Kontext versteht Kirche keinesfalls allein als Moralagentur, wie es der Soziologe Hans Joas in seiner jüngst erschienenen Schrift als Vorwurf erhebt. Er diagnostiziert derzeit eine „Konzentration auf Moral" und darin nicht nur den „Eigencharakter des Religiösen verfehlt", sondern auch den „des Politischen". Er spricht hier von der Falle der „Gesinnungsethik"[57], weil ausschließlich mit moralischen – und das meint bei ihm individualethischen – Argumenten und der Überheblichkeit moralischer Höherwertigkeit in die politische Debatte eingegriffen werde. In der Tat: Wo Theologie und Kirche die Komplexität der Probleme naiv reduzierten, wo nur die eigene Position gelten darf, wo man die Sach- und Fachfragen einzelner Bereiche gar nicht in den Blick nähme, dort würden Kirche und Theologie den Kern der (relativen) Autonomie der Kultursachbereiche verfehlen, die, so die Pastoralkonstitution des Zweiten Vatikanums, notwendig zu berücksichtigen ist. Wo aber Kirche und Theologie die in diesen Sachfragen mitschwingende ethische Dimension ignorieren

---

[56] Kruip, Gerhard, „Ist die Forderung nach Freihandel kompatibel mit der Option für die Armen? Eine befreiungstheologische Perspektive", in: Amos international 8 (2014) 4, S. 42–47, hier: S. 45.

[57] Joas, Hans, Kirche als Moralagentur?, München 2016, S. 64.

würde, würden Wirklichkeit und Würde der Sachbereiche und des Menschen unzulässig verkürzt.

3. Christliche Verkündigung bedeutet aber auch nicht, sich, weil es gar nicht Aufgabe der Kirche sei, eine Soziallehre zu entwickeln, einfach den Gesetzen des Marktes, so Opus-Dei-Sozialphilosoph Martin Rhonheimer[58], zu überlassen, bzw. das ließe sich sicher auch ausweiten auf die Gesetze des Staates. Die Aussage, Barmherzigkeit, soziale Gerechtigkeit habe hier nichts zu sagen, greift für eine christliche Perspektive auf eine Ethik des Politischen oder der Wirtschaft deutlich zu kurz.

4. Abschließend sei noch einmal zurückgekommen auf die Theologie, die nicht an den Erfordernissen gesellschaftlichen Ringens vorbeikommt, die aber auch nicht einfach das Befolgen weltlicher Gesetzmäßigkeiten zum christlichen Erfolgsrezept erklären kann: Wo liegt der tiefste Grund, angesichts all der und mitten in all den Veränderungen und Herausforderungen in unserer Gesellschaft Theologie zu treiben so, wie es in 1 Petr 3,15 heißt, nämlich im Sinne des Zeugnis Gebens, Zeugnis Gebens von der Hoffnung, die uns erfüllt? „Aber wie ginge es dann," so fragt Jürgen Werbick in seinem kurzen Beitrag im Theologischen Feuilleton feinschwarz.net, „(a)ber wie ginge es dann im Sinne Jesu von Nazaret von ‚unserer' Hoffnung zu sprechen? Von der Hoffnung darauf, dass die Seligpreisungen wahr werden? Von der Entschlossenheit, ihr Wahrwerden nicht aufs Jenseits zu verschieben? Wie ist zu sprechen davon, dass wir dem welt- und lebensgeschichtlichen Erfolg und Misserfolg nicht die Ehre antun, letzte Instanz zu sein; dass wir auf eine ‚Revision' hoffen und an sie zu glauben versuchen, an Gottes Revision? Wie ist von dem Gott zu sprechen, der uns in seinem Christus vor Augen geführt und erlebbar gemacht hat, dass er keinen Menschen verloren gibt, dass deshalb niemand – für niemand – *quantité négligeable* sein darf und sein muss"[59]. Es geht ihm darum, Hoffnung auf erfülltes Leben jetzt zu benennen, ihr Anfangen jetzt lebendig werden zu lassen. „Nicht verlorengeben, was ich als wertvoll erfahre, als das Anfangen eines Lebens in Fülle" – konkret: Flüchtlinge nicht als Bedrohung, sondern als uns bereichernde Ebenbilder Gottes anzusehen, nicht primär eine Kosten-Nutzen-Rechnung aufzumachen, sondern nach deren Überlebenschancen zu fragen, nicht auf hermetische Abriegelung unserer Standards für wenige, sondern auf Rahmenbedingungen für Gerechtigkeit für alle

---

[58] Vgl. Hank, Rainer/Rhonheimer, Martin, „Barmherzigkeit schafft keinen Wohlstand", in: FAZ 19.2.2017, http://www.faz.net/aktuell/wirtschaft/wirtschaftspolitik/martin-rhonheimer (06.03.2017).

[59] Werbick, Jürgen, Mehr Werte? Um Himmels willen!, http://www.feinschwarz.net/mehr-werte-um-himmels-willen/ (06.03.2017).

zu schauen – auch das ist Moral, „Moral im Dienst und in der Perspektive der Hoffnung auf ein Leben in Fülle, die man als Christ(in) nicht
verloren gibt, weil *zuletzt* Gott dafür einsteht, dass sie sich erfüllt, weil
jede und jeder herausgefordert ist, *mit ihm* dafür einzustehen, dass sie
nicht ins Leere geht"[60]. Genau in dieser Perspektive der Hoffnung gehören dann Glaube und Moral bzw. Agieren in Welt und Gesellschaft
doch zutiefst zusammen, in dieser Perspektive spielt der Kontext mit den
aktuellen Herausforderungen für die Theologie eine unverzichtbare und
konstitutive Rolle.

---

[60] Ebd.

Christliche Theologie in afrikanischen Lebenswelten

Skizzen einer Ortsbestimmung

Claude Ozankom

Vorwiegend im Zuge der Reflexion über adäquate Wege einer Vermittlung der christlichen Botschaft in die außereuropäische Welt und des Ringens um die sichtbare Einheit der christlichen Kirchen, wie sie ab der ersten Hälfte des letzten Jahrhunderts geschah, ist die Erkenntnis in den Vordergrund gerückt, dass „die christliche Glaubensverkündigung, ihre vielschichtig zu verstehende ‚Sprache' bzw. Sprachlichkeit, grundsätzlich wie aktuell durch Orte und Zeiten bedingt [ist], in denen sie selbst, aber auch die Reflexion der Verkündigung stattfindet".[1]

In dem Maße, in dem diese Einsicht an Raum gewinnt, erhalten die Kontexte eine erhöhte Relevanz. Dabei wächst das Bewusstsein, dass Europa *ein* Erdteil unter anderen ist und dass das Christentum *eine* Religion im Konzert der religiösen Traditionen darstellt. Ebenso erweist sich das abendländische Christentum als *eine* Verwirklichungsform des Christlichen unter vielen, die zunehmend vor der Aufgabe steht, ihr Selbstverständnis und ihre Praxis angesichts einer sich im Wandel befindlichen Welt, so zu artikulieren, dass sie auch heute lebenspendend in die Gesellschaft ausstrahlen kann.[2]

Im Folgenden soll es nun darum gehen, diese Einsicht in das je konkrete situiert-Sein der theologischen Reflexion im Binnenraum des Römisch-Katholischen mit Blick auf die Situation des südlich von der Sahara gelegenen Afrikas näher zu betrachten und darin die Frage nach den spezifischen afrikanischen Akzenten am zentralen Thema der Identität des Christlichen entlang nachzugehen, um daran anschließend einen eigenen Vorschlag zu formulieren.

1. Herausforderung Identität

In seinem viel beachteten Werk mit dem Titel „Die neue Katholizität" (*Englisch:*„The New Catholicity: Theology between the Global and the Lo-

---

[1] Waldenfels, Hans, Kontextuelle Fundamentaltheologie, Paderborn u. a. [3]2000, S. 18.
[2] Vgl. ebd.

cal") schreibt R. Schreiter: „Eine Schlüsselaufgabe jeder kontextuellen Theologie ist die Beachtung von Identität in einer globalisierten Welt."[3]

Eine Beschäftigung mit dem Problem der Identität ist alles andere als selbstverständlich, wie dies durch den inflationären Gebrauch dieses Begriffs in vielfältigen und zuweilen sich widerstreitenden Verwendungen und Theoriekonzepten dokumentiert wird.

Gleichwohl drängt sich in theologischer Hinsicht ein Nachdenken über das Thema Identität insofern auf, als mit dem Zweiten Vatikanischen Konzil ein Theologiekonzept stärker in den Vordergrund gerückt wurde, welches das Nachdenken über die in Jesus Christus erfahrbar gewordene Nähe Gottes nicht zeitlos, sondern bei den jeweils konkreten „Lebenswelten" der Menschen anhebt.

Vor diesem Hintergrund soll aber zunächst gleichsam eine Schneise in das unübersichtlich anmutende Geflecht von Identitätsbegriffen geschlagen werden, um in einer knappen Skizze vier wesentliche Perspektiven der Identität – die persönliche, die soziale, kollektive und die kulturelle Identität – auf ihre theologische Relevanz hin zu konturieren.

1.1 Persönliche Identität

Ein Überblick über die Konzepte der persönlichen Identität lässt erkennen, dass es auf diesem Feld noch zu keinem Konsens gekommen ist. Gleichwohl werden Merkmale genannt, welche die persönliche Identität markieren helfen[4]:

- Reflexivität nicht jenseits der Leiblichkeit: Eine persönliche Identität steht in engem Zusammenhang mit der Möglichkeit, sich zu sich selbst zu verhalten, wobei die Leiblichkeit für Grenzen und Perspektiven entscheidend ist.
- Selbst(re)konstruktionskompetenz: Persönliche Identität bedarf der Fähigkeit, sich zeitlich und räumlich als gleichbleibend zu erfahren.
- Verortung in einer „community of commitments", aus der Prioritäten und Optionen für das Handeln hergeleitet werden können.
- Intersubjektivität: Persönliche Identität bezieht sich immer auf Wirklichkeitsmuster einer Gemeinschaft bzw. Gesellschaft und tritt in Beziehung zu Identität des Anderen.

---

[3] Schreiter, Robert, Die neue Katholizität. Globalisierung und die Theologie, Frankfurt a. M. 1997, S. 144.

[4] Vgl., zu diesem Passus, Assmann, Jan, Das kulturelle Gedächtnis. Schrift, Erinnerung und politische Identität in frühen Hochkulturen, München [7]2013, S. 132–160.

- Durch diese Perspektivierung schimmert vor allem ein Doppeltes. Zum einen zeigt sich, dass Identität keine statische Größe ist, sondern jeweils Prozesse meint, die vom Individuum zu „organisieren" sind. Zum anderen wird darauf verwiesen, dass Identität nicht solipsistisch, sondern immer auf Gemeinschaft oder Gesellschaft angelegt ist. Damit wird ein nicht essentialistisches Verständnis persönlicher Identität buchstabiert, das sich mittels verschiedener Merkmale und in einem Prozess („Narrativität") vollzieht.

1.2 Soziale Identität

Identität ist wie oben gesehen relational angelegt und eingebettet in einem Geflecht sozialer Beziehungen, sprachlicher Leistungen und sozial vermittelter Modelle der Wirklichkeit. Es ist daher nur folgerichtig, dass der Begriff Identität mit den Begriffen Kultur oder Gemeinschaft in Verbindung gebracht wird, da Kulturen gleichsam als Fabrikationsstätten von Identitäten angesehen werden können. Konkret: Personale Identität wird unter sozialen Vorgaben geprägt und interaktiv gestaltet, wobei die Macht bzw. der Einfluss der Gesellschaft nicht unterbelichtet bleiben darf.

1.3 Kollektive Identität

Kollektive Identität gibt es immer „nur in dem Maße, wie sich bestimmte Individuen zu ihr bekennen. Sie ist so stark oder so schwach, wie sie im Denken und Handeln der Gruppenmitglieder lebendig ist und deren Denken und Handeln zu motivieren vermag."[5] Bestimmend für die kollektive Identität sind demnach nicht so sehr Gruppierungen, sondern Individuen in ihrem Bezug darauf (wie dies zum Beispiel bei Anhängern eines Fußballvereins der Fall sein dürfte: Hier identifiziert man sich mit Club, Trainer und Verein und nicht mit Satzungen, Fanclub usw. Nationale Identitäten bilden hierbei ein „Fallbeispiel kollektiver Identität").

1.4 Kulturelle Identität

Ausgehend von der semiotischen Analyse, kann Kultur verstanden werden, als ein tradiertes, symbolisch im Sinne semiotisch vermittelter Bedeutungen

---

[5] Assmann, Jan, Das kulturelle Gedächtnis, a.a.O., S. 132.

zu begreifendes System, durch welches Menschen Lebens- bzw. Weltwissen und –einstellungen kommunizieren[6]. In diesem System spielt die Frage nach Organisation eine wesentliche Rolle, wobei die Narration als wichtiger Modus verstanden wird, mittels sekundärer textbildender Muster Zeichen zu verknüpfen, zu ordnen und damit neue komplexe Bedeutungen zu erzeugen. Narrationen sind als in spezifischer Weise organisierte Zeichenfolgen verstehbar, welche den Moment der Zeit zu berücksichtigen imstande sind.[7]

Als solche sind sie für Gemeinschaften insofern bedeutsam, als Erinnerungen und Erfahrungen primär im Medium der Erzählung vermittelt werden und gemeinsame Erinnerungen Gemeinschaften konstituieren. Blickt man von hier aus auf die damit zusammenhängenden kulturellen Identitäten, so kann herausgestellt werden, dass sich kulturelle Identitäten in narrativ vermittelten Selbst- und Fremdwahrnehmungen bzw. –konstruktionen ergeben, bei der die zum Tragen kommenden Erzählmuster aus einem Fundus gemeinschaftlich, d. h. kulturell geteilten Wissens stammen.

2. Zwischenbilanz

Verkündigung wie Reflexion des christlichen Glauben ist, wie dies am Pfingstereignis deutlich wird, ein polyglottes Projekt mit dem Ziel, Gottes große Taten in den Sprachen der Menschen zu verkünden (Apg 2, 1). Wer hiervon reden will, muss daher zum einen Sorge dafür tragen, dass er verstanden wird, und zum anderen, dass er selbst verstehen will. In diesem Sinne erweist sich die Beschäftigung mit dem Thema Identität als *locus theologicus*. Denn durch Identitäten bekommen Menschen Gesichter. Diese Identitäten nicht zu berücksichtigen oder gering zu schätzen, zeugt von wenig Sensibilität den Menschen gegenüber. In diesem Sinne legt u. a. R. Schreiter in seinem Buch „Abschied vom Gott der Europäer" (*Englisch:* „Constructing Local Theologies") einen Ansatz vor, dem es gerade um das Ernstnehmen der jeweils lokalen Gemeinschaft und ihrer Identität geht: Es geht um eine Theologie auf Augenhöhe mit jenen Menschen und Kulturen, für die und in denen sie betrieben wird. In diesem Zusammenhang skizziert er das Verwiesen-Sein christlicher Theologie auf das jeweilige kulturelle Umfeld hin, damit sie gesellschaftliche Relevanz in diesem konkreten Kontext zeitigen kann. Dabei zeichnet er die Konturen einer kontextsensi-

---

[6] Vgl. Schreiter, Robert, Abschied vom Gott der Europäer. Zur Entwicklung regionaler Theorien, Salzburg 2001, S. 84 f.
[7] Vgl. hierzu Ricoeur, Paul, Temps et récit (3 Bde.), Paris 1985.

blen Theologie, die sich als ein Prozess eines geduldigen Eingehens auf die kulturelle Lebenswelt erweist, der die theologische Reflexion dazu befähigt, die wichtigsten Werte, Bedürfnisse, Interessen und Symbole zu eruieren und sprachfähig zu machen.[8]

Kurzum, es geht darum, die Identitäten wahrzunehmen und als *locus theologicus* entsprechend zu berücksichtigen. Damit werden Identitäten zu Ansatzpunkten für kontextsensible Theologien.

3. „Identität im Kommen"

Bekannt ist folgende Stelle vom Missionsdekret des Zweiten Vatikanischen Konzils: „Das Saatkorn, das heißt das Wort Gottes, sprießt aus guter, von himmlischem Tau befeuchteter Erde, zieht aus ihr den Saft, verwandelt ihn und assimiliert ihn sich, um viele Frucht zu bringen. In der Tat nehmen die jungen Kirchen, verwurzelt in Christus, gebaut auf das Fundament der Apostel, nach Art der Heilsordnung der Fleischwerdung in diesen wunderbaren Tausch alle Schätze der Völker hinein, die Christus zum Erbe gegeben sind. Aus Brauchtum und Tradition ihrer Völker, aus Weisheit und Wissen, aus Kunststil und Fertigkeit entlehnen sie alles, was beitragen kann, die Ehre des Schöpfers zu preisen, die Gnade des Erlösers zu verherrlichen, das Christenleben recht zu gestalten".[9]

Dieser markante Text bringt in signifikant deutlicher Weise die Aufgabe christlicher Theologie gerade für den afrikanischen Kontext zur Sprache. Diese Aufgabe weist näherhin zwei Seiten auf. Zum einen soll es der christlichen Glaubensreflexion darum gehen, das Mysterium der in Jesus unüberbietbar und greifbar gewordenen Liebe und Nähe Gottes zu uns Menschen besser zu verstehen und zu vermitteln. Zum anderen soll ein solcher Prozess mittels der Philosophie oder Weisheit, kurz: der Kulturen der jeweiligen Völker, artikuliert werden. Vor diesem Hintergrund zeigt sich: Für das Zweite Vaticanum kann Theologie nur kontextuell formuliert werden. Eine inzwischen Binsenwahrheit, die aber nicht oft genug widerholt werden kann. Die Botschaft „Africae Terrarum" von Paul VI.[10] kann infolgedessen als Verdeutlichung der Aussagen des Konzils gesehen werden. Erinnert sei hier nur daran, dass Paul VI. die Werte der afrikanischen Kulturen unterstreicht, die zum Aufbau der Kirche in Afrika unverzichtbar sind. Dabei erwähnt er vor allem die spirituelle Sicht des Lebens, den Respekt der

---

[8] Vgl. Schreiter, Robert, Abschied vom Gott der Europäer, a.a.O., S. 31 ff.
[9] AG 22
[10] Vgl. Paul VI., Africae terrarum, in: ASS 59 (1967), Nr. 1073–1102.

Menschenwürde, den Gemeinschafts- und Familiensinn. Unvergessen ist aber auch, gleichsam um Wort und Geste in Einklang zu bringen, die Heiligsprechung der Märtyrer von Uganda, die er auf afrikanischem Boden vornahm. Kurz und gut: Der erste Besuch eines Nachfolgers Petri in Afrika wurde begrüßt als der Anfang einer neuen Ära des Christlichen auf diesem Erdteil. Seine „prophetischen" Worte, dass Afrikaner nun ihre eigenen Missionare sind und ein afrikanisches Christentum Wirklichkeit werden lassen müssen, verweisen auf jene Entwicklung[11], die das Christentum in Afrika südlich der Sahara im letzten Jahrhundert vollzogen hat. Tatsächlich hat sich die christlich religiöse Tradition binnen einiger Generationen im vergangenen Jahrhundert zu einer „Volksreligion" auf dem afrikanischen Kontinent gewandelt, die gegenwärtig ein geradezu „exponentielles" Wachstum vorweist. Bei aller ihnen inhärenten Unwägbarkeit legen die Statistiken folgendes Bild nahe: Bis 1900 betrug die Zahl der Christen in der Bevölkerung des subsaharischen Afrika ca. 9 Millionen, um 1945 aber erreichte sie bereits die 30-Millionen-Grenze. Dies verdreifachte sich wiederum bis in die siebziger Jahre des vergangenen Jahrhunderts. Unter der Voraussetzung einer konstanten Wachstumsrate leben gegenwärtig 425 Millionen Christinnen und Christen auf diesem Erdteil. Blickt man nun in die Zukunft, so ist davon auszugehen, dass um das Jahr 2030 mehr Christgläubige in Afrika als anderswo leben werden.[12]

Naturgemäß nimmt auch die katholische Kirche an dieser rasanten Veränderung der Topographie des Christlichen in signifikanter Weise teil. Diese „Erfolgsgeschichte" macht bei näherem Hinsehen deutlich, dass es hier letztlich um weitreichende Transformationsprozesse geht, in deren Vollzug die Vermittlung zwischen Eigenem und Fremdem neue Identitätskonstruktionen in Gang gesetzt hat und weiter setzt.

In der Tat: Mit der Begegnung zwischen Christentum und Afrika korreliert von Anfang an die Frage nach der Relevanz des Evangeliums für die Existenz der Menschen dieses Erdteils. Daraus entstanden vielfältige Interpretationsvorschläge, die entweder eine schroffe Ablehnung oder aber eine schöpferische Aneignung propagieren. Dem ersten Reaktionstyp gehören jene Ansätze an, die das Evangelisierungswerk als Aushöhlung der geistig-kulturellen Substanz Afrikas anprangern und die Verteidigung des afrikanischen sozio-religiösen Erbes propagieren, damit Letzteres wieder „mächtiger sprechen" kann. Auf diese Weise soll der eigenen Identität zu

---

[11] Vgl. Paul VI., Ansprache vom 31.7.1969 in Kampala (Uganda), in: ASS 61 (1969), Nr. 573–578.

[12] In der Literatur wird diese Entwicklung mit dem Begriff „Südverlagerung des Christentums" wiedergegeben. Vgl. Jenkins, Philip, The Next Christendom. The Coming of Global Christianity (Future of Christianity Trilogy), Oxford 2002.

ihrem Recht verholfen und das vielfach mit dem kolonialen Expansionismus Europas gleichgesetzte und als der „Seele Schwarzafrikas" ungemäß gekennzeichnete Christentum als Bedrohungspotential entlarvt und in die Schranken gewiesen werden.

Neben dieser negativen Antwort auf die Mission gibt es Interpretationsstrategien, die sich den Schattenseiten der Missionierung als Bestandteil der Geschichte des Christentums in Afrika stellen und die Botschaft eines den Menschen in Jesus Christus nahe gekommenen Gottes als Heilsangebot gerade auch für die Menschen im südlich von der Sahara gelegenen Afrika angenommen haben. Dem entsprang ein Prozess selbständiger und kreativer Integration des Christentums, der plakativ als „afrikanische religiöse Innovationsbewegung" bezeichnet werden kann. Die Beispiele hierfür reichen von den „Afrikanischen unabhängigen Kirchen" mit ihrem unverkennbar emanzipatorischen Pathos bis hin zu den gegenwärtigen Formen religiöser Bewegungen afrikanischer Initiative, die weniger einem einheitlichen Block als viel eher einem breitgefächerten Spektrum mit verschiedenen historischen, theologischen und sozio-kulturellen Hintergründen gleichkommt.

Bringt man die mit dieser religiösen Kreativität einhergehende Dynamik in Anschlag, so zeigt sich nicht nur, dass Afrika inzwischen zu einem „Ort des Christentums" avanciert ist, sondern auch dass die Zukunft des Christentums in engem Zusammenhang mit diesem Erdteil gesehen wird.[13] Im

---

[13] Aufs Ganze gesehen kann festgehalten werden: Das Christentum weist ein starkes Wachstum auf dem afrikanischen Kontinent auf. Vgl. hierzu Jenkins, Philip, Die Zukunft des Christentums. Eine Analyse zur weltweiten Entwicklung, Gießen u. a. 2005. Dieses Wachstum gilt in besonderer Weise für die Kirchen aus der Pfingstbewegung. Unbeschadet der gegenwärtig zu beobachtenden Vielfalt und Dynamik auf der afrikanischen religiösen Szene stellt die Pfingstbewegung den Ort dar, an dem die zunehmende Ausbreitung der Religion, v. a. in ihrer christlichen Prägung, auf afrikanischem Boden am wahrnehmbarsten ist (vgl. u. a. Asamoah-Gyadu, Johnson Kwabena, African Charismatics. Current Developments within Independent Indigenous Pentecostalism in Ghana, Leiden 2005, S. 9; Kalu, Ogbu, African Pentecostalism. An Introduction, Oxford 2008; Schreiter, Robert J., Das Kulturverständnis der Evangelikalen und Pfingstkirchen (noch unveröffentlichter Vortrag auf dem Symposium ‚Religionen im Kulturwandel zwischen Selbstbehauptung und Selbstaufgabe' am 28. November 2008)). Gerade am Beispiel der Pfingstbewegung kann m. E. deutlich gemacht werden, dass Globalisierung nicht zuletzt das religiöse Feld mit beinhaltet. Dies hat wohl C. Mayrargue vor Augen, wenn er mit Blick auf die Situation Afrikas pointiert festhält: „Die religiöse Globalisierung muss polyzentrisch gefasst werden. Es gibt kein einzelnes Sendezentrum, sondern eine Vielzahl von Produktions- und Ausstrahlungsorten. Die afrikanische Pfingstbewegung präsentiert sich als nebulöses Gebilde vielfältiger Strukturen von verschiedener Größe (große Gemeinschaften, die um einen einzigen Seelsorger herum organisiert sind) oder Art (Kirchen, Missionen, konfessionsübergreifende Bewegungen und Evangelisierungsagenturen). Obwohl man noch immer spürt, dass diese religiöse Präsenz auf dem Kontinent in ihren Ursprüngen auf den Einfluss ausländischer Akteure zurückgeht, ist die Pfingstbewegung doch rasch heimisch geworden, und ihre gegenwärtige Ausbreitung wird hauptsächlich von religiösen

Folgenden sollen einige Schlaglichter auf die religiöse Kreativität im Binnenraum des Katholischen geworfen werden.

3.1 Familie Gottes: Kreative Integration in ekklesiologischer Perspektive

Vor dem Hintergrund der oft konstruierten Diastase zwischen Afrikaner- und Christsein stellt sich die Katholische Kirche in Afrika der Aufgabe, neue Wege zu einer kontextsensiblen Formulierung und Praxis der christlichen Botschaft zu eröffnen. Ein signifikanter Meilenstein dieses Prozesses markiert das Verständnis von Kirche als Familie Gottes, das Johannes Paul II. 1994 durch das nachsynodale Schreiben „Ecclesia in Africa" zum lehramtlichen ekklesialen Modell für Afrika erklärt hat.

Geschichtlich verweist dieses Kirchenmodell zunächst auf das Eintreten des Kongo-Missionars Placide Tempels für die Jamaa als dem „afrikagemäßen" Verständnis von Kirche. In den siebziger Jahren des letzten Jahrhunderts wurde Familie durch die Bischöfe Burkina Fasos zum Modell erhoben, anhand dessen die durch die Kirche repräsentierte Realität den Menschen in Afrika in adäquater Weise nahe gebracht wird. Daran schließt sich eine theologische Reflexion an, die nicht zuletzt die Vorbereitung zur ersten Sondersynode der Bischöfe für Afrika sowie das Ringen auf der Synode selbst markant inspirierte. Den Schlusspunkt markiert das oben genannte nachsynodale Schreiben, das ein Umsetzen und Weiterdenken fordert.

Inhaltlich knüpft das ekklesiale Modell an die Stärke des afrikanischen Familienbegriffs an, die durch Grundwerte wie Solidarität, Mitverantwortung, Geborgenheit usw. zur Sprache kommt (ohne damit die Schattenseiten dieses Familienkonzeptes zu verschweigen: Tribalismus, Nepotismus, „Diktatur der Greisen" usw.).

Der Theologie stehen dabei insgesamt zwei Argumentationsstränge zur Verfügung: die Initiative des Dreieinigen Gottes und die Gründung durch Jesus Christus. Die Konsequenz: Kirche als Familie Gottes ist keine selbständige Größe, sondern kann nur existieren, sofern sie aus der Verbindung mit Gott dem Vater durch Jesus Christus im Heiligen Geist lebt. Entsprechend gehört man zu dieser Kirche nicht durch Blutsverwandtschaft, son-

---

Unternehmen vor Ort vorangetrieben, die nicht systematisch mit den großen weltweiten Netzwerken zusammenarbeiten." (Mayrargue, Cédric, Trajectoires et enjeux contemporains du pentecôtisme en Afrique de l'ouest, in: Critique Internationale 22 (2004), S. 100 [Übers. C. O.]).

dern durch das Bekenntnis des einen Glaubens, die Feier der Sakramente und die Einheit in der Gemeinschaft der Kirche. Auf dieser Grundlage sind alle Gläubigen Töchter und Söhne Gottes und damit Schwestern und Brüder Jesus Christi.

Diesem ekklesialen Modell stehen u. a. zwei Realisierungsräume zur Verfügung: Die Kleinen Christlichen Gemeinschaften und eine geschwisterliche Praxis von Dialog.

3.1.1 Die Kleinen Christlichen Gemeinschaften

Die anlässlich der sechsten Vollversammlung des kongolesischen Episkopats zur pastoralen Option erhobene Schaffung kleiner lebendiger christlicher Gemeinschaften avancierte, v. a. in den Jahren nach dem Zweiten Vatikanischen Konzil zum Raum par excellence, in dem Kirche konkret als Familie Gottes erfahren werden kann, wie dies in der Verwirklichung von Mitverantwortung und Partizipation zum Tragen kommt. Konkret: Im Horizont des Volk-Gottes-Gedankens, zu dem jede(r) durch Taufe und Firmung gehört, machen die Kleinen Christlichen Gemeinschaften deutlich, dass allen Gläubigen nicht nur eine ihnen vom Herrn verliehene Dignität zukommt, sondern sie einen Platz und damit eine Rolle in diesen Gemeinschaften zu übernehmen haben. Unbeschadet des besonderen Auftrags der Amtsträger (Papst, Bischof, Priester und Diakon) haben die Laien im Aufbau der Gemeinden eine wichtige Rolle zu spielen. Dies geschieht, indem ihnen Verantwortung in bestimmten Bereichen übertragen und ihnen damit zugleich die Möglichkeit eröffnet wird, am Leben der Gemeinschaft aktiv teilzuhaben. Kurz: Sie sind weder Lückenbüßer noch bloße Handlanger des Klerus. Freilich verlangt dies von allen Seiten Lernbereitschaft, Geduld und Dialogbereitschaft.

3.1.2 Eine geschwisterliche Praxis von Dialog

Der Praxis von Mitverantwortung und Partizipation in den Kleinen Christlichen Gemeinschaften korreliert die Pflege einer nicht vertikalen Kommunikation. Dabei wird einerseits die Lehre des *sensus fidelium* in Anschlag gebracht, die das Ernstnehmen des Glaubenssinns der Gläubigen urgiert. Andererseits wird die traditionelle afrikanische Institution des Palavers herangezogen, nach der wichtige Belange der Gemeinschaft gemeinsam zur Sprache zu bringen sind, damit alle in den Prozess der Lösungsfindung eingebunden werden können. Der Vorteil: Diese Verfahrensweise ermöglicht ein hohes Maß an Transparenz und kann dazu beitragen, dass die erreichten Ergebnisse möglichst von allen Beteiligten getragen und kommuniziert werden.

4. Resümee

Die christliche Identität steht in Verkündigung und Theologie unter dem Anspruch, das in Christus greifbar gewordene Heilsangebot Gottes an die Menschen universal auszusagen. Dieses Evangelium eines universalen Heilsangebots Gottes wird im Lichte der *notae ecclesiae* an die Urzeugen (apostolisch) gebunden, weltumfassend (katholisch) vermittelt und im Zusammenhang mit der Gemeinschaft der Gläubigen (Kirche) artikuliert.

Im Spannungsverhältnis damit wird die Erkenntnis gesetzt, dass das Evangelium selbst kulturell gebunden und damit kontingent ist und dass die beanspruchte Universalität selbst im Modus des Zeugnisses gleichwohl auf ein geschichtlich partikulares Ereignis verweist, dem es auf dem Wege pluraler kontextgebundener Interpretationsleistungen Universalität zuschreibt. Tatsächlich berufen sich die vielen „Christentümer" auf das Christusereignis und rechtfertigen damit ihren Anspruch auf christliche Identität. Diese Pluralität ist ein Symptom dafür, dass die vielen Bekenntnisse nur Annäherungsversuche an das Christusereignis sind und dieses weder besitzen noch voll aussagen, sondern immer Interpretationsmöglichkeiten sein können. Gerade dieser Umstand macht es möglich, die im Bekenntnis kundgetane Universalität in immer wieder neue Kontexte hineinzutragen, da keiner von ihnen das Ganze „umfassen" kann. Damit steht man bei einem nicht essentialistischen, starren Begriff christlicher Identität, der gleichwohl nicht beliebig ist. Denn die Interpretativität des Christusereignisses (und damit der christlichen Identität) muss sich daran messen lassen, zum einen wie sehr sie mit den Gründungstexten (Schrift und Dogmen) kompatibel ist. Katholisch wird man an eine dialogisch-kommunikative Ausübung des Lehramtes verweisen, das nicht autoritativ sondern argumentativ und sachlich die Vielstimmigkeit der Interpretationsmöglichkeiten zu einer Polyphonie zusammenzuführen imstande ist. Auf der anderen Seite muss sich auch jeder Interpretationsversuch des Christusereignisses als kontextsensibel gerieren, damit in jedem Kontext, zu jeder Zeit und an jedem Ort, das Heilsangebot Gottes in Jesus Christus zu mehr Freiheit und mehr Leben führen kann. Theologisch geht damit ein Reflexionsstil einher, der die der christlichen Botschaft eingeschriebene Interkulturalität transparent und fruchtbar und fruchtbar machen soll.

Überlegungen zur Kontextualität christlicher Glaubenspredigt im kolonialzeitlichen Lateinamerika

Mariano Delgado

Kontextuelle Theologie hat Hans Waldenfels 1987 definiert als „die heute notwendige Gestalt der christlichen Theologie, insofern diese angesichts eines wachsenden Bewusstseins der Vielzahl von Religionen und Weltanschauungen, Philosophien und Kulturen, politischen und gesellschaftlichen Systemen ihre Gestalt und Sprache auf das jeweilige geschichtlich-gesellschaftliche Umfeld hin finden muss." Und er fügte hinzu: „Die Reflexion auf Kontexte nicht nur im Hinblick auf verbale Textzusammenhänge, sondern auch auf Lebens- und Gesellschaftszusammenhänge bildet schließlich heute für das Christentum die Voraussetzung für eine Evangelisation, die die Botschaft des Evangeliums in fremden Kulturen wirksam heimisch machen (Indigenisierung) und verwurzeln (Inkulturation) möchte."[1]

In diesem Beitrag möchte ich anhand einiger Beispiele zeigen, dass es auch in der kolonialzeitlichen Missionsgeschichte Lateinamerikas Formen „kontextueller Theologie" avant la lettre gegeben hat: Dies betrifft den sprachlichen Kontext, den Kontext der Amtsfrage und schließlich den sozialpolitischen Kontext.

1. Die Sprache kontextueller Glaubenspredigt

Das Christentum ist von Anfang an durch eine Übersetzungs-, Translations- und Inkulturationsfähigkeit geprägt. Es sakralisiert keine Sprache als Evangelisierungsmittel, sondern hat die gute Nachricht in der Sprache der Adressaten verkündet. Aus diesem Grund wurden die Schriften des Neuen Testamentes – mit Ausnahme des Hebräerbriefes – auf Griechisch geschrieben. Das Prinzip der Evangelisierung in der Sprache der Adressaten hat die Kirche immer hoch gehalten, auch in der Weltmission der Frühen Neuzeit. „Der Spanier auf Spanisch, der Indio in seiner Sprache"[2] – ist daher die Devise beim III. Konzil von Lima 1583. Aus diesem Grund studierten die Missionare die indianischen Sprachen, schufen die ersten, und vielfach bis

---

[1] Waldenfels, Hans, Art. „Kontextuelle Theologie", in: Müller, Karl/Sundermeier, Theo (Hrsg.), Lexikon missionstheologischer Grundbegriffe, Berlin 1987, S. 224–230, hier: S. 224.

[2] Koschorke, Klaus/Ludwig, Frieder/Delgado, Mariano, Außereuropäische Christentumsgeschichte: Asien, Afrika, Lateinamerika 1450–1992 (Kirchen- und Theologiegeschichte in Quellen 6), Neukirchen-Vluyn ⁴2012, S. 235.

heute noch gültigen, Grammatiken und Wörterbücher derselben und übersetzten die wichtigsten Gebete und Glaubensprinzipien. Das führte zur Entstehung einer Fülle von Katechismen (allein in Mexiko mehr als 100), viele davon in den einheimischen Sprachen oder als zwei- oder dreisprachige Ausgaben. Ebenso entstanden auf Spanisch und oft auch in einheimischen Sprachen Lektionare und Evangelistare (*leccionarios*, *evangeliarios*), Beichtbücher (*confesionarios*), Predigtbücher (*sermonarios*), geistliche Traktate (*tratados*), Religionsdialoge (*coloquios*) oder Sammlungen von Liedern und Gebeten, die von den Missionaren in Anlehnung an die Psalmen geschaffen wurden. Die Bischöfe von Mexiko, Lima und Manila führten den Buchdruck vor allem als katechetisches Instrument ein. Und Missionskatechismen waren auch die ersten Bücher, die dort gedruckt wurden (1539 in Mexiko, 1584 in Lima, 1593 in Manila). Der Übersetzungsprozess hatte nur dort seine Grenzen, wo es darum ging, abstrakte Fachbegriffe christlicher Gottesrede adäquat zu übertragen. Vorherrschend blieb die – sich schon um die Mitte des 16. Jahrhunderts herauskristallisierende – Meinung, die wir in einem Gutachten des Indienrates an den König vom 20. Juni 1596 finden. Demnach lassen sich – selbst in der besten und vollkommensten Sprache der Indios – die Mysterien des Glaubens nicht gut und in ihrer Richtigkeit erklären, „sondern mit Ungereimtheiten und Mängeln".[3] So finden wir in den Katechismen und Predigtbüchern Wörter wie „Gott", „Heiligste Dreifaltigkeit", „Person", „Glaube" oder „Heiliger Geist" stets in spanischer Sprache. Ein nicht geringer Wermutstropfen ist allerdings, dass der nachtridentinische spanische Katholizismus – aus Angst vor reformationsähnlichen Entwicklungen – sich gegen die Übersetzung der Bibel in die Volkssprachen entschied, während der Franziskaner Juan de Zumárraga, der erste Bischof Mexikos, 1546 noch den Traum hegte, dass zumindest die Evangelien und die Briefe des heiligen Paulus in die indianischen Sprachen übersetzt würden: „Ich bin nicht der Meinung derjenigen, die sagen, dass die *idiotas* und Ungebildeten [= die Laien] die Evangelien und die Episteln nicht in der Sprache eines jeden Volkes lesen sollten. Denn es wäre wohl gegen den Willen Christi, dass seine Lehre und Geheimnisse nicht in der ganzen Welt bekannt werden. Daher meine ich, es wäre zweckmäßig, dass jede Person, gleich wie ungebildet sie wäre, die Evangelien und die Episteln des heiligen Paulus lesen könnte. Gott gebe, dass sie in alle Sprachen übersetzt werden,

---

[3] Konetzke, Richard, „Die Bedeutung der Sprachenfrage in der spanischen Kolonisation Amerikas", in: Jahrbuch für Geschichte von Staat, Wirtschaft und Gesellschaft Lateinamerikas 1 (1964), S. 72–116, hier: S. 88.

damit alle Völker, auch wenn sie Barbaren wären, sie lesen könnten. Unserem Herrn gefiele, dass ich dies in meinen Tagen noch erlebe."[4]

Getragen von der Überzeugung, dass für die Bekehrung der Indios die Kenntnis von deren Sprache unumgänglich sei, verpflichteten das I. Konzil von Lima (1552) und das I. Konzil von Mexiko (1555) die Indiopfarrer zum Lernen der jeweiligen Sprache innerhalb einer bestimmten Zeit, „wenn sie nicht ihr Pfarramt verlieren wollen".[5] Die Krone nahm dies in ihre Gesetzgebung auf und ließ folgerichtig an den Universitäten von Lima und Mexiko Lehrstühle für das Studium der wichtigsten Sprachen dieser Gebiete, also für Quechua und Náhuatl, errichten. Die Gesetze der Krone verschärften die Kontrollen der Sprachkenntnisse. Die Praxis entsprach freilich nicht immer der Theorie. Die wiederholten Ermahnungen von Kirche und Krone, die indianischen Sprachen zu erlernen, zeugen davon, dass viele Missionare sie nur sehr mangelhaft beherrschten.

Daher bekräftigt der Dominikaner Alonso de la Peña Montenegro 1668 in seinem Handbuch *Itinerario para párrocos de indios* wie wichtig, ja unentbehrlich es für die Evangelisierung sei, die Sprache der Adressaten zu erlernen, was der Jesuit José de Acosta 1588 in seinem Missionstraktat *De procuranda idorum salute* ebenfalls getan hatte: „Wer vom Eifer für die Rettung der Indios brennt, soll ernsthaft der Überzeugung sein, dass er nichts Großes von der Glaubenspredigt erwarten kann, wenn das Erlernen der Sprache nicht seine erste und unermüdliche Sorge ist".[6]

De la Peña erinnert die Visitatoren der Pfarreien seines Bistums daran, dass sie in Einklang mit der Gesetzgebung der Krone verpflichtet sind, die Indiopfarrer, die die Sprache nicht beherrschen, abzusetzen. Sie sollen dabei nicht nur die Pfarrer sprachlich prüfen, sondern auch die Indios; wenn diese nämlich die Christenlehre in ihrer Sprache nicht gelernt haben, so ist dies ein deutliches Zeichen dafür, dass der Pfarrer in dieser Sprache nicht lehren kann.[7]

---

[4] de Zumáraga, Juan, „Suplemento del catecismo o enseñanza del cristiano (segunda parte de la „doctrina cristiana" más cierta y verdadera para gente sin erudición y letras[…]),“ in: Durán, Juan Guillermo (Hrsg.), Monumenta catechetica hispanoamericana. Siglos XVI–XVIII (2 Bde.), Buenos Aires 1990, S. 115–159, hier: S. 159. Vgl. dazu Delgado, Mariano, Die spanischen Bibelübersetzungen in der Frühen Neuzeit, in: Schweizerische Zeitschrift für Religions- und Kulturgeschichte 101 (2007), S. 209–224.

[5] Konetzke, Richard, Die Bedeutung der Sprachenfrage, a.a.O., S. 79.

[6] de Acosta, José, De procuranda indorum salute (Corpus hispanorum de pace 23, 24) (2 Bde.), Madrid 1984–1987, hier: Bd. 2, S. 48 (Buch IV,6). Zitiert von de la Peña Montenegro, Alonso, Itinerario para párrocos de indios (Corpus hispanorum de pace, 2,2 / 2,3). 2 Bde., Madrid 1995–1996, hier: Bd.1, S. 334 (Buch I,10,7,2).

[7] de la Peña Montenegro, Alonso, Itinerario para párrocos de índios, a.a.O., Bd. 2, S. 572 (Buch V,2,11,2).

Die Sprachleistungen der Missionare sind ein wichtiger Grund dafür, dass trotz der kolonialen Rahmenbedingungen und des harten Vorgehens gegen den öffentlichen und den verborgenen „Götzendienst" das Evangelium das Herz vieler Indios erreichen konnte. Der peruanische Ethnologe und Schriftsteller José María Arguedas, der wie kein anderer im 20. Jahrhundert eine neue Sicht der Quechuakultur eingeleitet hat und dem man als einem erklärten marxistischen Indigenisten weder Spanien- noch Christentumsfreundlichkeit bescheinigen kann, beurteilt die sprachliche Inkulturationsarbeit mit überaus lobenden Worten:

„Die Missionare besaßen die Intuition – die uns heute fehlt –, zu begreifen, dass zur Bekehrung der Indios ein legitimer Zugang zu deren Bewusstsein notwendig war. Sie suchten also das völlige Verständnis der Denk- und Gefühlswelt der neuen Herde. Sie studierten ihre Sprache, ihre Musik, die Ursache ihrer Ängste und Freuden. [...] Sie gelangten zur ursprünglichen Wurzel des indianischen Geistes, und die Katechisierung begann dann mit einer unbesiegbaren Dynamik. Die Missionare übersetzten die Grundprinzipien des Katholizismus, die wichtigsten Gesänge, Lob- und Bittgebete ins Quechua; sie schufen aber auch neue Gesänge und Gebete. Und es waren schließlich die zuletzt genannten Methoden entscheidend, um die neuen Menschenmengen für das Ziel der *Conquista* zu gewinnen. Die Missionare sprachen ein ausgezeichnetes Quechua. Mit der Kühnheit, die dem *Homo hispanicus* jener Zeit eigen war, schrieben sie von katholischem Geist inspirierte Quechuatexte für die eigene indianische religiöse Musik, für die ketzerische und teuflische Musik. [...] Die Gesänge und die Bittgebete, die Lobgebete und die Predigten waren Quechua in seiner ganzen Schönheit und Ausdruckskraft. In ihnen waren der Himmel und die Erde gegenwärtig, wie der Indio sie sah und fühlte, lebendig, voll der zärtlichsten und majestätischsten Schönheit."[8]

Die Indios wurden allgemein als einfaches Bauernvolk betrachtet. Daher griffen die Missionare auf die Ratschläge von Augustinus in De catechizandi rudibus zurück. Ganz besonders tut dies der bereits erwähne Jesuit Acosta in den Ratschlägen für die Evangelisierung der Indios, die er für den Katechismus des 3. Konzils von Lima (1585)[9] geschrieben hat: „In unserem

---

[8] Arguedas, José María, Indios, mestizos y señores (Gesammelte Aufsätze), hrsg. v. Sybila Arredondo de Arguedas, Lima 1985, S. 181–183. Die katholischen Quechuahymnen, von denen Arguedas hier spricht, wurden zumeist in der ersten Hälfte des 17. Jahrhunderts geschrieben und um die Mitte des 20. Jahrhunderts aus der mündlichen Überlieferung der Quechua gesammelt und publiziert. Sie sind von einer einfachen und eindrucksvollen Lyrik und fügen sich meisterhaft in die dichterische Tradition des Quechua.

[9] de Acosta, José, „Del modo que se ha de tener en enseñar, y predicar a los Indios", in: Doctrina cristiana y Catecismo para la Instrucción de los Indios. Tercer Catecismo y Exposición de la

besonderen Falle aber", schreibt er, „ist es bemerkenswert, was der hl. Augustinus [De cat. rudibus, c. 129] anmahnt, wenn er darüber spricht: Auf die Sprache und das vertrauliche Gespräch zu achten, das die Mütter mit ihren Säuglingen führen, wie kindlich sie reden und mit ihnen trällern. Ja nicht einmal ergraute Männer, soweit sie Väter sind, werden verlegen, wenn sie mit ihren Kindlein nach deren Art sich unterhalten, ihnen immer wieder *Papa* und *Mama* vorsagen und wirklich mit ihnen Kinder werden."[10] Acosta folgt diesem kontextuellen Grundprinzip: „Wer also mit seinen Predigten und Argumentationen Frucht bringen will, muss sich in allem der Aufnahmefähigkeit seiner Hörer anpassen".[11] Konkret gibt Acosta dem „Seelenarbeiter", der „das Geheimnis des Gotteswortes" im indianischen Kontext „würdig zu behandeln trachtet", fünf Ermahnungen auf den Weg.

(1) Erstens, „dass man sie das Wesentliche unseres Glaubens lehre, das alle Christen wissen müssen", denn die meisten Indios seien nicht von hoher und erhabener Fassungskraft oder gar schriftkundig. Andere Dinge der Heiligen Schrift oder delikate Fragen der Theologie, der Sittenlehren oder Allegorien mit ihnen zu behandeln, „ist zur Zeit überflüssig und wenig nützlich, ähnlich der schweren Kost, die Zähne erfordert; das ist etwas für Menschen, die in der christlichen Religion bereits gewachsen sind, nicht aber für Anfänger".[12]

(2) Zweitens solle man „die wichtigsten Punkte der christlichen Lehre bei verschiedenen Gelegenheiten wiederholen, damit sie sich diese einprägen und vertraut machen". Dies gilt besonders „bezüglich der Einheit des einzigen Gottes, und dass man nur einen Gott anbeten darf; dass Jesus Christus Gott ist und Mensch, einziger Retter der Menschen; dass man durch die Sünde den Himmel verliert und der Mensch so auf immer verdammt wird; dass er getauft werden muss, um von der Sünde befreit zu werden, oder vollständige Beichte abzulegen hat; dass Gott Vater, Sohn und Heiliger Geist ist; dass es ein anderes Leben gibt und ewige Strafe für die Bösen, ewige Herrlichkeit aber für die Guten."[13]

(3) Drittens soll „die Art und Weise, in der die Lehre vorgestellt und unser Glaube unterrichtet werden, so schlicht, einfach, klar und kurz nämlich sein, wie es die nötige Genauigkeit erlaubt. Ebenso der Stil der Predigten und Ansprachen an die Indios, der leicht verständlich und demütig statt hochtrabend und erhaben zu sein hat: Keine zu langen Schlussfolge-

---

Doctrina cristiana por sermones (Corpus hispanorum de pace 26/1, 26/2), Madrid 1985–1986, hier: Bd. 2, S. 351–357.
[10] Ebd., S. 352.
[11] Ebd., S. 353.
[12] Ebd., S. 354.
[13] Ebd., S. 354 f.

rungen, keine Umschweife, keine auserlesene Sprache und keine ge-
künstelten Begriffe, mehr in der Art, wie man sich unter *Compañeros*
unterhält, als nach Art von Bühnendeklamationen." Der Missionar soll
nämlich „der Fassungskraft des Indios gewärtig sein, zu dem er spricht,
und auf dessen Maß die Argumente zuschneiden; dies im Wissen, dass
zu dicke Brocken die enge Kehle ersticken machen".[14]

(4) Der vierte Hinweis ist für Acosta der wichtigste: Die christliche Lehre soll
derart unterrichtet werden, „dass sie nicht nur vernommen wird, sondern auch überzeugt. Sosehr dies auch das Werk des Heiligen Geistes ist,
dem es zukommt, das Gehör des Herzens zu öffnen und die Seele auf-
zurichten, damit sie Dinge erfasse, die unser Verstehen übersteigen und
nicht nach unserem Geschmack sind: Die guten Argumente und die
Wirkung dessen, der predigt oder unterrichtet, helfen doch viel". Dabei
müsse man bedenken, „dass bei den Indios sehr subtile Vernunftgründe
nicht dienlich sind und sehr profunde Argumente nicht überzeugen.
Was sie stärker überzeugt, sind schlichte Gründe, die an ihnen ihr Maß
nehmen, sowie Vergleiche von Dingen, die unter ihnen gebräuchlich
sind, auch Beispiele, die die Schrift erzählt, und vor allem, ihre Irrtümer
aufzudecken und ihnen den Spott und die Täuschung aufzuzeigen, die
sie enthalten, und ihren Lehrern, den Zauberern, ihre Autorität zu
nehmen, indem man deren Unwissenheiten, Schwindel und Schlech-
tigkeiten offenlegt. Das ist sehr einfach, wenn man sich darum bemüht,
ihre Riten und abergläubischen Praktiken von Grund auf kennenzulernen."[15] Man wisse schließlich aus Erfahrung, „dass diese Indios (wie
die übrigen Menschen) gemeinhin sich eher durch Gefühle überzeugen
und bewegen lassen denn durch Vernunftgründe. Darum ist es wichtig,
in den Predigten sich dessen zu bedienen, was das Gemüt anruft und
erweckt, wie Schmähreden, Ausrufe und andere Formen, welche die
Redekunst lehrt, aber viel mehr noch die Gnade des Heiligen Geistes,
wenn das Gefühl des Verkünders des Evangeliums entbrennt".[16]

Zusammenfassend gibt also Acosta folgende Ratschläge für die Indianer-
mission: sich der Fassungskraft der Hörer anpassen; die wichtigsten Punkte
der Glaubenslehre bei verschiedenen Gelegenheiten wiederholen; sich klar,
einfach und kurz „wie unter Compañeros" ausdrücken; überzeugend sein, in
der Rede und im Leben; die Irrtümer und die Täuschung in den Lehren und
Taten der Zauberer aufdecken; eher die Gefühle als die Vernunft ansprechen.

---

[14] Ebd., S. 355.
[15] Ebd., S. 355 f.
[16] Ebd., S. 356.

Die „Predigt gegen den Götzendienst und die Zauberer sowie über den Unterschied zwischen der Verehrung der Heiligenbilder durch die Christen und der Anbetung der ‚Huacas' durch die Ungläubigen", oder die „Predigt über den einen und den dreieinigen Gott", die im erwähnten Katechismus des 3. Konzils von Lima (1585) auf Spanisch, Quechua und Aymara enthalten sind,[17] sind Musterbeispiele kontextueller Missionspredigt nach den Ratschlägen Acostas.

Die indianischen Religionen waren von Furcht gegenüber dem Kosmos und den Göttern geprägt, die man mit allerlei Opfern und Kulthandlungen zu „besänftigen" versuchte. In der vorchristlichen indianischen Religiosität begegnet uns jene Mischung aus Tremendum und Faszinosum, die den Menschen zum Opfer von Herrscher- und Priesterkasten lassen kann. Die christliche Missionspredigt war bemüht, die magisch-mythische Weltanschauung der Indios zu entzaubern und die Schöpfung als Werk eines gütigen, personalen Gottes zu präsentieren, der die Menschen liebt. In einer der oben genannten Predigten heißt es:

„Schaut, meine Kinder, auf diesen großen, schönen Himmel, auf die strahlende Sonne, den hellen Mond, die fröhlichen und doch geordneten Sterne; schaut auf das unermessliche Meer, auf die Flüsse, die ihm entgegen strömen; schaut auf die Erde mit ihren Feldern und hohen Bergen, ihren Bäumen und Quellen, auf die Vielfalt der Vögel in der Luft, das Vieh auf den Weiden, die Fische im Wasser. Der Herr über all dies, der regiert und befiehlt, das ist der Gott, der all dies geschaffen hat und es allein mit seinem Wort erhält; das ist euer Gott [...]. Gott ist groß, aber du hast Ihn dir nicht vorzustellen wie etwas aus der für dich sichtbaren Welt, denn Er hat ein höheres Sein als die für dich sichtbaren Dinge [...]. Der Himmel, die Erde sind wie ein Wassertropfen oder ein Sandkorn angesichts Seiner Größe. O Brüder und Schwestern, wie groß ist Gott, erhebt euer Herz und bedenkt, dass es nichts so Großes gibt, nichts, was sich denken oder vorstellen ließe wie euren Gott [...]. Er ist sehr gut und mitleidig, Er liebt den Menschen, und allen Seinen Geschöpfen tut Er Gutes und fördert sie; und vor allem liebt Er den Menschen, weil Er in ihn Sein Abbild und Gleichnis legte. Glücklich der, der Gott kennt, Ihm dient und Ihn anbetet."[18]

---

[17] Ebd., S. 564–581 und S. 402–413.

[18] Delgado, Mariano, Abschied vom erobernden Gott. Studien zur Geschichte und Gegenwart des Christentums in Lateinamerika (NZM Supplementa 43), Immensee 1996, S. 109–110. Originaltext in: Doctrina cristiana y Catecismo para la Instrucción de los Indios, a.a.O., S. 402–413.

2. Der einheimische Klerus als Ausdruck von Kontextualisierung der plantatio ecclesiae

In der frühneuzeitlichen Lateinamerika-Mission finden wir von Anfang an einheimische Katecheten und Multiplikatoren, aber keine systematische Förderung des einheimischen Klerus. Die ersten Franziskaner der Mexiko-Mission gründeten 1536 Kollegien, um die Kinder indianischer Vornehmer in Lesen und Schreiben, Latein, Grammatik und Rhetorik, Logik und Philosophie, Musik und indigener Medizin zu unterrichten. Das unmittelbare Ziel bestand sicherlich darin, einfach herauszufinden wie lernfähig die Indios waren; man hegte aber bestimmt auch den Traum, langfristig einen einheimischen Klerus heranbilden zu können. Bald aber wurde den Franziskanern klar, dass die in der Grammatik begabtesten Indios eher zur Ehe als zur Ehelosigkeit neigten, wie Bischof Juan de Zumárraga 1540 in einem Brief an Karl V. festhielt, in dem er aus diesem Grund das Kolleg Santiago Tlatelolco (Mexiko-City) auch zur Disposition stellte. Die verschiedenen Orden verweigerten den Indio und Afrikanern, z. T. auch Mestizen, Priesterweihe und Ordensstand – und dies nicht nur aufgrund der ihnen fremden zölibatären Lebensweise, sondern aus durchaus rassistischen Gründen und nicht zuletzt auch, weil die Weißen das sakrale Wissen und damit die religiöse Macht mit ihnen nicht teilen wollten.[19] Auch die frühen Konzilien untersagten dies den Neuchristen bis in die vierte Generation nach der Bekehrung. Das Dritte Konzil von Lima (1582–1583) und das Dritte Konzil von Mexiko (1585) sind hingegen weniger streng und – je nach Interpretation – lassen sie sogar die Tür für die Priesterweihe von Indios und Mestizen offen. In der zweiten Hälfte des 17. Jahrhunderts häufen sich die Interventionen zugunsten derselben. Diese Mentalitätsänderung führte dazu, dass im 18. Jahrhundert vor allem in Mexiko eine beträchtliche Zahl von Indios und Mestizen die Priesterweihe empfing.

Die Mentalitätsänderung in Lateinamerika wurde durch andere weltkirchliche Entwicklungen mitbeeinflusst. Um 1600 wies der Dominikaner Miguel de Benavides, erster Bischof von Nueva-Segovia auf den Philippinen, darauf hin, dass in Westindien in hundert Jahren kein einheimischer Priester herangezogen werden konnte. Auf den Philippinen, meinte er, sollte es anders sein.[20] Ähnlich äußerte sich der Italiener Francesco Ingoli, erster

---

[19] Vgl. de la Rosa, Rolando V., „„Reinheit des Blutes'. Der verwehrte Zugang zu Priesteramt und Ordensstand", in: Sievernich, Michael u. a. (Hrsg.), Conquista und Evangelisation. 500 Jahre Orden in Lateinamerika, Mainz 1992, S. 271–291; Kobayashi, José María, La educación como conquista. Empresa franciscana en México, México 1985.

[20] de Benavides, Miguel, „De la preparación evangélica y del modo de predicar el sancto Evangelio", in: Unitas 21 (1948) S. 145–180, 391–397, 607–621, 901–917 und Unitas 22 (1949)

Sekretär der 1622 gegründeten Propaganda-Kongregation und ein scharfer Kritiker des iberischen Patronatssystems.[21] Ohne einheimischen Klerus werde die Kirche in Lateinamerika „immer im Kindesalter" bleiben. Aus diesem Grund sah das Missionskonzept der Propaganda anders aus, wie aus der berühmten Instruktion von 1659 für die nach China und Indochina reisenden Apostolischen Vikare hervorgeht: „Der wichtigste Grund, der diese Hlg. Kongregation veranlasst, Euch als Bischöfe in jene Gegenden zu senden, war, dass Ihr Euch auf jede Art und Weise bemüht, die Jugend [jener Länder] so zu bilden, dass daraus geeignete Priester hervorgehen, von Euch geweiht und an einer Stelle [...] eingesetzt, um dort der christlichen Sache unter Eurer Leitung mit höchstem Eifer zu dienen. Habt daher immer das Ziel vor Augen, so viele und so gute [Kandidaten] wie möglich zu den heiligen Weihen zu bewegen, sie entsprechend auszubilden und zu gegebener Zeit zu befördern".[22]

Nicht ohne Einfluss durch diese weltkirchlichen Akzente wandelt sich also auch in Lateinamerika die Mentalität in der zweiten Hälfte des 17. Jahrhunderts. Eine wichtige Rolle spielte dabei das bereits erwähnte einflussreiche Handbuch für die Indiopfarrer *Itinerario para párrocos de Indios*, das der Dominikaner und Bischof von Quito Alonso de la Peña Montenegro 1668 erstmals publizierte. Bis 1771 folgten weitere fünf Ausgaben, vier davon in Antwerpen gedruckt.[23] De la Peña kam 1652 im Alter von 56 Jahren als Bischof nach Quito und starb dort 1687 im 91. Lebensjahr. Mit allerlei klugen Argumenten und unter Bezug auf kirchliche und weltliche Quellen macht er plausibel, dass die Priesterweihe der Indios aus legitimer Ehe von den Dekreten des Dritten Limakonzils und den Gesetzen der Krone nicht nur nicht verboten, sondern sogar für zweckmäßig gehalten werde. Für ihn sind die Indios der Priesterweihe fähig und sollen als sprach- und kulturkundige Einheimische ohne jede Dispens für die Indiopfarreien und sogar für das Bischofsamt in indianischen Gebieten vorgezogen werden

---

S. 169–189, hier: S. 167–170. Vgl. dazu Medina, Miguel Ángel, „La preparación evangélica y el modo de predicar el Santo Evangelio según Fr. Miguel de Benavides († 1605)", in: Saranyana, Josep-Ignasi u. a. (Hrsg.), Hispania christiana. Estudios en honor del Prof. José Orlandis, Pamplona 1988, S. 637–658.

[21] Zu Ingoli vgl. Sacrae Congregationis de Propaganda Fide memoria rerum, I/I–II., hrsg. v. Josef Metzler, Rom/Freiburg/Wien 1971, darin: Metzler, Josef, Francesco Ingoli, der erste Sekretär der Kongregation (Bd. 1/1), S. 197–243.

[22] Koschorke, Klaus/Ludwig, Frieder/Delgado, Mariano, Außereuropäische Christentumsgeschichte, a.a.O., S. 28.

[23] Vgl. Pascual, Manuel Corrales, „Personalidad de Alonso de la Peña Montenegro", in: de la Peña Montenegro, Alonso, Itinerario para párrocos de índios, a.a.O., S. 19–34, hier: S. 21.

– „für die bessere Überredung und leichtere Bekehrung ihrer compañeros".[24]
Zum Priesteramt solle man „ohne Ansehen der Person" alle zulassen, die
dazu fähig und die kirchenrechtlichen Bedingungen erfüllen. Dies gelte auch
für die Mestizen und Mulatten, aber auch für die Schwarzen, die, wie die
Erfahrung zeige, „wenn sie zu Priester geweiht wurden, große Andacht beim
Volk hervorriefen".[25] Nur die Sklaven sind für ihn vom Priesteramt ausgeschlossen, da sie aufgrund ihres Standes die nötige Freiheit dazu nicht
hätten.[26]

Unter dem Deckmantel der alten Kasuistik finden wir im genannten
Handbuch weitere Beispiele kontextuellen Denkens – und ebenso Spuren
lascasianischen Denkens (er spricht vom „heiligen Bischof von Chiapa Don
Fray Bartolomé de Las Casas"),[27] so etwa wenn er die Indios im rechtlichen
Sinne als mitleidswürdige *personas misserabiles* betrachtet, die von den
Gesetzen besonders geschützt und gefördert werden sollten,[28] einschließlich
der kostenlosen Verteidigung durch die Anwälte vor Gericht und der
ebensolchen Behandlung durch die Ärzte; oder wenn er meint, dass die den
Indios zugefügten Kränkungen schärfer geahndet werden sollten und vor
Gott schwerer wiegen als die von den Spaniern erlittenen;[29] oder wenn er
dazu neigt, den sogenannten indianischen „Aberglauben" differenzierter zu
betrachten, denn damit werden oft viele Kulturriten und -bräuche in einen
Topf geworfen, die mit dem christlichen Glauben durchaus kompatibel
wären.[30]

3. Ein prophetisches Christentum im kolonialen Kontext

Der eigentliche Skandal Lateinamerikas wurde in der Bischofsversammlung
von Medellín 1968 deutlich erkannt: dass Völker, deren kultureller Kern vor
etwa fünfhundert Jahren evangelisiert wurde, in einer Situation struktureller
Ungerechtigkeit und Gewalt leben. Dieser Skandal hängt freilich mit dem
Charakter des nach Lateinamerika verpflanzten Christentums zusammen,
das vielfach Stütze eines kolonialen Projektes gewesen ist. Und dennoch
verstummte das befreiende Christentum im Schatten des Kolonialismus

---

[24] de la Peña Montenegro, Alonso, Itinerario para párrocos de índios, a.a.O., Bd. 2, 220 (Buch III,8,3,3).
[25] Ebd., Bd. 2, S. 225 (Buch III,8,4,6).
[26] Vgl. ebd. Bd. 2, S. 223 (Buch III,8,4,1).
[27] Ebd., Bd. 1, S. 553 (Buch II,8,6,1).
[28] Vgl. ebd., Bd. 1, S. 385–390 (Buch II,1,1 und 2).
[29] Vgl. ebd., Bd. 1, S. 396–398 (Buch II,1,6).
[30] Vgl. ebd., Bd. 1, S. 485–507 (Buch II,5,1–10).

nicht. Jeder kennt das imposante Lebenswerk des zum antikolonialen Mythos gewordenen Bartolomé de Las Casas; er war kein Einzelfall, sondern der
unermüdliche *spiritus rector* einer breiten advokatorischen Bewegung, die
die Ehre des um des Menschen willen fleischgewordenen Gottes und zugleich auch die Ehre des durch seine Inkarnation „vergöttlichten" Menschen
retten wollte. Seit den Anfängen des Christentums geht beides Hand in
Hand, denn wie der Kirchenvater Irenäus von Lyon sagte: „Der lebendige
Mensch ist das Sichtbarwerden der Herrlichkeit Gottes".[31] Vieles in den
Schriften des Las Casas mutet in der Tat wie eine Befreiungstheologie avant
la lettre an.

(1) Dies gilt zuerst für seine vorrangige Option für die Indios als die Un-
terdrückten und Bedrängten seiner Zeit. Weil er von einem Gott ausgeht,
der „gerade an das Kleinste und Vergessenste eine ganz frische und sehr
lebendige Erinnerung hegt",[32] hält er sie für „die Lieblinge des göttlichen
Gesetzes und der heiligen und universalen Kirche".[33]

(2) Dies gilt weiter für den utopischen und sozialen Impuls. Bereits 1516,
also im selben Jahr, in dem die *Utopia* des Thomas Morus erschien,
entwirft Las Casas Pläne für Mustersiedlungen, in denen Indios und
einfaches spanisches Bauernvolk friedlich, gerecht und zum gegenseitigen Fromm und Nutzen miteinander leben und die Handwerkskünste
besonders pflegen sollten; in jeder Siedlung sollte für die kranken Indios
ein Hospital in Kreuzform mit vier quadratischen Flügeln zu je fünfzig
Betten gebaut und mit allem ausgestattet werden (Ärzten, Chirurgen,
Apothekern, Vögeln und Hühnern, Matratzen, Decken und Leinentü-
chern), was zu einer guten Krankenpflege gehöre.[34] Aber das zentrale
utopische Element im Werk des Las Casas ist, dass er mit vielen Bettelmönchen seiner Zeit immer wieder davon träumt, unter den einfachen
Indios eine „wahre Kirche Christi in einer glücklichen Welt" aufzubauen,
ohne die Habgier, die das Europa der Renaissance in ihren Augen zugrunde richtete.

(3) Eine weitere Gemeinsamkeit betrifft das Durchschauen der Habgier als
der Wurzel aller Übel und der wahren Triebfeder des Kolonialismus. Las
Casas hat uns einen eindrucksvollen Traktat über die Habgier hinterlassen, in dem er, in der Sprache Paulo Freires ausgedrückt, das „Haben"
als „nekrophiles" Lebensprinzip im Widerspruch zum „biophilen"

---

[31] Irenäus von Lyon, Adversus Haereses = Gegen die Häresien IV (Fontes Christiani, Band 8/4)
Freiburg u. a. 1995, IV,20,7.

[32] de Las Casas, Bartolomé, Werkauswahl, Bd. 3/1: Sozialethische und staatsrechtliche Schriften,
hrsg. v. Delgado, Mariano, Paderborn 1996, S. 344.

[33] Ebd., S. 441.

[34] Vgl. ebd., S. 335–339.

Seinsprinzip einer schonungslosen Kritik unterzieht. Darin schreibt er u. a., dass man die Regierungsverantwortung niemals „armen oder habgierigen Menschen" übertragen sollte, „die danach trachten und es für ihr Ziel halten, der Armut zu entkommen, und noch weniger denjenigen, die danach trachten, seufzen und es für ihr Ziel halten, reich zu werden, denn die Natur arbeitet und wirkt niemals umsonst", will sagen, die Begierde und die Gier der Habgierigen wird immer danach trachten, „Reichtümer zu sammeln und die Börse zu füllen", so dass sie unmöglich ruhen werden, „bis sie diesen Zweck erreicht haben".[35] Worte, die wie eine Vorankündigung der Korruption der politischen Klassen klingen, die Lateinamerika bis heute erfasst.

(4) Des Weiteren hat Las Casas wiederholt „die Freiheit der Menschen, nächst ihrem Leben" für „das kostbarste und wertvollste Gut" gehalten, den Menschen als ein von Natur „freies" Wesen und die Wiederherstellung dieser ursprünglich und natürlichen Freiheit als ein Gebot der Vernunft und der Gerechtigkeit bezeichnet.[36] Dementsprechend hat er die erzieherische Tätigkeit der Kirche als eine „Praxis der Freiheit" verstanden, wie eine Anekdote bezeugt, an der Paulo Freire, hätte er sie gekannt, seine Freude gehabt hätte. Die *encomenderos*, erzählt uns Las Casas im Vorfeld seines Kampfes um die „Neuen Gesetze" (1542), versuchten, den Bettelmönchen den Zugang zu den Indios mit der vielsagenden Begründung zu verwehren, dass diese, „nachdem sie im Glauben unterwiesen und Christen wurden, klug reden und mehr wissen als vorher, so dass man sich ihrer fortan nicht so gut wie früher bedienen kann".[37]

(5) Erwähnenswert ist auch das anthropologische Vermächtnis des Las Casas. Der Mensch ist vom Schöpfer mit Verstand und freiem Willen ausgestattet, weshalb die Überzeugung des Verstandes mit Vernunftgründen und die sanfte Ermahnung und Anlockung des Willens die einzige ihm adäquate Erziehungs- und Evangelisierungsmethode ist. Demgemäß hat Las Casas folgendes anthropologisches Manifest verkündet: „So gibt es denn ein einziges Menschengeschlecht, und alle Menschen sind, was ihre Schöpfung und die natürlichen Bedingungen betrifft, einander ähnlich und niemand wird bereits unterrichtet geboren [...]. Alle Völker der Welt haben Verstand und Willen und das, was sich beim Menschen aus diesen beiden Vermögen ergibt, nämlich die Entscheidungsfreiheit, und demzufolge haben alle die innere Kraft und

---

[35] de Las Casas, Bartolomé, Werkauswahl, a.a.O., S. 105.
[36] Ebd., S. 47–52.
[37] Ebd., S. 88.

Befähigung oder Eignung und den natürlichen Hang zum Guten, um in Ordnung, Vernunft, Gesetzen, Tugend und allem Guten unterwiesen, für sie gewonnen und zu ihnen geführt zu werden".[38]

(6) Es darf auch nicht unerwähnt bleiben, dass Las Casas zwar „Umkehr und Sündenvergebung" für die zentrale Botschaft der Glaubenspredigt hält, zugleich aber bald erkennt, dass sein Eintreten für die Indios ein Ankämpfen gegen die strukturelle Sünde verlangte. Für ihn bleibt die Bekehrung der einzelnen Menschen „Pflicht und die karitative Tätigkeit eine Notwendigkeit", und doch weiß er, dass beide angesichts der Ursachen der Sünde höchst unzureichend sind. Andererseits sieht er die gesellschaftlichen Zustände, „ohne allerdings über ihnen die Taten oder Unterlassungen der konkreten Menschen selbst zu übersehen. Da diese ihres Gewissens wegen nicht in einem ihnen völlig undurchsichtigen Zusammenhang stehen, sondern 'wissen, was sie tun', kann Las Casas gar nicht in die Einseitigkeit verfallen, sich lediglich für Strukturen zu verwenden und die Handelnden zu entschuldigen".[39]

(7) Las Casas' Kampf für die Indios macht verständlich, warum ein Heinrich Böll den Bogen von ihm zu den heutigen Befreiungstheologen spannt, wenn er sagt: „Von Ausbeutung, Unterdrückung, Versklavung und Völkermord sprachen nicht die Marxisten zuerst, es sprach davon, dreihundert Jahre bevor Marx geboren wurde, ein gewisser Bartolomé de Las Casas, Bischof, Dominikaner, in seinen umfangreichen Berichten an Kaiser Karl V. Dass seine Berichte eine gewisse Ähnlichkeit haben mit denen, die dreihundert Jahre später Friedrich Engels über die englischen Industriearbeiter schrieb, macht Las Casas nicht zu einem Vorläufer des Marxismus, sondern den Marxismus zu einer Folge von Versäumnissen, die die Theologen der Befreiungstheologie erkannt haben. Sie stehen in der Tradition des Las Casas".[40]

Die „leidempfindliche" Theologie, die Gustavo Gutiérrez in Lateinamerika und Johann Baptist Metz oder Dorothee Sölle u. a. hierzulande verlangt, beginnt also nicht erst mit ihnen, sondern hat in der Christentumsgeschichte eine lange Tradition.

Ein besonderer Ausdruck von Kontextualität, der heute anschlussfähig wäre, ist die Fähigkeit Las Casas' zu einer *differenzierten Evangelisierung*

---

[38] de Las Casas, Bartolomé, Werkauswahl, Bd. 2: Historische und ethnographische Schriften, hrsg. v. Delgado, Mariano, Paderborn 1995, S. 377.

[39] Brieskorn, Norbert, „Las Casas und das römische Recht", in: Las Casas, Bartolomé, Werkauswahl Bd. 3/1, a.a.O., S. 13–32, hier: S. 14 und 32.

[40] Böll, Heinrich, „Erinnerung an Las Casas", in: Ders., Die Fähigkeit zu trauern. Schriften und Reden 1983–1985, Bornheim-Merten 1986, S. 293 f.

unter Gerichtsbewusstsein. Las Casas möchte den Opfern und den Tätern des kolonialen Prozesses, den Indios und den Spaniern, das befreiende „Evangelium des Lebens" verkünden – aber auf je verschiedene Art und Weise. Nur so kann die Glaubenspredigt prophetisch wirken und der Gefahr einer unverbindlichen, subjekt- und situationslosen Gottesrede entgehen.

Gegenüber den Indios betont er das Motiv des „barmherzigen Vaters" und des „guten Hirten" mit dem „Leben in Fülle". Ein solcher Gott ist vom Leiden der Opfer der Geschichte zutiefst affiziert, vor allem dann, wenn, wie Las Casas schreibt, „das Geschrei so viel vergossenen Menschenblutes schon zum Himmel" steigt und auch „die Erde selbst [...] es nicht mehr ertragen" kann, „dass sie so sehr von Menschenblut getränkt ist".[41] Las Casas ist sogar davon überzeugt, dass angesichts der Gräueltaten von „Christen" in der Neuen Welt „die Engel des Friedens weinen, ja Gott selbst Tränen vergießt".[42]

Ein solcher Gott erbarmt sich aber auch der Täter: Durch seine Propheten lässt er ihnen seinen Zorn ankündigen, damit sie von den „überaus großen Sünden", die gegen den Glauben, die Ehre Gottes „und gegen die Nächsten begangen wurden",[43] Abschied nehmen, den Todesweg verlassen und den Lebensweg wählen. Seit seinem langen *Brief an den Indienrat* vom Januar 1531 wird Las Casas immer wieder von einem Gott reden, „der ein gerechter Richter ist", und den schrecklichen Tag „des überaus gerechten und strengen göttlichen Gerichtes" beschwören, an dem seinen Landsleuten, vor allem der Krone und den Mitgliedern des Königlichen Rates, genaueste Rechenschaft über das ihnen anvertraute Evangelisierungswerk abverlangt werden wird; spätestens an diesem Tag werden alle Untaten ans Licht kommen, und Gott wird jedem in Liebe *und* Gerechtigkeit nach seinen Werken vergelten.

Das Gerichtsbewusstsein nach Mt 25,31–46 ist, wie Gustavo Gutiérrez bemerkt hat,[44] die zentralste Intuition in der Gottesrede Las Casas'. Dies führt ihn nicht nur dazu, in den misshandelten Indios das Antlitz des „ge-

---

[41] Las Casas, Bartolomé, Werkauswahl Bd. 3/1, a.a.O., S. 347.
[42] Ebd., S. 348.
[43] Ebd., S. 135 f.
[44] Vgl. Gutiérrez, Gustavo, „Memoria de Dios y teología", in: Las Casas entre dos mundos. Congreso teológico internacional (Lima, 26–27–28 de Agosto de 1992), Lima 1993, S. 27–46, hier: S. 32; vgl. auch Ders., „Wenn wir Indianer wären [...]", in: Schillebeeckx, Edward (Hrsg.), Mystik und Politik. Theologie im Ringen um Geschichte und Gesellschaft. Johann Baptist Metz zu Ehren, Mainz 1988, S. 32–44; Ders., „Auf der Suche nach den Armen Jesu Christi. Evangelisierung und Theologie im 16. Jahrhundert", in: Collet, Giancarlo (Hrsg.), Der Christus der Armen. Das Christuszeugnis der lateinamerikanischen Befreiungstheologen, Freiburg 1988, S. 37–56; Ders., En busca de los pobres de Jesucristo. El pensamiento de Bartolomé de Las Casas, Lima 1992, Salamanca 1993.

geißelten Christus" zu entdecken,[45] sondern auch zu einer Gerichtshoffnung für diese. Je älter er wird, desto mehr rückt dies in den Vordergrund. In seinem *Traktat über die Schätze Perus* hält er fest: „Mir scheint, sie (die Indios) könnten allenfalls einen gewissen Trost und Hilfe in der Vorstellung finden, dass am Tag des Gerichts, wenn alle herbeigerufen und angehört, wenn ihre und der anderen Völker Verdienste und Sache erörtert, wenn alle Listen und Machenschaften der Tyrannen und die Nichtigkeit ihres Tuns offengelegt und durch das Wort des gerechten Richters zur ewigen Strafe verurteilt werden, die Unschuld derer, die von jenen hienieden Übles erlitten, so nicht anderweitige Sünden es verhindern (für die es auch ohne Glauben keine Entschuldigung gibt), zu Tage tritt, verteidigt und geschützt wird."[46]

Aber es ist wichtig, dass wir der prophetischen Gottesrede Las Casas' nicht nur „Gerichtsbewusstsein" abgewinnen, sondern auch das „pastoralkluge" Richten der Gerichtsbotschaft an die richtige Adresse. Er versteht sie als eine „befreiende", die allen Opfern, „die Unrecht leiden, eine unverlierbare Hoffnung zusagt", als „Tröstungs- und Ermutigungskraft" angesichts geschichtlicher Bedrängnis, aber auch als eine Botschaft, die alle erbarmungslosen Täter der Geschichte an Gottes Strenge und Gerechtigkeit erinnert. Häufig haben Christen – wie das Dokument *Unsere Hoffnung* der Würzburger Synode 1975 anmahnte – den befreienden Charakter der Gerichtsbotschaft in der Kirche selbst verdunkelt, weil sie diese zwar laut und eindringlich vor den Kleinen und Wehrlosen, aber häufig zu leise und halbherzig vor den Mächtigen dieser Erde verkündet haben.[47] Las Casas steht hier in der Tradition der alttestamentlichen Propheten, die „den Königen" furchtlos ins Gewissen reden. Er hatte es mit den mächtigsten Königen seiner Zeit zu tun, mit Karl V. und Philipp II., die sich als der David und der Salomon Spaniens verstanden. Und beide erinnerte er an die Forderungen des Wortes Gottes – gelegen oder ungelegen (vgl. 2 Tim 4,1).

Ein gutes Beispiel prophetischer Rede ist das Schreiben, mit dem Las Casas seine letzten Werke, den *Traktat über die Schätze Perus* und den *Traktat über die zwölf Zweifelsfälle* 1564 Philipp II. widmete. Er erinnert diesen daran, dass nach der Bibel die Könige „nur zeitlich eingesetzte Stellvertreter und Statthalter Gottes sind, die ersten Diener und Vollstrecker der göttlichen Vorsehung"; dass auch nach den „klugen weltlichen Gelehr-

---

[45] Las Casas, Bartolomé, Werkauswahl Bd. 2, a.a.O., S. 291.

[46] Ebd., Bd. 3/1, S. 297.

[47] Vgl. Unsere Hoffnung. Ein Glaubensbekenntnis in dieser Zeit, in: Gemeinsame Synode der Bistümer in der Bundesrepublik Deutschland, Beschlüsse der Vollversammlung (Bd. 1), Freiburg ²1978, S. 71–111 (Einleitung von Theodor Schneider: S. 71–84; Beschluss: S. 84–111), Gericht: I 4, S. 92 f.

ten" die Könige den Völkern „wie Väter und Hirten" sind.[48] Danach bekundet Las Casas, dass er berufen war, den Königen Spaniens das Geheimnis über die Unterdrückung der Indios zu offenbaren, und dass er dazu diesen Traktat geschrieben habe, in dem er u. a. auf zwölf Zweifelsfälle antwortet, die ihm ein Ordensbruder vorgelegt hatte: „Ich war zur Antwort durch göttliches Gebot verpflichtet, wie es Petrus in 1 Petr 3,15–16 verkündet: ‚Seid allezeit bereit zur Verantwortung gegen jeden, der von euch Rechenschaft über die Hoffnung fordert, die ihr in euch habt; doch mit Sanftmut und Furcht'."[49] Las Casas versteht sein prophetisches Wirken als „fundamentaltheologische" Aufgabe! Dann fordert er den König auf, endlich „jene Übel auszumerzen und einen gänzlich anderen als den bisher eingeschlagenen Weg zu gehen. Vielleicht werden Sie auf diesem Weg die Gefahr bannen, in der Spanien unbesorgt darüber lebt, dass Gott die Strenge seines Zorns über es ausgießt [...] Was mich betrifft, so habe ich die Sache pflichtgemäß geschildert."[50]

4. Ausblick

Ich habe drei Formen der Kontextualisierung im lateinamerikanischen Kontext vorgestellt: die Sprache der Glaubenspredigt, der einheimische Klerus und das prophetische Christentum angesichts von Unrecht und Leid. Beim Nachdenken über die kontextuelle Theologie heute laufen wir Gefahr, uns in kleinen Kontexten von Inkulturation, Indigenisierung oder ekklesiozentrischer Kirchenreform zu verlieren, und die wichtige Frage nach einem prophetischen Christentum im sozialpolitischen Kontext unserer Zeit zu übersehen.

Betrachtet man das Riesenwerk eines Bartolomé de Las Casas und die bewusst oder unbewusst in derselben prophetischen Tradition stehende Befreiungstheologie, so versteht man, warum die „neue Rechte" heute vom „jüdisch-christlichen Obskurantismus" und dem „Gift des Magnificats" spricht – ihren Hauptfeind darin treffsicher erkennend. Ihre Ideologen werfen dem Christentum vor, dass es von einem einzigen Gott geredet, die Einheit und Gleichheit des Menschengeschlechts gepredigt, die ethnischen „Blut-und-Boden-Religionen" in Frage gestellt und das prophetische Gift der Unterordnung der Politik unter die Moral verkündigt hat, statt dem Machiavellismus des Willens zur Macht zu huldigen; dass es schließlich –

---

[48] Las Casas, Bartolomé, Werkauswahl Bd. 3/2, a.a.O., S. 261–266, hier: S. 261.
[49] Ebd., S. 264.
[50] Ebd., S. 265 f.

wenn auch im säkularen Gewand und gegen den historischen Widerstand der Kirchen – die grundlegende Wurzel der Menschenrechte und der Emanzipationsbewegungen gewesen ist.[51]

Und dennoch gehört auch zur Wirkungsgeschichte des Christentums, dass es leider nicht immer das war, was ihm die „neue Rechte" vorhält, sondern auch das, was diese selbst vertritt: Eine Religion, die den ihr eigenen Universalismus wiederholt verraten hat und Geburtshelferin des Nationalismus und des Kolonialismus gewesen ist; eine Religion, die – jedenfalls bis ins 20. Jahrhundert hinein – nicht selten ein „ethnisches Christentum" verkündigt hat, in dem alle als Kinder Gottes zwar im Prinzip gleich sind, aber die Weißen gleicher als die Indios oder die Schwarzen, und die Männer gleicher als die Frauen.

Eine Rückgewinnung des echt christlichen, prophetischen Universalismus ist heute unumgänglich. Dazu ist es auch eine kritische Durchleuchtung der ambivalenten Rolle des Christentums in der Geschichte nötig – wie dies hier im lateinamerikanischen Kontext versucht wurde.

---

[51] Niewiadomski, Józef, „Die Infragestellung des christlichen Menschenbildes durch die ‚neue Rechte'", in: Bakeb Informationen (Bundesarbeitsgemeinschaft für katholische Erwachsenenbildung in Österreich) 1 (1993), S. 21–27, hier: S. 24 ff.

Theologie des Judentums – eine kontextuelle Theologie in Zeiten der Globalisierung?

Paul Petzel

Unvermittelt sei die These dieses Beitrags vorangestellt: Christliche Theologie des Judentums ist kontextuelle Theologie. Als solche ist sie, will sie Theologie sein, notwendig zugleich inter- bzw. transkontextuell. Theologie, die meint, sie sei nicht kontextuell, ist im besten Fall ein Selbstmissverständnis, im schlechteren, schlicht Ideologie, sofern sie doch ihre Bedingungen und Verhältnisse verkennt oder verbirgt. Theologie des Judentums ist, so die These etwas genauer, kontextuell hinsichtlich ihrer *Genese* und *bisherigen Ausarbeitung*. Transkontextuell ist sie hinsichtlich ihres universal-kirchlichen und theologischen *Geltungsanspruchs*, was, wie es scheint, weithin so noch nicht allgemein erkannt und anerkannt ist.

In drei Abschnitten seien ein Vorverständnis von Kontextualität der Theologie und Globalisierung als Zeitzeichen skizziert. In vier weiteren Schritten sei die im Titel gestellte Frage hinsichtlich der Genese wie dem Anspruch und der Wirkung einer Theologie des Judentums erörtert.

1. Kontextualität – interkontextuelle Theologie

1.1 Von Mission zu interkontextueller Theologie

Missionsgeschichtlich wurde – letztlich „nach starken Wehen", d. h. nach der schmerzlichen Erkenntnis und Anerkenntnis der Involvierung christlicher Mission in imperiale Kolonialisierung – in der Theologie eine kulturhermeneutische Sensibilität zur Welt gebracht. Die Einsicht, dass sich Theologie interkulturell zu realisieren hat, weil sie immer nur kontextuell ist und sein kann, stellt einen ganz elementaren Selbsterkenntnisgewinn der zweiten Hälfte des 20. und beginnenden 21. Jahrhunderts dar, für den die Missionwissenschaften maßgebliche Hebammendienste geleistet haben. So etwa rekonstruiert Judith Gruber in einer eindrücklichen Studie den Weg von Missionswissenschaft über kontextuelle Theologie zu einer interkulturellen. Statt von interkultureller Theologie zu sprechen bevorzuge ich allerdings den Begriff von inter*kontextueller* Theologie. Gerade wenn die Rede von Kontext nicht einer idealistischen Hermeneutik verhaftet bleibt, sondern den Text – wie etwa die sozialgeschichtliche Exegese – auch aus seinen sozio-ökonomischen Verhältnissen heraus zu begreifen und so adressiert auszulegen sucht, scheint er mir den realitätshaltigeren umfassenderen Begriff mit dem größeren Widerstandspotenzial gegen denkbare kulturalistische Engführungen darzustellen.

Den Begriff Kontextualität hat Hans Waldenfels, wenn ich recht sehe, als erster, das Ganze seiner Theologie bestimmend, im Titel geführt.[1] Kontextualität reflektiert die Wissensform Theologie und markiert sie als eine europäisch hervorgebrachte. Das ist eine Aufklärungsleistung. Denn dass jede Theologie eine kontextuelle nur sein kann,[2] bedeutet auch, die Europäisch-Mediterrane als eine zu identifizieren, die kulturell auf dem Hintergrund des Hellenismus, theoretisch von griechischer Philosophie und politisch wie sozioökonomisch aus der antiken Herrschaftsordnung heraus – basiert von und normiert durch die Bibel – entwickelt wurde. Innerhalb der Theologie dieser Koordinaten sind vom 2. bis zum 5. Jahrhundert die Symbola formuliert worden. Mit diesen scheint auch diese Theologie der frühen Kirche „irgendwie" formativ geworden zu sein. Im Raum steht damit zum einen die Frage, ob die Formativität und Normativität dieser Symbola auch deren Hintergrundtheologie formativ und quasi normativ-verbindlich machen und zum anderen, wie sich die Normativität der Symbola zu ihrer Kontextualtiät verhält. Wenn ich recht sehe, steht – trotz einer entwickelten Dogmengeschichte – dann doch noch aus, diese konfessorischen und dogmatischen Redegestalten von Kirche ebenso differenziert und konsequent wie das Wort der Schrift historisch-kritisch zu verstehen. Ihre Kontextualität dürfte nur umso deutlicher ins Profil treten. Der theologisch-spirituelle Gewinn eines entwickelten Bewusstseins für kontextuelle Bestimmtheiten und Begrenztheiten der Artikulationsgestalten bestände darin, „den unhintergehbaren hermeneutischen Entzug jeder Gottesrede sichtbar (zu) machen und (zu) halten".[3] Als kontextuelle Theologie, die doch Theo-Logie bleibt, ist sie immer auch trans- bzw. interkontextuellen Ansprüchen verpflichtet. Denn wovon oder woraufhin Theologie meint sprechen zu dürfen oder zu müssen, ist, so konkret auch immer, als *absolutum concretissimum*, aufzufassen, d.h. auch, dass es immer doch zugleich um Weiteres und Größeres als die jeweiligen Kontexte geht und dennoch nicht idealistisch ins Abstrakte triften darf. Das muss Theologie ehrgeizig machen hinsichtlich der Ausarbeitung einer möglichst viele Kontexte einbeziehenden Kommunikabilität, deren Grenzwert die pfingstliche Verständigungsfähigkeit der Geist erweckten Jünger und Jüngerinnen ist (vgl. Apg 2,3–13). Zugleich

---

[1] Waldenfels, Hans, Kontextuelle Fundamentaltheologie, Paderborn 2004⁴ , Erstauflage 1985.
[2] Vgl. Gruber, Judith, Theologie nach dem Cultural Turn. Interkulturalität als theologische Ressource, Stuttgart 2013, S. 52.
[3] Ebd., S. 83.

dürfte sie im selben Zug demütig werden. Denn nicht aus eigener Kraft allein ist ihr solche Kommunikabilität gegeben; sie steht gleichsam unter einem Geistvorbehalt.

1.2 Die Wahrheitsfrage in Bedrängnis – und um der Bedrängnis willen

Für eine interkontextuell sensibilisierte und sich realisierende Theologie aber stellt sich die Wahrheitsfrage verschärft. Lässt sich von Wahrheit überhaupt noch im Singular sprechen? Ist eine Pluralität von Wahrheiten nicht evident? Ist, ihre unhintergehbaren je kulturellen Bestimmungen im Blick, Theologie dann nicht adäquater als Kulturwissenschaft zu betreiben? Aber setzt die, deren Theoriegestalt so schwer zu fassen ist, nicht explizit oder implizit den Verzicht auf eine Wahrheitsfrage voraus? Ist diese, poststrukturell ins Paradigma des Textes gewendet, nicht vielmehr als Frage zu stellen, wie Palimpseste der Kulturen zu lesen sind in ihrer Mehrschichtigkeit und ihren Mehrdeutigkeiten? Und ist die Frage nach Wahrheit postmodern nicht unrettbar mit den großen Erzählungen verschwunden? Verlieren sich die Erzähler, falls es sie noch gibt, nicht im Palaver[4] der auf dem Marktplatz des Dorfes Welt, im endlos anmutenden Hallraum des Internet? Und ist der europäische Logozentrismus nicht insgeheim gewaltförmig? Kann es einen Zweifel daran geben, dass neuzeitliches europäisches Denken herrschaftsförmig ab genito ist? Desavouiert nicht all das die Wahrheitsfrage? Ja, ist sie nicht längst verabschiedet aus den entscheidenden Diskursen, während die Theologie in unheilvoller Unzeitigkeit daran festhält, doch nicht mehr verfänglich sprechen kann?

Diese aufgetürmten Fragen sind zu voraussetzungsreich und komplex, um hier auch nur präzise als Fragen entfaltet zu werden. Das zeigt die Vorbehaltlichkeit und Flanke der eigenen Skizze an. Den in den Fragen enthaltenen Problemanzeigen kann ich nur zustimmen als solchen, die begründet und berechtigt sind. Und doch, zugegeben unvermittelt und deshalb etwas trotzig wirkend, möchte ich die gestellten Fragen, gewiss nicht leicht, sondern zögernd, doch klar mit einem Nein beantworten: An der Wahrheitsfrage, auch im Singular, ist m. E. theologisch festzuhalten, wenn sie denn als Frage nach der Heilswahrheit gestellt wird. In Anlehnung an ein

---

[4] Dabei wird der eher péjorative Gebrauch des Wortes in unsrem Kontext vorausgesetzt, nicht etwa ein afrikanischer, der es auch erlaubt, das Palaver als Ort kommunikativen Handelns i.S. Habermas' auszuweisen. Zu den theoretischen Potentialen s.a. Enzensberger, Hans Magnus, Palaver. Politische Überlegungen 1967–1973. Frankfurt 1974.

Dictum Walter Benjamins, so scheint mir formulierbar, ist sie uns aufgegeben um derer Willen, die im Unheil leben.[5] Wenn Gott kein weltabstinenter deistischer Zuschauer ist, sondern einer, „der sich die Welt nahe gehen läßt"[6], wenn das *semper maior* seiner Glorie mit Blick auf Mt 25,40 zu ergänzen bleibt durch ein *semper minor,* muss die Frage nach der Wahrheit um des Heiles Willen gestellt werden, und zwar solange, bis sich sein Reich, das in seinem Messias Jesus angebrochen ist, durchgesetzt und der zu seiner Rechten erhöhte Messias wiedergekommen sein wird. Erst in solcher Heilszeit und Gottunmittelbarkeit mögen die Lasten der Frage nach der Heilswahrheit dem puren Lobpreis weichen. Davor ist das Festhalten an der Wahrheitsfrage christlicher Ausdruck eschatologischer Erwartung und als solche auszuarbeiten.

1.3 Globalisierung: Imperium und Regnum

„Alle Macht [...] geht vom Fleisch aus", formulierte das enfant terrible österreichischer Kunst, Alfred Hrdlicka, mit Blick auf den Prolog Joh1, um damit Parallelen zwischen Kunst und Religion deutlich zu machen.[7] Hier mag diese drastische Erinnerung an die Inkarnation ein Votum für die Reihenfolge sein. Wer von Globalsierung spricht, sollte mit dem „Fleisch" beginnen, das auf Märkten feilgeboten wird. Der massenhafte weltvernetzte Austausch von „Fleisch", das hier für Waren aller Art genommen wird, setzt, was oft vergessen wird, eine alte Erfindung vom Ende des 19. Jahrhunderts voraus, die auch in digitalisierter Zukunft bedeutsam bleiben wird: den Dieselmotor. Dabei erfolgt die Logistik der immer größer werdenden Schiffe längst digital. Die Digitalisierung der Kommunikation ließ nach McLuhan die Welt bekanntlich zum Dorf schrumpfen[8]: Ungeahnte Nähen, gewiss ganz eigener und weithin nicht dörflicher Art wurden erzeugt. Diese neue Welträumlichkeit ist begleitet von einer menschheitsgeschichtlich ganz neuen Zeiterfahrung: Kommunikation und Geldverschiebung rund um den Globus erfolgen bis auf Nano-Sekunden in Realzeit. Was diese neue Ver-

---

[5] „Nur um der Hoffnungslosen willen ist uns die Hoffnung gegeben". Goethes Wahlverwandtschaften, in: Gesammelte Schriften I/1, Frankfurt 1980, 201.

[6] Siller, Hermann Pius, Handbuch der Religionsdidaktik, Freiburg u.a. 1991, S. 162–164. In diesen Zusammenhang gehören auch die Arbeiten von H. Waldenfels zur kenotischen Christologie. Vgl. z.B. Waldenfels, Hans, Absolutes Nichts, Freiburg u.a. 1976, S. 197–208.

[7] Vgl. Mennekes, Friedhelm, Künstlerisches Sehen und Spiritualität, Zürich/Düsseldorf 1995, S. 151. Vollständig lauten die Zitate „Alle Macht in der Kunst geht vom Fleisch aus" wie „Alle Macht in der Religion geht vom Fleisch aus".

[8] Vgl. McLuhan, Marshall, The Gutenberg Galaxy. The Making of Typographic Man, Toronto 1962.

fassung von Raum-Zeit-Konstrukten für die Menschen und ihr Zusammenleben bedeutet, ist kaum abzuschätzen, weil wir uns mitten in diesen Prozessen befinden, die den Namen Revolution verdienen. Zeit, Raum, Arbeit und Beziehungen, kurz: Das Subjektsein selber befindet sich im Prozess einer „Neuformatierung". Bisherige Erfahrungen zeigen, dass diese Umwälzung nicht einfach eine neue dialogische Welt heraufführt, wie es Villem Flusser in den 1990er Jahren optimistisch erwartete[9], sondern (auch) viele Opfer „produziert". Auf sie macht Papst Franziskus eindringlich in *Evangelii gaudium* aufmerksam. Es sind die aus dem globalen „Dorf" Ausgeschlossenen: „Als Folge dieser Situation <der Globalsierung> sehen sich große Massen der Bevölkerung ausgeschlossen und an den Rand gedrängt: ohne Arbeit, ohne Aussichten, ohne Ausweg. Der Mensch an sich wird wie ein Konsumgut betrachtet, das man gebrauchen und wegwerfen kann. [...] Es geht nicht mehr einfach um Ausbeutung und Unterdrückung, sondern um etwas Neues: Mit der Ausschließung ist die Zugehörigkeit zu der Gesellschaft, in der man lebt, an ihrer Wurzel getroffen, denn durch sie befindet man sich nicht in der Unterschicht, am Rande oder gehört zu den Machtlosen, sondern man steht draußen. Die Ausgeschlossenen sind nicht „Ausgebeutete", sondern „Müll, „Abfall"[10]." Das ist keine emphatisch-dramatisierte Rede, die von Außen globaler Wirtschaft „sachfremd" Attribute zuspräche; längst ist *waste* eine Kategorie des Marketings für Kunden, die nicht genug kaufen. *Waste* werden oder sind schon die nicht digital Vernetzten und von einer elektronisch forcierten, zunehmend automatisierten Wirtschaft 4.0 nicht mehr gebrauchten Menschen. Papst Franziskus erinnert daran, dass sie keine Minderheit sind! Die Mehrheit der Menschen kann künftig schlicht als überflüssig gelten: Zu nichts als zum Konsum noch nötig und auch tauglich und auch dazu irgendwann gar nicht mehr imstande, also definitiv überflüssig. Stellen solche Verhältnisse nicht eine aggressive Bestreitung von Gen 1,28 dar? Wird der Schöpfer nicht faktisch lächerlich gemacht, wenn seine Geschöpfe als Müll behandelt werden?

Die hier nur unsystematisch genannten Schattenseiten der Globalsierung und das Unheil, was sie für viele Menschen bedeutet, sollten zugleich skeptisch machen gegenüber einer zu vorbehaltlosen Rede von Pluralismus als Zeitzeichen unserer Epoche. Nachdenklich könnte machen, dass *das* Phänomen von neuer Pluralität überhaupt, das Internet, zeigt, welche Tendenzen zur Monopolisierung unter der Firniss von nahezu uferlos pluralen Kommunikationsmöglichkeiten wirksam sind. Die „Großen", die gleichsam die Tiefengrammatik der weltweiten Kommunikation kontrol-

---

[9] Vgl. Flusser, Vilém, Kommunikologie, Frankfurt am Main 1998.

[10] EG 61

lieren und bestimmen, google, facebook, apple, werden z. Z. der Monopol-
bildung verdächtigt.[11] Andy Warhol, längst mehr als bildender Künstler:
Ansager und Interpret postmoderner Zeiten, hoffte 1968, dass allen Men-
schen 15 Minuten mediale Aufmerksamkeit geschenkt würde.[12] Diese
Hoffnung hat sich längst erfüllt: Selbstdarstellung ist grenzenlos möglich im
Internet und geht doch mit Entblößungen und Selbsttrivialisierung einher.
Geradezu umgekehrt proportional zum global geweiteten Radius der
Kommunikation nach Außen reicht die digitale Kontrollierbarkeit, die
umfassend ist, bis ins Innerste, ja Intimste der Menschen. Hinter und unter
den Pluralismen ist also auch nach Imperativen und Imperien der Globalisierung zu fragen, gerade wenn die Wahrheitsfrage theologisch eine nach
dem Heil für die Welt sein soll.

Doch nicht nur die Realität legt nahe, die politische Größe des Imperi-
ums in eine theologische interessierte Zeitvergewisserung aufzunehmen.
Die zentrale Botschaft Jesu ist die eines Reiches. Und sie geht auch in ihm,
der seine „Sache in Person" (W. Kasper) ist, nicht nachösterlich einfach auf.
Denn worüber sprach der Auferweckte mit seinen Aposteln? Nach der
Apostelgeschichte über nichts anderes als das Reich Gottes. (1,3) Das ist
gewiss nicht von dieser Welt (Joh 18,36), doch deshalb kein extraterrestri-
sches oder eines des Ghettos der Seele. Jesu Anrede als Herr opponiert dem
Kyrios resp. Dominus in Rom. Und die Frage, welchem Gott zu opfern ist,
war bekanntlich eine auf Leben und Tod: Status confessionis der frühen
Christen und auch heutiger Christen, die in mehreren Kontexten der Welt
zum Bekenntnis gedrängt sind. Muss nicht, wer den Vater um das Kommen
seines Reiches bittet, Bescheid wissen und Auskunft geben können über
Reiche und Imperien der eigenen Zeit?

2. Theologie des Judentums: kontextuell und transkontextuell

2.1 Zur Kontextualität der Genese dieser Theologie

Die ersten Monographien nennen den bestimmenden Kontext der Shoah
ebenso wenig wie Nostra aetate 4, obwohl er doch entscheidend wirksam
war. Erst mit Autoren wie F.-W. Marquardt, J.B. Metz und E. Zenger in
Deutschland, Robert McAfee Brown und R. Ruether in Nordamerika und

---

[11] Vgl. etwa Wintermeyer, Axel, Monopolstellung von Google, Facebook und Co, *http://www.
faz.net/aktuell/feuilleton/debatten/die-digital-debatte/monopolstellung-von-google-facebook-
und-co-13548917.html* (15.01.2017).

[12] Vgl. Wikipedia, 15 Minutes of Fame, *https://en.wikipedia.org/wiki/15_minutes_of_fame*
(15.01.2017).

jeweils einigen anderen ist der Zusammenhang zwischen einer Theologie des Judentums und der einer Theologie nach Auschwitz ins Bewusstsein gehoben worden. Dieses nochmals mit einem Bewusstsein für eine globalisierte Welt zu vermitteln, stellt m. E. ein Desiderat der kommenden Jahre dar.

Die beiden ersten Monographien, die eine Theologie des Judentums formulieren und dieses Format gebildet haben, stammen vom Alttestamentler und Judaisten Clemens Thoma[13] und dem Neutestamentler Franz Mußner[14]; sie erschienen 1978 und 1979. Im Hintergrund steht Auschwitz, auch wenn diese ersten Monographien wie auch Nostra Aetate 4 diesen Nötigungsgrund noch nicht ins Bewusstsein gehoben haben. Anstöße zu einem Umdenken gab es allerdings auch schon vor der Shoah. Es waren kleine Gruppen, die sich mit dem Judentum, anders als die offizielle Kirche und der Mainstream der Theologie, konstruktiv auseinandersetzten und z. B. die Lehre des Römerbriefs 9–11 bereits in ihrer Bedeutung erkannten.[15] In den Niederlanden war dies seit ca. 1930 die *Internationale Arbeitsgemeinschaft von Apeldoorn.* Inspiriert von Anton Ramselaar gehörten ihr u. a. Dominikaner von Walberberg an, der aus dem Judentum konvertierte Augustiner Gregory Baum und nicht zuletzt ein so renommierter Rabbiner wie Abraham Joshua Heschel. Aus Polen stammend, hatte er in Berlin studiert und musste in die USA emigrieren. Ebenfalls schon vor dem zweiten Weltkrieg bemühten sich die „*Amici Israel*", eine „priesterliche Vereinigung" von über 3000 Priestern, Bischöfen und Kardinälen um eine Versöhnung von Juden und Christen, wenn auch verbunden mit missionarischen Absichten. In Frankreich standen die Sionsschwestern, die unter Paul Démann die *Cahièrs Sioniennes* herausgaben, für die gleichen Anliegen. Das *Institut für christlich-jüdische Studien der Seton Hall-University* (New Jersey, USA) wurde von dem Konvertiten aus dem Judentum Prälat Johannes Oesterreicher gegründet.[16] Er war aus Wien in die USA geflüchtet. Offizielle kir-

---

[13] Thoma, Clemens, Christliche Theologie des Judentums, Aschaffenburg 1978.

[14] Mußner, Franz, Traktat für die Juden, München 1979.

[15] Ich stütze mich im Folgenden entscheidend auf die gründliche Studie von Dorothee Recker, wie auf Unterlagen Ihres Beitrags im Rahmen des Symposions **Eine bleibende Verpflichtung:** Konzilserklärung „Nostra Aetate" über das Verhältnis der Kirche zu den nichtchristlichen Religionen vom 28. Oktober 1965 nach fünfzig Jahren der Rezeption und Fortschreibung, 25. und 26. Oktober 2015 in Würzburg, die sie mir dankenswerter Weise überlassen hat. Vgl. Link unter: http://www.zdk.de/organisation/gremien/gespraechskreise/gespraechskreis-juden-und-christen-beim-zdk/tagungen/dokumentation-nostra-aetate (04.01.2017).

[16] Ausführlich zu Oesterreicher vgl. Recker, Dorothee, Die Wegbereiter der Judenerklärung des Zweiten Vatikanischen Konzils: Johannes XXIII., Kardinal Bea und Prälat Oesterreicher – eine Darstellung ihrer theologischen Entwicklung, Paderborn 2007, S. 310–399.

chenpolitische, liturgische und persönliche Gesten von Pius XII. und Johannes XXIII.[17] bahnten ihrerseits eine Verständigung an.

Für die Zeit nach der Shoah ist als erstes der Jude Jules Isaac zu nennen, dessen Familie in der Shoah ermordet worden war. Isaac war Historiker und Inspecteur Générale im Erziehungsministerium Frankreichs. Im Exil in Aix-en-Provence schrieb er in einem Hotelzimmer das Buch „Jésus et Israél" (1946), worin er 18 Thesen aufstellte. Sie befassten sich mit der jüdischen Herkunft von Jesus und seinen Aposteln, zentral aber mit dem christlichen Vorwurf einer Beteiligung von Juden am Kreuzestod und daraus folgenden Verurteilungen und Diskriminierungen der Juden in der christlichen Welt. Die Päpste Pius XII. und Johannes XXIII. empfingen ihn, wobei Jules Isaac auf eine Revision der christlichen Lehre drang.[18] Diskutiert wurden seine Thesen allerdings nicht in offiziellen kirchlichen Institutionen, sondern von einzelnen Christen aus eigenem Antrieb zusammen mit Juden: Auf der Konferenz in Seelisberg und 1947 auf der Konferenz von Bad Schwalbach 1950. Diese Thesen wurden ebenso rezipiert von den schon genannten Arbeitskreisen, deren Mitglieder z. T. an den Konferenzen teilgenommen hatten.

Vielleicht darf man im Rückblick so zusammenfassen: Die Vorbereitenden von Nostra Aetate 4 stammen aus Europa und Nordamerika, wobei wichtige Akteure wie Österreicher und Baum europäische Wurzeln hatten. Irritierend, auch beschämend nimmt sich aus, dass ein von der Shoah betroffener Jude den Anstoß zum Umdenken geben musste. Für Soziologen und Psychologen mag es so auffallend nicht sein, dass Konvertiten in hohem Maße zu den Akteuren dieses Umkehrprozesses zählten. Wer solche Brüche wie den einer Konversion in seiner Biografie aufweist, kann disponiert sein nicht nur für Überidentifikationen mit der neu angenommenen Religion, sondern offensichtlich auch für innovative Blicke auf und Freimut gegenüber der neuen Religion.[19]

---

[17] Ebd., S. 111–160.

[18] Zu Jules Isaac ausführlich ebd., S. 400–420.

[19] Mit Blick speziell auf die aus dem Judentum konvertieren Österreicher und Baum ist festzuhalten, dass sich ihre wie eines jeden Konvertiten angespannte, weil ungesicherte, jeder familienbiographischen Stabilität entratende Identität hier produktiv ausgewirkt hat im Gegensatz zur unheilvollen Geschichte von Konvertiten, wie dies zumal in der christlich-jüdischen Geschichte der Fall war. Das erlaubt die Annahme, dass sie ihr Judentum im Akt der Konversion nicht verworfen und seinerseits in Diffamiertes konvertiert haben. War der Preis dafür dann aber nicht Fremdheit in einer so israelvergessenen und -befeindenden Kirche? Lebten sie ihr Bekenntnis zu Jesus als dem Christus innerkirchlich womöglich als Exilierte? Sollten sich diese Vermutungen historisch bestätigen lassen, könnte an ihren Biographien ein Vorstellung gewonnen werden, wie fremd sich der Jude Jesus in einer israelvergessenen Kirche fühlen musste und muss.

Die offiziellen kirchlichen Befürworter, Förderer und Verteidiger einer ursprünglich geplanten Judenerklärung sind hier nur zu nennen: Papst Johannes XXIII., Kardinal Bea, die Jesuiten des Bibelinstituts Rom und Kardinal Etchgaray aus Straßbourg. Ein Blick auf ihre Theologie kann dabei zeigen, dass ihre Bereitschaft zur Neubestimmung der christlich-jüdischen Beziehung allerdings eher trotz ihrer Theologie als von dieser motiviert erfolgte.[20]

Kein anderer Text hat eine derart lange konziliare Geschichte der Umstrittenheit hinter sich wie Nostra Aetate 4. Von der ersten bis zur letzten vierten Sitzungsperiode wurde über die geplante Judenerklärung gestritten. Zeitweise verlangten die orientalischen Patriarchen sogar den völligen Verzicht auf jedwede Aussage zu den Juden. Auf verfahrenstechnische Tricks wie zu späte Mitteilungen von Textfassungen wurde nicht verzichtet, die Arbeit am Text sogar ganz ausgesetzt. Die Behandlung der Judenerklärung war von Drohungen – bis hin zu Morddrohungen – begleitet. Inhaltlich konzentrierte sich die Kritik darauf, den christlichen Vorwurf der Juden als Gottesmörder nicht zu erwähnen (was sich auch durchgesetzt hat), wie auch auf die Verurteilung des Antisemitismus zu verzichten. Zwei Gruppen von Opponenten lassen sich ausmachen: Europäisch innerkontexuell rechtskatholische Kreise, deren einer Teil sich später als Piusbrüder abspalten sollte, und Vertreter der arabischen Staaten und Kirchen in diesen Ländern. Von arabisch staatlicher Seite gab es offizielle Proteste, und Drohungen, katholische Schulen zu schließen und Kirchen abzubrennen. Kardinal Bea wurde ein neuer „heiliger Rassismus" vorgeworfen; antisemitische Hetzschriften von bis zu 500 Seiten (!) wurden, vermutlich aus beiden Kreisen, verschickt; Flyer mit gleichen Inhalten unter den Konzilsvätern verteilt. *Die Protokolle der Weisen vom Zion*, eine der berüchtigtsten antisemitischen Hetzschriften überhaupt, wurden zitiert und gegen die Konzilsväter gewendet, die als Agenten der jüdisch-freimaurerischen Weltverschwörung bezichtigt wurden. Der Vorwurf kursierte, das ganze Konzil sei jüdisch unterwandert.[21] In unserer Perspektive ist festzuhalten: Kirchenvertreter und ihre Theologen aus dem orientalischen Kontext versuchten den Text oder einzelne Aussagen wie die kirchliche Selbstkritik am Gottesmordvorwurf – mit Erfolg – zu verhindern, schwächten ab und erreichten, – aus anderen Motiven unter-

---

[20] Vgl. Recker, Dorothee, Die Wegbereiter der Judenerklärung des Zweiten Vatikanischen Konzils, a.a.O., S. 27–76.

[21] Vgl. dazu Oesterreicher, Johannes, Kommentierende Einleitung, in: LThK², Bd. 13, Freiburg u.a. 1967 (Sonderausgabe), Sp. 448, Sp. 458–470; Siebenrock, Roman, „Theologischer Kommentar zur Erklärung über die Haltung der Kirche zu den nichtchristlichen Religionen", in: Herders Theologischer Kommentar zum Zweiten Vatikanischen Konzil, Bd. 3 (hrsg. v. Hünermann Peter/ Hilberath, Bernd Jochen) Freiburg 2009 (Sonderausgabe), S. 638, S. 642/3.

stützt von asiatischen und afrikanischen Bischöfen[22] –, dass die ursprünglich geplante Judenerklärung zum Kapitel 4 innerhalb einer Erklärung über die nichtchristlichen Religionen wurde. Das erwies sich in der Folge durchaus als fruchtbar für die Entwicklung einer Theologie der Religionen, vom Interesse an einer Judenerklärung her aber erscheint dieser Rahmen als bedenkliche Kompromissbildung, die in der Folgezeit, bis heute, nicht geringe Missverständnisse beförderte.[23]

Die Genese von Nostra Aetate 4 als *dem* Referenztext jeder katholischen Theologie des Judentums ist also kontextuell angestoßen und im Konzilsprozess interkontextuell verhandelt worden, wenn auch weithin im Modus der Bestreitung, um doch – in Kompromissform – eine sehr hohe Zustimmung zu erlangen. In markanter Weise hat das päpstliche Lehramt in den folgenden Jahrzehnten zumal Nostra Aetate 4 expliziert und in der Lehre verankert.

Aus der Perspektive einer interkontextuellen Theologie kann nur begrüßt werden, wenn in den 1980er Jahren, spät, doch eben dann Auschwitz theologisch thematisiert wurde. Erst damit ließ – wie aporetisch und „unmöglich" auch immer – die Theologie des Judentums den Abgrund ins Bewusstsein treten, ohne den auch die Bemühungen vor der Shoah kaum gesamtkirchliche Akzeptanz gefunden haben dürften.[24] Die Angabe „nach Auschwitz" gehört m. E. zur „Signatur" von Theologie überhaupt.[25]

2.2 Interkontextualität (Universalität) der Geltungsansprüche

Da es sich bei Nostra Aetate 4 um einen konziliaren Text handelt, ist die Frage nach Geltungsansprüchen bereits beantwortet: Solche Texte gehen –

---

[22] Dabei ist bewusst zu halten, dass die große Mehrzahl der Bischöfe aus Afrika damals Europäer oder Nordamerikaner waren. Hätten indigene Bischöfe anders votiert?

[23] Ich denke dabei vor allem daran, dass sowohl in der Katechese, dem Religionsunterricht, der Erwachsenenbildung als auch oft genug theologisch Judentum unter nichtchristliche Religionen subsumiert wird. Das wird nicht nur dem jüdischen Selbstverständnis nicht gerecht, sondern auch nicht dem Bewusstseinsstand von NA 4, wonach das Judentum bei der „Besinnung auf das Geheimnis der Kirche" erscheint. Vgl. dazu auch Buckenmaier, Achim, „Ein nie gekündigter Bund. Dogmatische Anmerkungen zum Weg vom Zweiten vatikanischen Konzil bis heute", in: FrRu NF 3 (2016), S. 189.

[24] Vgl. dazu Waldenfels, Hans, „Im Schatten von Auschwitz. Theologie heute", in: Lebendiges Zeugnis 51 (1996), S. 5–15; Vieles zusammenfassend Petersen, Birte, Theologie nach Auschwitz? Jüdische und christliche Versuche einer Antwort. Mit einem Beitrag von Norbert Reck über den aktuellen Stand der Diskussion, Berlin ³2004.

[25] Zu einer vom Zeitzeichen Auschwitz „signierten" Theologie vgl. Petzel, Paul, Gott. Die eigene Studie. Was uns an Gott fehlt, wenn uns die Juden fehlen. Eine erkenntnistheologische Studie, Mainz 1994, S. 15–30.

inter- und transkontextuell – die ganze Kirche an. Dass sich danach im deutschsprachigen wie nordamerikanischen Kontext über Jahrzehnte hin einzelne Vertreter nahezu aller theologischen Disziplinen daran machten, die Verstricktheit ihrer Fächer in judenfeindlicher Tradition des Christentums zu sondieren und Revisionen zu entwerfen,[26] belegt die Breite dieser Tradition für europäische Theologie. Durch deren geschichtliche Ausbreitung und bis heute währenden Einfluss sind alle Kontexte der Kirche davon betroffen. Gewiss, in dieser Sicht und so formuliert wäre eine Theologie des Judentums für Theologien anderer Kontexte nicht von Belang, sobald eine Emanzipation von europäischer Dominanz denn erreicht wäre. Dem aber ist so nicht, wenn man bedenkt, worum es in solcher Theologie geht. Denn nicht nur, dass eine Emanzipation nicht per se schon immer die Tiefenstrukturen der Tradition miterfasst hätte, von der sie sich befreit. Über die kritische Aufarbeitung von Israelvergessenheit und -feindschaft hinaus[27] ist positiv eine Beziehung zum jüdischen Volk zu formulieren. Und diese Aufgabe besteht, so lässt sich doch aus Nostra Aetate 4 ableiten, für alle Teile der Kirche und ihre Theologien. Theologisch heißt das etwa auszuformulieren, was es bedeutet, um es mit Röm 9,4 f zu sagen, dass den Juden „die Annahme an Sohnes statt, und die Herrlichkeit, der Bund und die Verheißungen gehören wie auch die Väter und dass aus ihnen Christus dem Fleische nach stammt". Schließt das nicht die Anerkennung jüdischer Hoffnungen *post Christum* ein? Immerhin hält das Dokument der päpstlichen Bibelkommission von 2001 *Das jüdische Volk und seine heilige Schrift in der christlichen Bibel* fest: „Die jüdische Messiashoffnung ist nicht vergebens".[28] Was bedeuten also Christen jüdische Messiaserwartungen? Was bedeutet die Annahme Israels an Sohnes statt für kirchliches Selbstverständnis? Wie kann Kirche im Angesicht des Volkes, dem die Offenbarung gehört und die Verheißungen, sich selber als Volk Gottes verstehen, wenn gleichzeitig jede Substitution ausgeschlossen sei? Was bedeutet Jesu Judesein, seine Entstammung dem Fleische nach aus Israel, wenn platonisie-

---

[26] Vgl. dazu Hünermann, Peter/Söding, Thomas (Hrsg.), Methodische Erneuerung der Theologie. Konsequenzen der wiederentdeckten jüdisch-christlichen Gemeinsamkeiten (QD 200), Freiburg i. Br. 2003.

[27] Unter den aktuellen Bilanzierungsversuchen vgl. wegen seiner Bündigkeit Dennecke, Axel, „Jesus, der Christus: Rabbi – Prophet – Messias – Sohn Gottes? Das christlich-jüdische Gespräch am Scheideweg", in: Kümpers-Greve, Annelie/Gorschenek, Günter (Hrsg), Die Gottesfrage, Münsterschwarzach Abtei 2016², S 101–107.

[28] Verlautbarungen des Heiligen Stuhls 152 (hrsg. v. Sekretariat der DBK) Nr. 21; Vgl. Henrix, Hans Hermann, „Die jüdische Messiashoffnung ist nicht vergeblich'. Ein theologischer Vermerk von Gewicht", in: Dohmen, Christoph (Hrsg.), In Gottes Volk eingebunden. Jüdisch-christliche Blickpunkte zum Dokument der Päpstlichen Bibelkommission „Das jüdische Volk und seine Heilige Schrift in der christlichen Bibel", Stuttgart 2003, S. 51–62.

rende Abwertungen des Fleisches ausgeschlossen sind? Was bedeutet es, wenn sich die exegetische Einsicht immer stärker durchsetzt, dass die Schriften des AT, nicht zuletzt die Psalmen, dieses Volk bleibend als Erstadressaten haben? Kirche stößt bei der Besinnung auf ihr eigenes Geheimnis auf Israel, wie Nostra Aetate 4 formuliert. Geheimnis aber kann schwerlich anderes als ihre Gründung in göttlichem Willen meinen, wie sie die nota *sancta* ecclesia festhält. Wie also ist für die Kirche von Gott *neben* und *im Gegenüber* von Judentum zu sprechen? Was bedeutet es für unser Sprechen von Gott und zu Gott, dass das Judentum Gottes erwähltes Volk ist, „Gottes erste Liebe", wie Friedrich Heer formulierte? Und nach Auschwitz ist dann zu fragen: Was fehlt uns, wenn sechs Millionen Juden, potentielle Zeugen und Zeuginnen Gottes, fehlen? Kann und soll Betroffenheit das Einzige sein? Oder geht dieses Verbrechen, das zu Recht als Zivilisationsbruch (Dan Diner) beurteilt wurde, christlichen Glauben und seine Theologie und deren Logik an? Solche Fragen deuten an, dass das Judentum nicht nur in der Breite der Theologie und des Glaubens Fragen aufwirft, sondern auch in beider Tiefe. Es betrifft Kirche und Theologie eben nicht nur regional, behandelbar in einem Traktat neben anderen, sondern fundamental: Den Stand von Kirche und Theologie vor Gott angehend.[29] Das Judentum bleibt weithin noch als locus theologicus im strikten Sinn, nicht im üblich gewordenen weiten Sinn des Wortes, zu bedenken. Es wird sich als ein locus alienus ganz eigener Art erweisen: Keinesfalls in Eigenes aufhebbar und doch als einer, der christliche Theologie zuinnerst angeht, nicht mehr auf Abstand zu halten ist, wenn das Entstammen des Messias aus Israel erkannt, theologisch begriffen und seine Treue zu seinem Volk nicht geleugnet wird.[30] Das Griechische kennt neben einem Plural und Singular auch einen Dual. Vielleicht müsste ein eigener „theologischer Dualis" entwickelt werden, um die einzigartigen Beziehungen der Kirche zum Judentum, ihre „reiche Komplementariät", adäquat beschreiben zu können.[31] Es wäre gleichwohl ein Dualis, der immer schon offen wäre für den Plural von Religionen und Kulturen, die Völker der Welt. Ja, es wäre einer, der diesen Plural aus sich hervorbringen müsste. Der Entstehungsprozess von Nostra Aetate 4, der von der Judenerklärung zur einer zu den nichtchristlichen Religionen überhaupt wurde – ein Kompromiss, kontigenten Verhältnissen geschuldet, – harrt noch, systematisch „aufgehoben" und damit auch seines Kompromisscharakters enthoben zu werden.

---

[29] Vgl. dazu Petzel, Paul, Gott. Die eigene Studie, a.a.O.
[30] Dazu ausführlich Ebd., S. 57–136.
[31] EG 249

2.3. Faktische Geltung / Anerkennung der Ansprüche

2.3.1. Europa

Anlässlich des 50. Jahrestages der Verabschiedung von Nostra Aetate 4 bilanzierten etliche theologische Fakultäten, die Erträge dieses kürzesten Konzilstextes. In stärkster Verkürzung darf man diese Bilanzen nochmals vielleicht dahingehend bilanzieren, dass vieles erreicht, und doch sehr vieles noch aussteht.[32] Feindseligkeit gegenüber den Juden lässt sich theologisch wohl so gut wie nicht mehr finden, aber: Nicht wenige Theologien scheinen ohne Bezug aufs Judentum recht gut auszukommen. Die theologische Relevanz des nachbiblischen Judentum bleibt weithin noch zu entdecken.[33] Und: Auch unter „Theologen, Bischöfen und Priestern" haben sich „bis in unsere Tage antijüdische Klischees gehalten" und werden „verbreitet".[34] Nach einem kurzfristigen Interesse-Hype der 1980er Jahre scheint die Befassung mit einer Theologie des Judentums weithin delegiert an eine kleine Schar von Interessierten. Die gemeintheologische Relevanz, die epistemologische Ansprüchlichkeit ist in der theologischen Breite, wie mir scheint, noch kaum wahrgenommen. Im deutschsprachigen Raum gibt es erst *eine* Dogmatik, die sich von Anfang an und grundsätzlich aus dem Gegenüber zum Judentum hin realisiert hat. Es ist die des Berliner evangelischen Theologen Friedrich-Wilhelm Marquardt, die allerdings weder evangelisch, noch katholisch in nennenswertem Maße rezipiert wird.[35] Einzuräumen ist allerdings, dass ausgeführte Dogmatiken nur *ein* Kriterium der Beurteilung

---

[32] Vgl. stellvertretend zu einer Tagung der katholisch-theologischen Fakultät der Universität in Würzburg: *http://www.zdk.de/organisation/gremien/gespraechskreise/gespraechskreis-juden-und-christen-beim-zdk/tagungen/dokumentation-nostra-aeta* (15.01.2017); vgl. dazu aus vatikanischer Sicht das Dokument der Kommission für die religiösen Beziehungen zum Judentum „Denn unwiderruflich sind Gnade und Berufung, die Gott gewährt" (Röm 11,29). Reflexionen zu theologischen Fragestellungen in den katholisch-jüdischen Beziehungen aus Anlass des 50jährigen Jubiläums von „Nostra aetate" (Nr. 4). So auch Buckenmaier, Achim, Ein nie gekündigter Bund, a.a.O., S. 194. Der letzte Satz seines Artikels lautet: „Genau genommen, ist es <Na 4> nicht der Schlusspunkt einer Erkenntnis, sondern erst ihr Anfang."

[33] Vgl. dazu Paul Petzel, Der Talmud – locus theologicus oder: jenseits der Balken in Texten und Augen, in: Delgado, Mariano/Hoff, Gregor M./Rieße, Günter (Hrsg.), Das Christentum in der Religionsgeschichte. Perspektiven für das 21. Jahrhundert (FS H. Waldenfels), Fribourg/Stuttgart 2011, S. 71–92.

[34] Buckenmaier, Achim, Ein nie gekündigter Bund, a.a.O., S. 188.

[35] Erschienen sind die sieben Bände von 1988: Von Elend und Heimsuchung der Theologie. Prolegomena zur Dogmatik bis zu: Eia, wärn wir da – eine theologische Utopie, Gütersloh 1997.

darstellen und intensive, auch vielfältige Studien und Unternehmungen[36] nicht übersehen werden dürfen.

2.3.2. Lateinamerika

Ein Blick über unseren Kontext hinaus sei gewagt. Nur eine Stichprobe kann genommen werden, die aber typisch sein dürfte. Jon Sobrino reklamiert in einem Artikel zu *50 Jahre Konzil und Concilium* die gesellschaftliche Wirklichkeit neben Schrift, Tradition und Lehramt als „Fundament" der Theologie.[37] Was die epistemologische Qualifizierung von dieser Wirklichkeit angeht, stellt er eine große Parallele zwischen J.B. Metz und der Versammlung in Medillín 1968 fest. Das zeige sich in der für die Theologie von Metz zentralen Frage, wie man nach Auschwitz noch Theologie treiben könne. Sobrino zitiert als Antwort auf diese Frage aus dem lateinamerikanischen Kontext zustimmend Bischof Casadáliga. Der fragt Metz zurück: „Wie kann man heute *in* Auschwitz Theologie treiben?" und meint die Situation Lateinamerikas vor allem um das Jahr 1968, als die Versammlung von Medellín die grausame Wirklichkeit der Unterdrückung und Ausbeutung breiter Bevölkerungskreise durch Kapital und Militärdiktaturen zum Ausgangspunkt ihrer Theologie und ihrer Verkündigung nahm. „Wie beim Exodus", hält Sobrino fest, „schrie die Wirklichkeit „zum Himmel".[38]

Das Referat ist hier nicht fortzusetzen. Aus der Perspektive dieses Beitrags ist zu fragen: Wie verfährt Casadáliga mit der Realität Auschwitz? Versteht er Auschwitz nicht symbolisch-exemplarisch als Situation abgründig grausamen Leids, um mit ihr als Chiffre das Leid des eigenen Kontextes als ein ungeheures zu kennzeichnen und so mit einem Theologen der sogenannten „ersten" Welt zu kommunizieren? Das aber geschieht am empirischen Judentum vorbei, genauso wie der so fundamental bedeutsame Rekurs der Befreiungstheologie auf den Exodus und auch das Exil ohne jede Bezugnahme auf Juden unserer Zeit und aktuelles Judentum stattfand und stattfindet. Norbert Reck[39], ohne Zweifel ein theologischer Sympathisant der

---

[36] Neben den Institutionen des Dialogs ist auch auf Bildungsangebote wie die bereits langjährige von René Buchholz initiierte Vortragsreihe Toldot we Tarbut (Geschichte und Kultur) von katholisch Theologischer Fakultät der Universität Bonn und dem katholischen Bildungswerk Bonn nicht zu ignorieren, *https://www.google.de/search?q=toldot+we+tarbut &ie=utf-8 &oe=utf-8 &client=firefox-b-ab &gfe_rd=cr &ei=pn9uWOnBH8OF8Qfus5mgCw*; (04.01. 2017).

[37] Sobrino, Jon, Fünfzig Jahre für eine Zukunft des Christentums und der Menschheit, in: Concilium 52 (2016) 1, S. 55.

[38] Ebd.

[39] Eine Skizze zu Reck als Theologe s. Ammicht Quinn, Regina, Nachdenken über Norbert Reck, in: Concilium 644 (2016) 5.

Befreiungstheologie, analysiert zutreffend: Lateinamerikanische Theologie kennt nicht den europäischen Singularitätsdiskurs über Auschwitz und, damit verbunden, auch nicht die antisemitische Bestimmung der Shoah.[40] Sie hat keine Theologie des Judentums – so wenig wie die allermeisten europäischen und nordamerikanischen Theologien. Doch in ihrer Israel-vergessenheit reproduziert Befreiungstheologie unbewusst und ungewollt, wie angenommen sei, üble europäische Traditionen. In dieser Hinsicht scheint eine Emanzipation von europäischen Traditionen noch auszuste-hen.[41] Das verkennt nicht die epochale Bedeutung der Befreiungstheologie, deren transkontextuelle Ansprüche noch keineswegs in europäischer Theologie beantwortet sind. Deshalb sind diese Anmerkungen auch nicht als generelle Kritik an dieser epochal bedeutsamen Gestalt von Theologie zu missbrauchen, die so eng mit einer Märtyrerkirche verbunden ist. In dem blinden Fleck, der angezeigt wird, begegnet uns ja nichts als Eigenes! Für die Befreiungstheologie nimmt sich dieser Umstand allerdings umso span-nungsvoller aus, als gerade sie sich in viel „vitalerer" Weise auf das AT bezieht als die europäische Theologie, der das AT doch oft genug nur als Vorstufe des „Eigentlichen" zu gelten scheint. Auch teilt sie mit einer Theologie des Judentums, die sich bewusst als eine nach Auschwitz versteht, eine hohe epistemologisch relevante Zeitempfindlichkeit. Der interkon-textuelle Gesprächsbedarf ist also offensichtlich. Denn im Raum steht der Verdacht, wenn nicht Vorwurf, dass „die jüdisch-christliche Beziehung nur bei sich und den eigenen Problemen" bleibe, statt den Blick zu öffnen für die „drängenden Notwendigkeiten, ubiquitär gegen Rassismus, Chauvinismus, Fundamentalismus [...] anzugehen und so sogar Auschwitz zu provinzi-alisieren", wie O. Fuchs beanstandet.[42] Die daraus ableitbare Frage für eine interkontextuelle Verständigung könnte dann etwa so lauten: Wie ist theologisch von Auschwitz so zu sprechen, dass Theologie dadurch und von daher insgesamt, gleichsam konzeptionell, leidsensibler würde und zugleich zu aktivem Widerstand dagegen disponierte? Und wie kann von den Leiden so vieler Menschen und Völker gesprochen werden mit Bezug auf Ausch-witz, ohne dieses dabei zum Exemplar zu abstrahieren, zu symbolisieren und seine Singularität faktisch zu leugnen?

---

[40] So in einer schriftlichen Mitteilung vom 4.9.2016.
[41] Ausführlicher dazu Petzel, Paul, „Gebotene Umwege? Überlegungen zur Beziehung von Theologie nach Auschwitz und Befreiungstheologie", in: von Kellenbach, Katharina/Krondorfer, Björn/Reck, Norbert (Hrsg.), Von Gott reden im Land der Täter. Theologische Stimmen der dritten Generation seit der Shoah, Darmstadt 2001, S. 143–163.
[42] Fuchs, Ottmar, „Kontextuelle Christologie im Horizont unbedingter Solidarität. Für die generative Dimensionierung der christlich-jüdischen Beziehung", in: Görg, Manfred/Langer, Michael (Hrsg.), Als Gott weinte. Theologie nach Auschwitz, Regensburg 1997, S. 171 f. Dass es auch Gegenbeispiele gibt, sei hier nur vermerkt.

3. Erwählung Israels

Solche interkontextuellen Anfragen aber auch die Postulate einer Theologie des Judentums lassen sich, so eine hier zugegeben etwas unvermittelte These, fokussieren in einer neuen kirchlichen Lehre der Erwählung Israels. Noch bis in den Text von Nostra Aetate 4 hinein regiert ein typologisches Denken, wenn es darin heißt, dass der „Auszug des erwählten Volkes aus dem Lande der Knechtschaft das Heil der Kirche geheimnisvoll vorgebildet" habe. Die Denkform des Typologischen aber bleibt hinter anderen Aussagen wie dem oben zitierten Röm 9,4 f desselben Textes zurück. Das konkrete Subjekt des jüdischen Volkes wird uneigentlich, nur Schema für das Selbstverständnis von Kirche. Nostra Aetate 4 „nach vorne hin" zu lesen verlangte in der Tat Neues: Nicht typologisch, auf eigene Identität hin zu denken, sondern vom Judentum mit starkem Sinn fürs Nichtidentische, in Eigenes nicht einholbare Andere zu sprechen, das zugleich aber doch als Nächstes bewusst ist. Von hier aus könnte dann auch eine Struktur aufgelöst und neu bestimmt werden, die wie eine Plausibiltätsstruktur christlicher Kultur anmutet: Hintergrundannahme, die nicht bewusst, weil allzu selbstverständlich und umso wirksamer ist. Ich denke an die so übereindeutig bewertete Relation von defizitärer Partikularität, der in diesen Zusammenhängen das Judentum als „Stammes-, National- oder Volksreligion" zugeschlagen wird gegenüber der Universalität, für die selbstverständlich die Menschheitsreligion Christentum steht. Solche Vermessungen konkretisieren sich bspw. in der Kurzfassung biblischer Geschichte: Mit Adam und Eva, Noach und auch noch Abraham fing alles in universaler Weite an, bis es zu einer Art „mosaischer Verengung" kam: Im Auszug aus Ägypten formierte sich Israel als Gottes ureigenstes Volk mit einer langen Geschichte im verheißenen Land, auch in Babylon usw. Schwer hatten es die Propheten, ans Universale zu erinnern, bis endlich Jesus diese Geschichte menschheitsweit zum Heil öffnete[...] In solchen Worten, die für viele wohl immer noch harmlos klingen, leben, man möchte annehmen unbewusst und ungewollt, Ressentiments über Ressentiments fort. Die erkennt man an ihren Vergesslichkeiten und blinden Flecken. Die weite Sicht von Genesis 1 ist eine, die aus der so einzigartigen Beziehung dieses Volkes aus Geflüchteten zu JHWH hervorgegangen ist! Es sind *jüdische* Theologen, die die Schriften der Bibel so komponiert haben, dass die Menschheit vorangestellt ist! Und selbst die Großmächte Ägypten und Assyrien, die lebensbedrohlich für Israel waren, konnten Volk Gottes betitelt und gesegnet werden: „Gesegnet ist Ägypten, mein Volk, und Assur, das Werk meiner Hände, und Israel, mein Erbbesitz." (Jes 19,25) Und längs durch den Psalter sind die Völker der Welt präsent. In

Psalm 100 wird bspw. aufgerufen: „Jauchzet JHWH zu, du ganze Erde! Dienet JHWH mit Freude! […] Erkennet: Ja, JHWH, (nur) er ist Gott, er hat uns gemacht, ihm gehören wir: sein Volk und Herde seiner Weide." Der Kontext legt nahe, dass hier die Völker zum Lobpreis aufgerufen sind. Dann aber – spektakulär – ist ihnen sogar die Bundesformel in den Mund gelegt, die doch die einzigartige Beziehung von JHWH und Israel charakterisiert![43] Die Erwähltheit Israels scheint also in hohem Maße partizipative Züge zu haben. Und zugleich gilt: Durch solchen Lobpreis wird Israel von den Völkern so wenig aus seiner Auserwähltheit verdrängt, so wenig die nach Zion wallfahrenden Völker ihrer Identitäten beraubt werden: Vielfalt ohne Nivellierung, „Vielfalt" aber auch „ohne Beliebigkeit"[44]. Denn die Beziehung zu JHWH und untereinander ist durch Recht und Gerechtigkeit bestimmt, wie sie in Zion den Völkern gelehrt werden wird. (vgl. Jes 2) Doch das ist keine Sache der Endzeit erst. In den noachidischen Geboten sind Recht und Gerechtigkeit für alle schon heute zugänglich: Recht einsetzen, kein Götzendienst, keine Gotteslästerung, kein Blutvergießen, keine Unzucht, kein Raub und keine Grausamkeit gegen Tiere. Diese Gebote entstammen, obwohl nicht gerade unvernünftig, nach jüdischer Auffassung dennoch keiner Vernunftethik, wie sie der Mensch qua Natur und eben Vernunftbegabung hervorbringen könnte. Es ist ein Konzentrat der Tora, eine „Lehre vom Anteilgewinnen der weltweiten Menschheit an der Bundes- und Verpflichtungsgeschichte Gottes mit seinem Volk Israel".[45] Wer sie realisiert, ist ein „Gerechter", und alle „Gerechten aus den Völkern" werden „Anteil an der kommenden Welt" haben, ganz ohne die 613 Ge- und Verbote Israels zu erfüllen. Und nicht nur einzelne haben eine Zukunft vor Gott, auch ganze Völker. Im Traktat Pesachim 118b des babylonischen Talmud spricht Raw Kahana im Namen seines Vaters: „[…] Dereinst wird Mizrajim (Ägypten) dem Messias ein Geschenk darbringen, er aber wird die Annahme verweigern wollen." Diese Szene kann irritieren: Warum lehnt der Messias Ägypten ab? Seine Reserve verdankt sich seiner Erinnerung an die Sklavenhalterschaft Ägyptens, die offensichtlich nicht einfach mit einem Geschenk vergessen zu machen ist. „Alsdann wird der Heilige, gepriesen sei er, zum Messias sprechen: Nimm es von ihnen an, denn sie haben meinen Kindern in Mizrajim Gastfreundschaft gewährt." Und in talmudischer Abgekürztheit folgt: „Alsbald: Es kommen Vornehme aus Mizrajim." (Ps 68,32). Das heißt: Die Repräsentanten des Erzfeindes Ägyptens sind in der messianischen Zeit

---

[43] Vgl. Zenger, Erich, Psalmen. Auslegungen, Freiburg u. a. 2006², S. 92 f.

[44] Ebach, Jürgen, Vielfalt ohne Beliebigkeit. Theologische Reden 5, Bochum 2002.

[45] Müller, Klaus, Tora für die Völker. Die noachidischen Gebote und Ansätze zu ihrer Rezeption im Christentum, Berlin 1994, S. 254.

dabei. Nicht ohne argumentative Mühe ringt der Traktatabschnitt weiter auch um die Anwesenheit Kuschs (Äthiopiens) und letztendlich sogar um eine Chance für das „wilde Tier" Rom.[46]

Was für eine Idee von Universalität, einem großen Wir der Völker, begegnet hier?! Der Messias zögert und selbst Gott beginnt zu argumentieren; um jedes einzelne Volk wird gerungen. Nicht in grenzenloser messianischer Gnade oder generöser Amnestie wird universale Einigkeit dekretiert, sondern durch die geschichtlichen Erfahrungen hindurch, eingedenk ihrer Opfer wird sie mühsam erarbeitet. In Absetzung von einer abstrakten, prinzipiellen Universalität, wie sie in Moderne im Umgang war und ist oder postmodern undialektisch durchzustreichen versucht wurde, spricht Lévinas von einem „konkreten Universalismus" Israels[47]: konkret, erinnerungsstark und Identitäten wahrend wie der Gottesknecht seinerseits den glimmenden Docht nicht löscht und das geknickte Rohr nicht zerbricht (Jes 42,3). Das ist ein Ertrag der Erwählung Israels für alle. Im Rahmen eines solchen konkreten induktiven Universalismus sollte von den Leiden des Volkes Israel und den Leiden der Völker ohne Konkurrenz, auch ohne Derealisierung durch Chiffrierung interkontextuell zu sprechen sein. „Konkreter Universalismus" scheint zudem geeignet, biblische Koordinaten und Relationen in den Blick zu rücken: das erwählte Volk, die Völker der Welt, die Kirche als messianische Agentin. Das Szenario der Völkerwallfahrt bliebe auf seine Tauglichkeit zu prüfen, den nach Nostra Aetate 4 erlangten Einsichten theologischen Ausdruck zu verleihen, ohne sich von den Kategorien Partikularität und Universalität regieren zu lassen, mit denen die Wahrheitsfrage als eine nach der Heilswahrheit in Zeiten der Globalisierung auch kaum adäquat zu stellen sein dürfte.

---

[46] Vgl. Lévinas, Emmanuel, „Israel unter den Nationen", in: Ders., Stunde der Nationen. Talmudlektüren, München 1994, S. 146–151.

[47] Lévinas, Emmanuel, Vier Talmudlesungen, Frankfurt 1993, S. 13.

Mission vor einer zweifachen Übersetzungsaufgabe

Michael Sievernich SJ

Die christliche Mission hat seit zwei Jahrtausenden mit Texten und Kontexten zu tun, im wörtlichen und im übertragenen Sinn. Am Anfang zeigt der Apostel Paulus, wie er seinen Text, die Verkündigung des Wortes Gottes, in sehr unterschiedlichen Kontexten zur Sprache bringt und dabei an die jeweiligen Kontexte anpasst. Ein Beispiel für diese frühe Akkomodation sind seine Missionsreden. Dass sie in der Apostelgeschichte so breit erzählt werden, verweist auf die ihnen zugemessene Bedeutung, was die jeweiligen Kontexte angeht und die unterschiedliche Art und Weise, wie Paulus darauf reagiert. Wenn er auf seinen Missionsreisen in Antiochia am Sabbat zu den Juden und ihren Sympathisanten spricht (Apg 13,14–52), dann erzählt er, selbst jüdischer Herkunft, den Zuhörerinnen und Zuhörern die ihnen bekannten Zusammenhänge der Geschichte Israels und verknüpft sie mit der Geschichte Jesu. Auf einen anderen Kontext trifft er in Lystra, in der kleinasiatischen Provinz Galatien, wo ein wenig gebildetes, polytheistisches Publikum von ihm und seiner thaumaturgischen Fähigkeit so begeistert ist, dass es ihn und seinen Begleiter Barnabas für Götter in Menschengestalt hält (Apg 14,8–20), die ihrerseits betonen müssen, dass sie auch „nur Menschen" sind. Einen wiederum anderen Kontext hat Paulus vor sich, als er auf dem Areopag in Athen auf stoische Philosophen und ein aufgeklärtes Großstadtpublikum trifft (Apg 17,16–34), das eher skeptisch und zurückhaltend bleibt .

Die Reaktionen in allen drei Kontexten fielen unterschiedlich aus: In Antiochia schlossen sich viele Juden und Proselyten dem Paulus an, die Lykaonier dagegen divinisierten ihn und Barnabas aufgrund der Wundertätigkeit zu Hermes und Zeus, und die skeptischen Philosophen und Großstädter wandten sich blasiert und spottend ab und wollten ihn „ein andermal" hören.

In solchen missionarischen Reden und kontextuellen Reaktionen zustimmender oder abweisender Art zeigt sich ein Drittes, das im Verhältnis von Text und Kontext zum Tragen kommt. Es handelt sich um den Vorgang der Übersetzung, der in zwei Formen vorkommen kann: In der Gestalt einer sprachlichen Übersetzung christlicher Texte in andere Kontexte und in der Gestalt einer kulturellen Übersetzung, die nicht mit Texten, sondern Kontexten zu tun hat. Paulus in Lystra und seine kontextuelle Verwechslung mit Zeus zeugen von der Bedeutung einer kulturellen Übersetzung.

Auf der einen Seite steht also eine sprachlich-textliche Übersetzung, welche in der Abfolge von Buchstaben, Seiten und Büchern daherkommt und in dieser Abfolge den narrativen oder präskriptiven Sinn zu entziffern sucht. Handelt es sich beim Kontext um eine Oralkultur, so muss die mündliche Sprache in einem erst zu schaffenden Alphabet verschriftet und durch weitere Hilfsmittel in die Gutenberg-Galaxis einbezogen werden. So hat vor allem die amerikanische Missionslinguistik der Frühen Neuzeit zahlreiche Hilfsmittel wie *Artes* (Grammatiken) geschaffen[1], aber auch *Vocabularios* (Wörterbücher), um Übersetzungen der christlichen Lehre in Form von Katechismen (*Doctrina*) zu erstellen, die nicht selten zweisprachig oder sogar dreisprachig waren.[2] Da das Erlernen der Sprache des Anderen Kontakt und Interesse voraussetzt und die Europäer davon mehr Gebrauch gemacht hätten als etwa die Asiaten, weil sie vielleicht „das philologische Interesse als solches eine Eigentümlichkeit der westlichen Kultur", meint der Historiker.[3]

Auf der anderen Seite steht der sprachlichen eine kulturelle Übersetzung gegenüber, die auf konkrete Realien und Räume bezogen ist, auf Topographie und Ikonographie, auf Naturräume und Kulturkreise, auf Architektur, Kunst und Musik, kurz auf alle Phänomene, die in irgendeiner Weise mit Übersetzungs-, Verständigungs- und Verstehensprozessen zu tun haben. Hier weitet sich also in ungeahnter Weise die Begegnung von Kulturen und Religionen, zumal in einer sich globalisierenden Welt, da sie nicht nur eine textualistische, sondern auch eine „topographische Hermeneutik" brauchen.[4]

Diese doppelte, sprachliche und kulturelle Übersetzung hält, auf die Theologie bezogen, Hans Waldenfels folgendermaßen fest: „So fordert die 'Jeweilsgestaltung' des Glaubens nicht zuletzt vom Theologen das Ringen um eine sachgerechte, verständliche Sprachgestalt des Glaubens, folglich die immer neue Übersetzung des Glaubens in die Sprachen, aber auch die Lebensstile der Zeit."[5] Diese Übersetzungsvorgänge bleiben freilich keine Einbahnstraße, da bei interkulturellen Verhältnissen beide Seiten voneinander lernen können.

---

[1] Suárez Roca, José Luis, Lingüística misionera española, Oviedo 1992.
[2] Durán, Juan Guillermo, El catecismo del III Concilio Provincial de Lima y sus complementos pastorales (1584–1585). Estudio preliminar, textos, Buenos Aires 1982.
[3] Reinhard, Wolfgang, Die Unterwerfung der Welt. Globalgeschichte der europäischen Expansion, München 2016, S. 1297.
[4] Sombart, Nicolaus, „Nachrichten aus Ascona. Auf dem Weg zu einer kulturwissenschaftlichen Hermeneutik", in: Prigge, Walter (Hrsg.), Städtische Intellektuelle. Urbane Milieus im 20. Jahrhundert, Frankfurt 1992, S. 107–117, hier: S. 107 f.
[5] Waldenfels, Hans, Kontextuelle Fundamentaltheologie, Paderborn ⁴2005, S. 326.

1. Zur sprachlichen Übersetzung des Christentums

Die Globalisierung in der Gegenwart, eine enorme Verdichtung von Raum und Zeit, bezieht sich zwar vornehmlich auf wirtschaftliche und politische Bereiche, doch zielt sie auch auf eine weltweite Kommunikation, die viele Lebensbereiche einbezieht, auch die verschiedenen Kulturen und Religionen. Dadurch nimmt auch die Bedeutung der wechselseitigen Übersetzungsprozesse zu, und für die Kirche ergibt sich damit die Notwendigkeit einer missionarischen Glaubensverbreitung neuen Typs, die sich als „Übersetzung" des Evangeliums in andere Sprachen und Kulturen versteht. Ist das nur ein neues Wort für die altbekannte Sache, oder bahnt sich damit auch die missionarische Übersetzung in Zeiten der Interkulturalität an?

Gleich welche Epoche der Christianisierung oder welchen Kulturraum man betrachtet, immer stellt sich die Grundfrage nach der „Übersetzung". Dabei geht es, wie gesagt, sowohl um die sprachliche Übersetzung normativer christlicher Schriften wie Bibel oder Katechismus in andere Sprachen, als auch um eine „Übersetzung" im weiteren Sinn, nämlich in den andere Kulturräumen mit ihren Traditionen, Ritualen und Symbolen, sozialen und künstlerischen Ausdrucksgestalten.

Das entscheidende Medium der menschlichen Kommunikation und der christlichen Kommunikation ist gewiss die Sprache. Diese gilt als Alleinstellungsmerkmal des Menschen, da er „das einzige Lebewesen ist, das Sprache (logos) hat"[6]. Sie dient nicht nur funktional der Verständigung, sondern auch der Unterscheidung von Gut und Böse, Recht und Unrecht. Auf die Zentralität allein der Phonetik weist Paulus in seiner Charismenlehre hin: „Es gibt wer weiß wie viele Sprachen in der Welt, und nichts ist ohne Sprache (áphonon). Wenn ich nun den Sinn der Laute nicht kenne, bin ich für den Sprecher ein Fremder (bárbaros), wie der Sprecher für mich." (1 Kor 14, 10 f).

Da menschliche Sprache aber nur im Plural der Sprachen vorkommt, bedarf es zum Verstehen der „Übersetzung", in die jeweiligen Sprachen, im technischen Sinn der wörtlichen Übersetzung oder der sinnorientierten Übertragung. Zentrum der sprachlichen Übersetzungsbemühungen im Christentum war und ist der ursprünglich hebräisch und griechisch verfasste Text der Heiligen Schrift, wobei das hebräische Alte Testament schnell eine griechische Übersetzung (Septuaginta) fand, und das griechisch verfasste Neue Testament schnell eine lateinische Übersetzung durch Hieronymus (Vulgata). So wurde die Bibel schnell in diesen geläufigen Umgangssprachen des Römischen Reiches zugänglich. Seitdem wird die Bibel

---

[6] Aristoteles, Politik 1253a.

immer wieder neu und in neue Sprachen übersetzt, mit Schwerpunkten in der frühen Neuzeit (amerikanische und asiatische Sprachen) und im 19. und 20. Jahrhundert (afrikanische und ozeanische Sprachen). Heute zählt man etwa 2500 Gesamt- oder Teilübersetzungen der Bibel.[7]

Das Geschäft der Übersetzung war freilich immer sehr komplex und schwierig. Davon hat schon lange vor Christus der große Weisheitslehrer Jesus Sirach hingewiesen: „Es ist nicht gleich, ob man etwas in der hebräischen Grundsprache liest oder ob es in eine andere Sprache übertragen wird." (Vorwort zur griechischen Übersetzung)

Zu den Grundüberzeugungen des Christentums gehört, dass es nicht ethnisch gebunden ist wie eine Stammesreligion, sondern prinzipiell offen für die Völker und Kulturen der Welt. Damit beginnt schon eine „Globalisierung" eigener Art, die sich auf den planetarischen Zusammenhalt der Menschheit bezieht. Zugleich ist damit auch die prinzipielle Übersetzbarkeit der Heiligen Schrift in alle Sprachen gegeben, aber auch die Aufgabe, den christlichen Glauben in den Sprachen der Welt und damit in deren Kulturen zu verbreiten. Vergleicht man die Übersetzbarkeit der Bibel im Christentum mit dem Islam, dann ist der Koran eigentlich unübersetzbar, da an die Arabizität gebunden. Verlangt doch der Koran, auch dann in der Ursprache rezitiert zu werden, wenn andere Volkssprachen vorherrschen (wie etwa Persisch, Urdu oder Indonesisch). Der Koran ist vorrangig ein Buch, in dem die Offenbarung Buch wird (Inlibration). Im Christentum dagegen geschieht die Offenbarung in der Person Jesus Christus (Inkarnation). Die Begegnung mit ihm, der die Botschaft vom Reich Gottes verkündet und sie in Person selbst ist, wird dann im Neuen Testament „biblisch" erzählt (Evangelien) und reflektiert (Briefe). Die christliche Offenbarung in Jesus ist aber nicht an seine Muttersprache (Aramäisch) gebunden, sondern wird in der Umgangssprache (Koinē-Griechisch) aufgeschrieben und kann von vornherein in andere sprachlich Kontexte übertragen werden.

Den theologischen Grund für die Übersetzbarkeit der christlichen Botschaft bildet das Pfingstereignis mit der Herabkunft des Heiligen Geistes, die mit der Überschreitung der Sprachgrenzen verbunden ist. Denn die versammelten Apostel begannen „in fremden Sprachen (héterais glossais) zu reden, wie der Geist es ihnen eingab" (Apg 2,4), so dass die „aus allen Völkern" in Jerusalem Versammelten sie in ihrer eigenen Muttersprache hören konnten und sagen: „Wir hören sie in unseren Sprachen (hēmetérais glossais) Gottes große Taten verkünden." (Apg 2,11) Pfingsten besagt, dass die christliche Botschaft grundsätzlich allen Völkern auf dem Erdenrund gilt. Das pfingstliche Sprachenwunder wird hier zum Gegenbild der baby-

---

[7] Noss, Philip A. (Hrsg.), A History of Bible Translation, Rom 2007.

lonischen Kommunikationslosigkeit (vgl. Gen 11,1–9) und besagt, dass die christliche Botschaft universal gilt und daher in alle Sprachen übersetzt werden kann und soll. Die Gabe des Pneuma formt einen Raum sprachlicher Verständigung, in dem sich globale Kommunikation abspielt. Dieses „Geistesgegenwart" wiederum hat ihren Grund im Erscheinen des göttlichen Logos in der Menschwerdung (Inkarnation), von dem der Prolog des Johannesevangeliums spricht (Joh 1,1–18). In dessen Logik liegt es, dass das göttliche Wort in menschlichen Sprachen zur Sprache kommt. Alle Sprachräume können also zu Resonanzräumen für das Christentum werden, wodurch durch missionarische Verbreitung des Christentums ein globaler Übersetzungsraum entsteht.

Missionstheoretiker des 16. Jahrhunderts stellten in Südamerika bisweilen die Frage, warum sich angesichts der Sprachenvielfalt das pfingstliche „Sprachenwunder" nicht wiederhole, würde doch dann die Mission schneller erfolgreich sein. Eine Antwort auf diese Frage gab zeitgenössisch der Jesuit José de Acosta, der im Andenraum wirkte und das berühmte Missionshandbuch *De procuranda indorum salute* (1588) verfasst hatte. Angesichts des Sprachendschungels Amerikas, so meinte er, könne das Pfingstwunder durchaus auch in der Gegenwart zum Ereignis werden, allerdings unter zwei Bedingungen: Erstens durch Erlernung der einheimischen Sprachen (wozu auch Lehrstühle in den Universitäten zu errichten seien), und zweitens durch die Integrität des Lebens als Missionare, also durch die Symphonie von Glauben und Leben. Glaubwürdige Lebenspraxis und gediegene Sprachkenntnis seien die wirksamsten „Wunder", die man in der Neuen Welt wirken könne.[8]

Tatsächlich lernten in der Frühen Neuzeit vor allem die Missionare der Mendikanten und der Jesuiten in den Amerikas und in Asien zahlreiche außereuropäische Sprachen. Wie schwer einzelnen das fiel, erzählt Pater Florian Paucke im 18. Jahrhundert, als er die Sprache seiner Missionsreduktion unter den Mocobíes lernte: „Es ware mir nichts härter, als die Sprach zu begreifen, von welcher ich bishero wenig erlernet hatte, obschon ich öfters bis Mitternacht mich quaällte. Wie oft fielen mir die Thränen aus den Augen und überfiele mich eine tieffe Traurigkeit, daß die Sprach nicht so bald in mir haften wollte, wie ich verlangte." (Paucke 1959, Bd. 1, 289)[9].

---

[8] Sievernich, Michael, „Vision und Mission der Neuen Welt Amerika bei José de Acosta", in: Ignatianisch. Eigenart und Methode der Gesellschaft Jesu, hrsg. von Michael Sievernich und Günter Switek, Freiburg 1990, S. 292–313.

[9] Paucke, Florian, Zwettler Codex 420. Hin und Her. Hin süße und vergnügt, Her bitter und betrübt. Das ist: Treu gegebene Nachricht durch einen im Jahr 1748 aus Europa in West-America, nahmentlich in die Provinz Paraguay abreisenden und im Jahr 1769 nach Europa

Um die Härten des individuellen Lernens zu erleichtern, entwickelten die Missionare, hier die Jesuiten, hochentwickelte linguistische Werke und Übersetzungskulturen (Dürr 2010).

Durch solche aus der Not der Stunde geborenen Aktivitäten entstanden nicht nur Übersetzungen pastoraler und liturgischer Texte wie Katechismen, Lektionare, Beichtbücher, Predigthilfen, sondern auch die nötigen Sprachhilfen, also vor allem Grammatiken und Wörterbücher. Bei den schriftlosen Sprachen Amerikas, kam noch die Aufgabe der Verschriftung hinzu. Dieses große Feld der Leistungen bei der Erschließung der außereuropäischen Sprachen, vom mexikanischen Nahuatl über das afrikanische Kikongo bis zu den drawidischen Sprachen Südindiens und zum Chinesischen und Japanischen wird zunehmend von der Missionslinguistik erschlossen. Diese gehört zu einer der größten Kulturleistungen der Zeit und findet als Forschungsfeld großes interdisziplinäres Interesse. „Dank einer langen, im Renaissancehumanismus gipfelnden Tradition der Mehrsprachigkeit ist daher die europäische Sprachbeherrschung in jedem Sinn des Wortes sehr viel differenzierter als anderswo. Dadurch aber ergaben sich Ansatzpunkte für eine *Dialektik des Kolonialismus*, die merkwürdigerweise gerade von kritischen Linguisten gern übersehen wird. Denn obwohl die Europäer selbstverständlich bei allem, was sie tun, die Errichtung und Stabilisierung ihrer eigenen Herrschaft im Sinn hatten, stellten sie dennoch durch dieses ihr Tun nicht selten die Instrumente für die spätere Befreiung der Beherrschten bereit. Dazu gehört nicht zuletzt die Sprache."[10]

Allerdings stockte epochenweise die Übersetzungsarbeit, wenn sich Theorien etablierten, die Übersetzungsverbote oder Restriktionen durchsetzten. Das war zum Beispiel im Mittelalter und in der Frühen Neuzeit der Fall, als sich die Frage stellte: Dürfen die heiligen Texte in Volkssprachen übersetzt werden? Denn man verfocht die These von den drei heiligen Sprachen (Hebräisch, Griechisch, Latein), in denen die Kreuzesinschrift verfasst war (Joh 19, 19 f), die allein für den liturgischen und spirituellen Gebrauch würdig genug waren. Doch galt dies keineswegs allgemein, denn in karolingischer Zeit erschienen althochdeutsche Evangelienharmonien wie Otfried von Weißenburgs „Evangelienbuch" (*Liber evangeliorum*).[11]

---

zurückkehrenden Missionarium, hrsg. von Etta Becker-Donner und Gustav Otruba, 2 Bde., Wien 1959, hier Bd, 1, 289.

[10] Reinhard, Wolfgang, „Sprachbeherrschung und Weltherrschaft. Sprache und Sprachwissenschaft in der europäischen Expansion", in: Ders., Humanismus und Neue Welt, Weinheim 1987, S. 1–36, hier: S. .

[11] Sievernich, Michael, „Übersetzung, Dichtung, Auslegung. Zum althochdeutschen Evangelienbuch des Otfried von Weißenburg", in: Neuse, Hanns Peter/Stammberger, Ralf M. W./Tischler, Matthias M. (Hrsg.), Diligens Scrutator Sacri Eloquii. Beiträge zur Exegese- und Theologiegeschichte (Archa verbi subsidia 14), Münster 2016, S. 451–470.

Anderseits bedurfte es der Autorität der Frankfurter Synode unter Kaiser Karl dem Großen (794), um das Gebet in den germanischen Volkssprachen, darunter Hessisch, zuzulassen. Doch dann brauchte es noch weit über 1000 Jahre, bis das Zweite Vatikanische Konzil in der Westkirche die Volkssprachen in der Liturgie zuließ (1963), ohne das Lateinische abzuschaffen[12].

Eher künstlerische als dogmatische Schwierigkeiten mit der Übersetzung hatte ein Johann Wolfgang Goethe, als er mit seiner „Faust" drängte, das Neue Testament, „das heilige Original in mein geliebtes Deutsch zu übertragen". „Geschrieben steht: 'Im Anfang war das Wort!' / Hier stock' ich schon! Wer hilft mir weiter fort? / Ich kann das Wort so hoch unmöglich schätzen, / Ich muß es anders übersetzen." Aber wie? So experimentiert er herum: Im Anfang war der „Sinn" oder die „Kraft", bis er schließlich übersetzt: „Im Anfang war die Tat!"[13]. Bei dieser faustischen Übersetzung war allerdings nicht das Evangelium federführend, sondern der Pudel.

2. Zur kulturellen Übersetzung des Christentums

In Zeiten der Globalisierung wächst der Bedarf an „Übersetzung" ins Unermessliche, wenn man nur an Großinstitutionen wie UN oder EU denkt, die große Textmengen in zahlreiche offizielle Sprachen zu übertragen haben. Daher haben sich Translationswissenschaften neu etabliert, die sich mit Dolmetschen, Übersetzen und interkultureller Kommunikation befassen. Bei Konferenzdolmetschern kann man sehen, welche mühevolle Vorarbeit sie leisten müssen, um sich in die jeweiligen Sprachwelten und Fachterminologien einzuarbeiten. Wie schwer tun sich schon allein Computerprogramme mit automatisierten Übersetzungen, leichte Texte semantisch korrekt zu übersetzen. Einen Satz aus der kirchlichen Sprachwelt „übersetzt" die Maschine folgendermaßen: „Die Wandlung ist der Höhepunkt der Messe." – „Conversion is the highlight of the exhibition".

Nähert man sich der Frage der kulturellen Übersetzung, die einem Kulturtransfer gleichkommt, dann sind Sprachen im eigentlichen und im übertragenen Sinn zu unterscheiden. Die propositionale Sprache kennt Wörter und Sätze, die bestimmten Regeln folgen. Über solche Textgewebe hinaus aber gibt es andere „Sprachen", die man entziffern und verstehen kann, wenn man nur Gestik oder Mimik zu „lesen" versteht. Am Antlitz

---

[12] SC 36
[13] Goethes Faust, Der Tragödie erster und zweiter Teil Urfaust, kommentiert von Erich Trunz, Hamburg 1963, S. 44; Faust I, Z. 1222–1237.

einer Person kann man Freude oder Trauer, Wut oder Zuneigung, Liebe oder Hass „ablesen", es sei denn, man kann das Gesicht wegen Verschleierung oder Panzerung (Visier) nicht erkennen. Man kann mit der Hand bedeutungsvolle Zeichen erzeugen, etwa den Daumen nach unten oder oben drehen wie bei den römischen Caesaren oder heute elektronisch das *like it*-Zeichen erzeugen, wie bei der „Gefällt mir Generation".

Auch die künstlerischen Ausdrucksformen gehören zu den Artefakten, die eine eigene Sprache „sprechen" und zu Symbolen und Bedeutungsträgern werden. Papst Franziskus verweist bei der Evangelisierung auf den „Weg der Schönheit" (via pulchritudinis) und daher auch auf die Förderung der Künste; man müsse Ausdrucksformen der Gegenwart aufgreifen und „man muss wagen, die neuen Zeichen zu finden, die neuen Symbole, ein neues Fleisch für die Weitergabe des Wortes, die verschiedenen Formen der Schönheit, die in den einzelnen kulturellen Bereichen geschätzt werden"[14].

Damit geht es um die intersubjektive Übertragbarkeit von Sinn- und Symbolsystemen, die durch kommunikative Praktiken erzeugt werden und „lesbare" Objektivationen hinterlassen. Damit öffnet sich das weite Feld der jüngeren Kulturwissenschaften, in denen sich mehrere „cultural turns" ereignet haben, darunter der „translational turn", der sich mit Übersetzungsprozessen im weiten Sinn befasst. Neben Texten gehören also kulturelle Praktiken, staatliche und zivile Institutionen, Rechts- und Religionssysteme, Verwaltungs- und Konfliktlösungen, Durchsetzung von Macht und Wahrheitsansprüchen in das weite Feld von solchen interkulturellen Austausch-, Übersetzungs- und Interpretationsprozessen.

Die ganze Missionsgeschichte kann als ein Jahrtausende langer Prozess der Übersetzung angesehen werden, in dem nicht nur normative Texte übersetzt werden, sondern auch performative religiöse Ausdrucksformen wie Rituale und devotionale Praktiken, architektonische und musikalische Formensprache. Daher heißt es zu Recht: „Vor allem auf dem Feld der außereuropäischen Christentumsgeschichte („Missionsgeschichte") finden sich Elemente für einen *translational turn,* neben der Geschichtswissenschaft und Ethnologie auch in der *Religionswissenschaft.*"[15]

Für das Missionsverständnis in Geschichte und Gegenwart dürfte es aufschlussreich sein, neben der sprachlichen Übersetzung das Konzept einer „kulturellen Übersetzung" (cultural translation) zu beachten. Exemplarisch

---

[14] EG 167
[15] Bachmann-Medick, Doris, Cultural Turns. Neuorientierungen in den Kulturwissenschaften, Reinbek bei Hamburg ²2007, S. 264.

seien eine sprachliche, eine ikonische und eine kulturelle Übersetzung aus missionarischen Zusammenhängen angeführt[16].

Ein frühmittelalterliches Exempel in Europa

Das erste Beispiel spielt im frühen Mittelalter, in dem der angelsächsische Universalgelehrte Beda Venerabilis (673–735) von dem Hirten Cædmon (+ um 680) berichtet, der im Kloster Whitby Abbey christliche Themen dichterisch in die Volkssprache übersetzte. Die volkssprachliche Neuschöpfung eines Schöpfungshymnus, der zu den ältesten Texten der altenglischen Literatur zählt, kommentierte Beda folgendermaßen: „Alles, was er [Cædmon] durch Hören (audiendo) lernen konnte, verwandelte er in sein sehr schönes Lied, indem er es sich merkte (rememorando) und wie ein reines Tier wiederkäute (ruminando); und durch noch schöneres Vortragen (resonando) machte er seine Lehrer nun seinerseits zu seinen Zuhörern." (Beda 2007, 399 f) Die hier beschriebene zirkuläre Übersetzungstechnik kennt also mehrere Phasen, die vom Hören und der inneren Aneignung zur äußeren Verwandlung und zu neuer Resonanz führen, so dass die Lehrenden wieder zu Lernenden, die Verkünder wieder zu Hörern werden.

Ein frühneuzeitliches Exempel in Amerika

Zahlreiche Missionsunternehmen standen im Lauf der Geschichte vor der Frage, ob die „eigenen" kulturellen und künstlerischen Formen normativ seien oder auch „fremde" Formen der anderen Kulturen geeignet seien, dem Christentum angemessen Ausdruck zu verschaffen. In jeden Fall kam es zu hohen kulturell künstlerischen Übersetzungen in die jeweiligen Kulturen. Ein Beispiel dafür ist das mexikanische Kultbild der *Jungfrau von Guadalupe* in Mexiko-Stadt, das auf eine Erscheinung zur Zeit des ersten Erzbischofs Juan de Zumárraga zurückgeht und schon in Quellen aus dem frühen 16. Jahrhundert erwähnt wird, allerdings mit der Vermutung, es handele sich um Götzendienst. Der Gründungslegende (*Nican Mopohua*) nach erschien die *Virgen* einem Indio, sprach das einheimische Nahuatl. Sie trug nicht die Züge einer weißen Europäerin, sondern einer bronzefarbenen Aztekin, aber ihre Symbolik war in beiden Kulturen deutbar. Außer der sprachlichen Legende entstand ein Bild, das Meisterwerk eines unbekannten Künstlers, das bis heute verehrt wird und sich dadurch auszeichnet, dass dieses Bild ikonographisch nach europäischem und aztekischem Code gelesen werden

---

[16] O'Malley, John W. u. a. (Hrsg.), The Jesuits. Cultures, Sciences, and the Arts, 1540–1773, Toronto 1999.

kann und damit eine hybride Kultursynthese bietet. Eine kulturelle Übersetzung des christlichen Textes in den aztekischen Kontext der Zeit, der
zugleich – via pulchritudinis – eine Übersetzung in die Gegenwart bleibt,
wenn man auf die religiöse Praxis schaut.[17]

Ein frühneuzeitliches Exempel in Asien

Einige Jahrzehnte danach begegnet man in China dem wagemutigen missionarischen Projekt der Jesuiten, deren bedeutende Akteure der Italiener
Matteo Ricci (+1610), der Deutsche Adam Schall von Bell (+1666) und der
Flame Ferdinand Verbiest (+1688) waren; ihre Grabstelen sind noch heute
auf dem Zhalan Friedhof mitten in Beijing zu finden. In der chinesischen
Kultur entdeckte Ricci, dass die Kleidung eines europäischen Geistlichen
oder buddhistischen Mönchs nur Missverständnisse auslöste. Also kleidete
er sich in Seide wie die konfuzianischen Gelehrten, übersetzte also seine
europäische soziale Position ins Chinesische. Er erlaubte den konvertierten
Chinesen weiterhin ihre Ahnen zu verehren, weil er diese Riten nicht als
religiöse, sondern zivile Riten interpretierte (was bekanntlich zum „Riten-
streit" führte). Ein besonderes Übersetzungsproblem bot „Deus", das lateinische Wort für den christlichen Gott. Sollte man hierfür ein chinesisches
Äquivalent suchen und dabei Gefahr zu laufen, missverstanden zu werden,
oder sollte man besser einen Neologismus kreieren, auf die Gefahr hin,
überhaupt nicht verstanden zu werden? Um beide Gefahren zu vermeiden,
schuf er zur Übersetzung von „Deus" ins Chinesische durch Kombination
zweier geläufiger Termini einen neuen Terminus „Tianzhu", was wörtlich
„Herr des Himmels" heißt.[18] Auf der existentiellen Ebene schloss Matteo
Ricci Freundschaft mit dem chinesischen Gelehrten Xu Guanqi und übersetzte zusammen mit ihm europäische Sentenzen zur Freundschaft ins
Chinesische, aber auch die mathematischen „Elemente" des Euclid, die er im
Römischen Kolleg der Gesellschaft Jesu bei dem großen Mathematiker
Christoph Calvius, dem Schöpfer des Gregorianischen Kalenders, studiert
hatte. Er leistete also auf zahlreichen Ebenen kulturelle Übersetzungen, von
sprachlichen und humanen bis zu literarischen und wissenschaftlichen.

Alle Sprach-, Sozial und Kulturräume können also zu Resonanzräumen
für das Christentum werden, das dadurch an kultureller und religiöser
Plausibilität gewinnt. So entstehen interkulturelle und interreligiöse Zwi-

---

[17] Brading, David Anthony, Mexican phoenix. Our Lady of Guadalupe: image and tradition
across five centuries, Cambridge 2001.

[18] Po-chia Hsia, R., „The Catholic mission and translation in China", in: Burke, Peter/Po-chia
Hsia, R. (Hrsg.), Cultural translation in Early Modern Europe, Cambridge 2007, S. 39–51,
hier: S. 48.

schenräume als „Übersetzungsräume", in denen Kontakte, Beziehungen, Interaktionen gestaltet werden. Insofern kann die missionarische Verbreitung des Christentums als globaler Übersetzungsraum gelten, in dem Texte im strengen Sinn wechselseitig übersetzt werden, aber im weiteren Sinn auch Lebenspraktiken, Mentalitäten, performative Ausdrucksformen oder bildliche Repräsentationen. So kommt es in großem Stil zur interkulturellen und interreligiösen Übersetzung und Interpretation, ein unabschließbarer Prozess.

Säkulare Übersetzung?

Stellen sich solche Übersetzungsfragen sprachlicher und kultureller Art auch in der späten Moderne und der säkularen Gegenwart? Es ist ein nach eigenem Bekunden „religiös unmusikalischer" Sozialphilosoph, der dem Christentum neue Übersetzungsaufgaben ansinnt. Jürgen Habermas sucht angesichts einer „entgleisenden Säkularisierung" das Gespräch mit der Religion, zumal der Anschlag von New York am 11. September 2001 das Gefühl auslöste, als hätte „das verblendete Attentat im Innersten der säkularen Gesellschaft eine religiöse Saite in Schwingungen versetzt"[19]. Er geht von dem berühmten Böckenförde-Theorem aus, wonach der freiheitliche, säkulare Staat von Voraussetzungen zehrt, die er selbst nicht garantieren kann[20]. Daher fordert der Philosoph eine kooperative Übersetzung religiöser Gehalte von den Gläubigen in der postsäkularen Gesellschaft: „Sie sind es, die ihre religiösen Überzeugungen in eine säkulare Sprache übersetzen müssen, bevor ihre Argumente Aussicht haben, die Zustimmung von Mehrheiten zu finden."[21] Hintergrund dieses Postulats ist die Überzeugung, dass postsäkulare Gesellschaften den Religionsgemeinschaften nicht nur öffentliche Anerkennung für ihren Beitrag schulden. Sie sollen auch den Glaubensüberzeugungen einen epistemischen Status zuerkennen (sie also nicht als irrational denunzieren) und sie sollen den positiven Gehalt als Potential für die Gesellschaft anerkennen. Religion soll also in postsäkularen Zeiten nicht (mehr) marginalisiert bleiben oder gar als vormoderner Restposten verschwinden, sondern wieder öffentlich respektiert und anerkannt werden.

---

[19] Habermas, Jürgen, Glauben und Wissen. Friedenspreis des Deutschen Buchhandels, Frankfurt 2001, S. 10.

[20] Böckenförde, Ernst Wolfgang, „Die Entstehung des Staates als Vorgang der Säkularisation", in: Ders., Recht, Staat, Freiheit. Studien zur Rechtsphilosophie, Staatstheorie und Verfassungsgeschichte, Frankfurt 2007.

[21] Habermas, Jürgen, Glauben und Wissen, a.a.O., S. 21.

Welche Überzeugungen schweben Habermas bei der Übersetzung religiöser Gehalte vor? Dafür einige Beispiele[22]. „Die Übersetzung der Ebenbildlichkeit des Menschen in die gleiche und unbedingt zu achtende Würde aller Menschen ist ein solche rettende Übersetzung." Sie zeichnet sich also dadurch aus, dass es sich nicht allein um eine sprachliche, sondern überdies um eine „rettende" Übersetzung handelt, welche den normativen biblischen Gehalt der Vergangenheitsform entreißt und in Gegenwart und Zukunft ein Überlebenspotential der Menschheit sieht, die lernt, dass die Würde allen zukommt und niemandem vorenthalten werden darf. Überdies habe sich die Aneignung genuin christlicher Gehalte in normativen Begriffsnetzen niedergeschlagen „wie Verantwortung, Autonomie und Rechtfertigung, wie Geschichte und Erinnerung, Neubeginnen, Innovation und Wiederkehr, wie Emanzipation und Erfüllung, wie Entäußerung, Verinnerlichung und Verkörperung, Individualität und Gemeinschaft". Habermas deutet damit Religion funktional als eine moralische Ressource, die Begründungspotential für moralische Fragen bietet.

Aber bei solchen Übersetzungen, so gibt er zu, geht auch etwas verloren, nämlich die religiöse Seite: „Als sich Sünde in Schuld, das Vergehen gegen göttliche Gebote in den Verstoß gegen menschliche Gesetze verwandelte, ging etwas verloren." Oder: „Die verlorene Hoffnung auf Resurrektion hinterläßt eine spürbare Leere."[23]

Dieser Verlust scheint aber unvermeidlich, wenn Religion als bloß moralische Ressource einer entgleisenden Moderne wieder aufhelfen soll. Denn vielleicht rührt die Entgleisung daher, dass sich die Moderne selbst entkernt, wenn sie Religion nicht als solche wahrnimmt und ernst nimmt. Christliche Übersetzung ist anspruchsvoller, da sie den Glauben mehrdimensional versteht (Ritual, Frömmigkeitspraxis, Spiritualität, Gebet, Glaubensgehalte, Ethik). Es geht also um eine integrale Übersetzung, die den Glauben nicht um seinen Stachel bringt. Schließlich ist die Kirche primär keine Moralanstalt oder Tugendherberge, sondern Eröffnung eines Raums der Gnade, in dem die Differenz von Transzendenz und Immanenz aufscheint. Wenn eine Metapher erlaubt ist: In Gottes Garten gilt der Vorrang der mystischen Rose vor dem ethischen Blumenkohl.

Hans Waldenfels bringt das schon in seiner „Kontextuellen Fundamentaltheologie" unmissverständlich auf den Punkt: „Wer theologisch 'Kontext' sagt, muss daher auch theologisch zunächst 'Text' sagen und diesen 'Text' benennen. Unserer Geschichte des Christentums aber sagt

---

[22] Habermas, Jürgen, Zwischen Naturalismus und Religion. Philosophische Aufsätze 2005, S. 115 f.
[23] Habermas, Jürgen, Glauben und Wissen, a.a.O., S. 23 f.

daher: Der 'Text', von dem Juden und Christen sich leiten lassen, ist uns vorgegeben in der Geschichte von einem Gott, der selbst in den Geschichten der Menschen spricht; als Christen müssen wir hinzufügen: Geschichten von einem Gott, der Mensch geworden ist."[24]

Nach diesem Kriterium steht die missionarische Übersetzung, die ihren Ursprung weder leugnet noch abschwächt, vor zwei Aufgaben: Einerseits den wechselseitigen Austausch (commercium) zwischen dem Christentum in seiner kirchlichen Gestalt und den verschiedenen Völkern und Kulturen in ihrer pluriformen Gestalt zu fördern; andererseits „mit Hilfe des Heiligen Geistes die vielfältigen Sprachen (loquelas) unserer Zeit zu hören, zu unterscheiden und zu deuten, und sie im Licht des göttlichen Wortes zu beurteilen, damit die geoffenbarte Wahrheit immer tiefer erfasst und angemessener vorgelegt werden kann"[25]. Entscheidend ist der Hinweis auf die „vielfältigen Sprachen unserer Zeit", in die es zu übersetzten gilt. Dazu gehören natürlich auch die Sprachen im übertragenen Sinn, die Sprachen der Armut, der säkularen Moderne, der Kriege und der Flüchtlinge, der kulturellen Techniken und der sozialen Medien. In diesem Sinn müsste das Christentum sprachfähiger werden in den Sprach- und Kulturräumen unserer Zeit, und die Christen polyglotter.

---

[24] Waldenfels, Hans, Kontextuelle Fundamentaltheologie, a.a.O., S. 25.
[25] GS 44

Eine Sprache für das Wort Gottes

Überlegungen zum Wort Gottes im Kontext des christlich-islamischen Gesprächs

Tobias Specker

0. Einleitung

In einem Punkt ist Hans Waldenfels unerbittlich: Wer sich im interkulturellen oder interreligiösen Bereich bewegt, der möge fremde – und das heißt nichteuropäische – Sprachen lernen.[1] Eine bloße Kommunikation in der englischen *koinè* reiche nicht aus, weil sie zumeist die eigentliche Begegnung und Auseinandersetzung mit real erfahrener Fremdheit umgehe.[2] Verschärft gilt dies für den Theologen und die Theologin. Von ihnen fordert Waldenfels eine besondere sprachliche Sensibilität, denn die Theologie habe einen besonderen Bezug zur Sprache: „Sprache und Sprachlichkeit [sind] mit der zentralen Thematik der christlichen Theologie innigst verbunden"[3]. So ist Sprache nicht nur Medium, sondern Thema der Theologie, dass nämlich „Gott zur Sprache kommt"[4]. Im „Kommen Gottes" ist ein Spannungsverhältnis angezeigt: Einerseits geht Gott, der wesenhaft Wort ist, nicht einfach in der Sprache auf. Er ist das bleibende Gegenüber zur Sprache, und die Rede vom Wort Gottes ist alles andere als selbstverständlich.[5] Gottes Geheimnis, seine Unsagbarkeit verschwindet nicht in seinem Wort, dem umgekehrt auch nicht in bloßem Nachsprechen biblischer Worte entsprochen werden kann. Doch andererseits bestimmt sich Gott selbst als Ansprechender und Anzusprechender. Das „Wort Gottes", das in Jesus Christus Mensch geworden ist, kann also auch nicht in reiner Andersheit zur menschlichen Sprache gedacht werden.[6] Das Schweigen ist ihm per se nicht angemessener als das Reden. Selbst die Unsagbarkeit will gesagt sein und ist uns nur als Angesprochenen bekannt.[7]

---

[1] Vgl. Waldenfels, Hans, Gottes Wort in der Fremde (Theologische Versuche II), Bonn 1997, S. 25.

[2] Vgl. ebd., S., 24.

[3] Ebd., S. 76.

[4] Ebd., S. 76 und Waldenfels, Hans, Kontextuelle Fundamentaltheologie, Paderborn [4]2005, S. 31.

[5] Vgl. ebd., S. 77 f.41–43; Waldenfels, Hans, Kontextuelle Fundamentaltheologie, a.a.O., S. 103.113.453.

[6] Vgl. zu dieser Spannung Waldenfels, Hans, Kontextuelle Fundamentaltheologie, a.a.O., S. 103–106.112 f.

[7] Vgl. Waldenfels, Hans, Gottes Wort in der Fremde, a.a.O., S. 78.87.

Dieses Spannungsverhältnis aus Unterscheidung und Beziehung gilt jedoch nicht nur für das Verhältnis von Gott und Sprache, sondern bereits für die menschliche Sprache selbst, wie Waldenfels wiederholt unterstreicht.[8] Die Sprache ist einerseits der Inbegriff von Verständigung und der Überbrückung von Distanz. Doch andererseits ist sie in ihrer Vielfalt zugleich der hervorragende Ort, Unverständlichkeit und Fremdheit zu erfahren.[9] In beiderlei Hinsicht – im Wort Gottes und in der menschlichen Sprache – verschränken sich also Nähe und Distanz, Beziehung und Andersheit. Aufgrund dieser Strukturanalogie kann eine systematische Reflexion über das Wort Gottes mithin nicht an der konkreten Sprache vorbeigehen.[10]

Die Verbindung von Theologie und Sprache bringt also das Verhältnis von Transzendenz und Immanenz genauso in den Blick wie die konkrete sprachliche Form, in der „Gott zur Sprache kommt". Was bedeutet dies nun im Gespräch mit islamischen Positionen, mit denen der christliche Glaube die Annahme teilt, dass Gott zu den Menschen gesprochen habe – und sich zugleich umso tiefer in der Frage unterscheidet, was als Wort Gottes zu verstehen ist? Waldenfels lehrt, in dieser Reflexion die konkrete Sprachlichkeit, auch in ihrer literarisch-ästhetischen und nicht nur informativen Qualität,[11] nicht außer Acht zu lassen und legt damit eine Spur, der die folgenden Überlegungen nachgehen. Sie wollen zeigen, dass die Überlegungen zum Wort Gottes im Kontext des christlich-islamischen Gesprächs die Sprachlichkeit des Koran als Wort Gottes wie des biblischen Zeugnisses vom „Wort Gottes" bisher aus systematischen Gründen wenig beachten. Umgekehrt nehmen sie an, dass eine intensivere Reflexion über die Verbindung von Offenbarung und Sprache und eine Analyse konkreter sprachlicher Formen, in denen der Anspruch des Wortes Gottes entgegentritt, dazu verhilft, die christlichen und islamischen Auffassungen auch in ihrer bleibenden Unterschiedenheit leichter aufeinander zu beziehen. Die Überlegungen zur Sprachlichkeit des Wortes Gottes sind somit ein Schlüssel, die Reflexion über Kontextualität überhaupt erst systematisch zu ermöglichen und die beiden Religionen einander zum Kontext des jeweils anderen zu machen.

---

[8] Vgl. ebd., S. 30–32.

[9] „Nirgends wird die uneingeholte Fremdheit des Anderen so offenkundig wie in einer sogenannten Fremdsprache." Ebd., S. 39.

[10] Waldenfels sieht in dieser Aufgabe den Beitrag der Wort-Gottes-Theologie eher als Behinderung. Vgl. ebd., S. 81.

[11] Vgl. ebd., S. 27.44 f.

1. Das Wort Gottes in der Differenz von Inkarnation und Inlibration

Im Rahmen des christlich-islamischen Gesprächs wird nicht selten hervorgehoben, dass beide Religionen der Vorstellung eine besondere Stellung einräumen, dass Gott sich durch sein Wort offenbart. Dan Madigan weist explizit auf Gottes Wort als gemeinsamen Bezugspunkt hin,[12] Hans Zirker und Mohammed Gharaibeh setzen Bibel und Koran unter dem Titel „Gottes Wort in der Geschichte" zueinander in Bezug[13] und Gerhard Gäde spricht sogar von einer „Logozentrik" von Christentum und Islam, in der sie sich „gegenseitig (perichoretisch) durchdringen"[14]. Das Christentum hebt hervor, dass Gott „viele Male und auf vielerlei Weise [...] einst zu den Vätern gesprochen [hat] durch die Propheten; in dieser Endzeit aber hat er zu uns gesprochen durch den Sohn", der „das All durch sein machtvolles Wort" trägt (Hebr 1,1). Es räumt der sprachlichen Bezeugung der Offenbarung eine zentrale Stellung ein und entwickelt vor allem in seiner reformatorischen Variante eine eigene Wort-Gottes-Theologie. Die muslimische Perspektive sieht im Koran das Wort *Gottes*, aber dies eben auch als *Wort* Gottes. Wie auch immer das Verhältnis aus menschlicher Sprache und göttlichem Ursprung im Einzelnen ausgestaltet wurde, so hatte diese Annahme in der islamischen Ideengeschichte eine hohe Wertschätzung der (arabischen) Sprache und eine intensive Reflexion über das Verhältnis von Sprache und Offenbarung (sowohl in der spekulativen Theologie (*kalām*) als auch in der Rechtsmethodologie (*uṣūl al-fiqh*)) zur Folge. Und nichts weniger als das zweite Vatikanische Konzil selbst macht sich dieser offensichtliche Schlüsselmoment einer offenbarungstheologischen Verständigung zu eigen. In Nostra Aetate 3 verweisen die Konzilsväter in der „Hochachtung, die die katholische Kirche den Muslimen erweist", auch auf eben den Gott, „der zu den Menschen geredet hat". Doch diese Formulierung erweist sofort ihre Ambivalenz, lässt sie doch offen, ob damit gemeint ist, dass Gott spezifisch

---

[12] „The most important common belief our traditions share is that the Word of God has been spoken in our world – the eternal divine word that is of the very essence of God." Madigan, Daniel A., „Some Aspects of Christian Theologizing in Relation to Islam", in: Current Dialogue 52 (2012), S. 50–55, hier: S. 51.

[13] Zirker, Hans/Gharaibeh, Mohammad, „Gottes Wort in der Geschichte: Bibel und Koran", in: Meißner, Volker u. a. (Hrsg.), Handbuch christlich-islamischer Dialog. Grundlagen – Themen – Praxis – Akteure (Georges Anawati Schriftenreihe Bd. 12), Freiburg 2014, S. 107–116.

[14] Gäde, Gerhard, Islam in christlicher Perspektive. Den muslimischen Glauben verstehen, Paderborn 2009, S. 206. Vgl.: „Beide Religionen begründen ihr Sprechen von Gott, indem sie sich auf sein Wort berufen und darin zentriert sind." Ebd., S. 207. Vgl. auch Ders., „Menschwerdung oder Buchwerdung Gottes? Zur Logozentrik von Christentum und Islam", in: ZKTh 132 (2010), S. 131–152, hier: S. 133.

zu „den Muslimen" gesprochen hat und wenn, wie dies geschehen ist: Durch Muḥammad? Im Koran?[15]

Die wohl bewusst offene Formulierung weist auf eingängige und bereits oft thematisierte Differenzen zwischen Christentum und Islam hin. Erstens haben beide Religionen offensichtlich sehr unterschiedliche Auffassungen vom Status der jeweiligen Schrift: Während die Bibel Zeugnis des Offenbarungsgeschehens ist, ist der Koran sprachliche Vergegenwärtigung von Gottes Wort und damit „für alle Positionen [...] das von Gott unserem unzulänglichen Verständnis zugemessene Wort"[16]. Dementsprechend wird immer wieder gefragt, ob die Subsumtion unter „Buchreligionen" eigentlich zutreffend ist.[17] Die Differenz im Status der Schrift ist zweitens in einem unterschiedlichen Offenbarungsverständnis begründet. Dieser Unterschied wird mitunter schematisierend als personale Selbstoffenbarung Gottes in Jesus Christus gegenüber einer instruktionstheoretischen Willensoffenbarung Gottes im Koran gefasst. Mit dem Konvergenzpunkt ist also nicht von vorneherein eine Gleichheit in der Auffassung ausgesagt. Im Gegenteil, vielmehr wird mit dem Wort Gottes zunächst etwas zentral Unterschiedliches angezielt: Gottes Wort ist im Christentum Jesus Christus, im Islam hingegen das von Muḥammad empfangene Wort, das selbst den Anspruch erhebt, Gottes Wort zu sein, die vorangegangenen Kundgaben Gottes letztgültig zu bestätigen und zu korrigieren, und sich im Verlauf von 23 Jahren bis zum Tod Muḥammads als Koran zu konstituieren. Die Einsicht in die unterschiedliche Systematik des Glaubensverständnisses problematisiert vorschnelle Vergleiche zwischen Bibel und Koran, genauso wie zwischen Jesus und Muḥammad. Dementsprechend werden systematisch richtiger Jesus Christus und Koran[18] und nachfolgend Rezitation und Eucharistie[19] einander zugeordnet.

---

[15] Vgl. Middelbeck-Varwick, Anja, Der eine Gott, „,... der zu den Menschen gesprochen hat' (NA3). Offenbarungstheologie als Entscheidungsfrage christlich-muslimischer Beziehungen", in: ThQ 191 (2011), S. 148–167, hier: S. 149.

[16] Zirker, Hans/Gharaibeh, Mohammad, „Gottes Wort in der Geschichte: Bibel und Koran", a.a.O., S. 108. Vgl. Gäde, Gerhard, „Menschwerdung oder Buchwerdung Gottes? Zur Logozentrik von Christentum und Islam", a.a.O., S. 133.135.

[17] Vgl. Gäde, Gerhard, „Menschwerdung oder Buchwerdung Gottes? Zur Logozentrik von Christentum und Islam", a.a.O., S. 131. Vgl. bereits die Passage aus Erik Petersons Vorlesung zur Geschichte der Alten Kirche „Das Christentum – eine Buchreligion?" von 1928. Peterson, Erik, „Das Christentum – eine Buchreligion?", in: Ders., Ausgewählte Schriften. Theologie und Theologen (Teilband 9/1: Texte), hrsg. von Barbara Nichtweiß, Würzburg 2009, S. 233.

[18] Der Ursprung der Parallelisierung von Christus und dem Koran wird unterschiedlich benannt: Nach Joachim Valentin geht er auf W.C. Smith zurück und wurde von Annemarie Schimmel in Deutschland popularisiert. Vgl. Valentin, Joachim, „Wie kommt Gott in die Welt? Christliche und islamische Variationen eines Themas", in: Ders., Wie kommt Gott in die Welt? Fremde Blicke auf den Leib Christi, Berlin 2009, S. 156–175, hier: S. 168. Angelika

Diese Zuordnung hat jedoch nicht nur zu einer verschärften Differenzwahrnehmung, sondern auch zu einer neuen Vergleichsebene geführt, in der muslimische Auffassungen über die Natur des Koran mit christlichen Auffassungen über die Natur Christi in Beziehung gesetzt werden. Diese Vergleichsebene wird oftmals mit der Gegenüberstellung von Inkarnation und Inlibration zum Ausdruck gebracht. Der Neologismus der Inlibration verdankt sich der ausführlichen Darstellung des frühislamischen *kalām* durch den amerikanischen Religionswissenschaftler Harry Wolfson in seinem 1976 posthum erschienen Buch „The philosophy of kalām". Grundlegend parallelisiert der Begriff christologische Fragestellungen mit der Diskussion um die Natur des Koran und wird in diesem Sinne von christlichen Theologen im Rahmen von zumeist systematischen Anliegen aufgegriffen.

1.1. Drei Dimensionen des Inlibrationsbegriffs

Das Anliegen des seit 1915 fast ein halbes Jahrhundert in Harvard lehrenden Harry Wolfson ist grundsätzlich theologiegeschichtlich orientiert. Wolfson möchte die systematische Entfaltung des muslimischen Koranverständnisses in seiner Beziehung zu der jüdischen und christlichen Theologiegeschichte nachzeichnen.[20] Diese Beziehung sieht er in zwei Diskussionskontexten gegeben: Erstens diskutieren die islamischen spekulativen Theologen die Frage der Geschaffenheit bzw. Ungeschaffenheit des Koran (*maḫlūq/ġayr maḫlūq*) im Hinblick auf die Beziehung zwischen Gott und seinen Attributen. In dieser Frage behauptet Wolfson, dass sich eine koranisch fundierte – aber zudem durch jüdische Vorstellungen der präexistenten Tora beeinflusste[21] – Lehre von einem präexistenten *geschaffenen* Koran unter dem Einfluss einer christlich inspirierten Attributenlehre zur

---

Neuwirth benennt unter Berufung auf Dan Madigan Nathan Söderblom. Vgl. Neuwirth, Angelika, Der Koran als Text der Spätantike. Ein europäischer Zugang, Berlin 2010, S. 158 Fn71. Gemeint ist wohl die explizite Problematisierung der Vergleichsebenen, die Thematisierung der Parallelität Christus-Koran ist natürlich schon älter vgl. Wolfson, Harry Austryn, The Philosophy of the Kalam, Cambridge 1976, S. 62 f.

[19] Vgl. Kermani, Navid, Gott ist schön. Das ästhetische Erleben des Koran, München ⁴2011, S. 212–232.

[20] Vgl. Valentin, Joachim, „Wie kommt Gott in die Welt? Christliche und islamische Variationen eines Themas", a.a.O., S. 169. Einen Forschungsüberblick über die Einschätzung eines christlichen Einflusses auf den *kalām* gibt Wolfson, Harry Austryn, The Philosophy of the Kalam, a.a.O., S. 58–64.

[21] Vgl. Wolfson, Harry Austryn, The Philosophy of the Kalam, a.a.O., S. 238.263.

Lehre vom präexistenten *unerschaffenen* Koran verwandelt.[22] Zweitens diskutieren die islamisch spekulativen Theologen die Beziehung des präexistenten Koran zu seinen geschaffenen, menschlichen Äußerungsformen – nämlich im menschlichen Gedächtnis, in menschlicher Schrift und in menschlicher Rezitation.[23] In dieser Frage sieht Wolfson die muslimischen Theologen von der christlichen Zwei-Naturen-Lehre inspiriert, weist diesen Einfluss jedoch viel knapper nach.[24] Der Begriff der Inlibration dient Wolfson nun dazu, diejenigen Positionen zu kennzeichnen, die die Menschlichkeit in der Darbietungsform berücksichtigen.[25] So eröffnet der Begriff ein vierstelliges Panorama, das die beiden Diskussionen (Geschaffenheit/Ungeschaffenheit sowie Annahme/Ablehnung der Inlibration) verbindet: Positionen, die die Geschaffenheit des Koran mit der Vorstellung einer Inlibration verbinden, Positionen, die die Geschaffenheit des Koran mit einer Ablehnung der Inlibration kombinieren, Positionen, die die Ungeschaffenheit des Koran mit der Vorstellung einer Inlibration verbinden, Positionen, die die Ungeschaffenheit des Koran mit einer Ablehnung der Inlibration kombinieren.[26] Insgesamt wird deutlich, dass es Wolfson nicht um einen systematischen Vergleich einer christlichen und islamischen Theologie des Wortes Gottes, sondern um eine theologiegeschichtliche Dependenz sowie um eine Systematisierung innerislamischer Diskussionen

---

[22] „The upshot of our discussion is that the belief in a pre-existent uncreated Koran was a revision of an original belief in a pre-existent created Koran and that, while the original belief in a pre-existent created Koran was based directly upon the teaching of the Koran itself, the revised belief in a pre-existent uncreated Koran was an offshoot of the belief in eternal uncreated attributes, which belief, as we have seen, arose under the influence of the Christian doctrine of the Trinity." Ebd. S. 241.244.

[23] Vgl. ebd., S. 259.

[24] Da die islamischen Theologen die christlichen Diskussionen über Inkarnation und Zwei-Naturen-Lehre kannten, so fragt sich Wolfson, ob „there was not also in Islam a controversy over the problem of the inlibration, that is, the embookment, of the pre-existent Koran in the revealed Koran and also over the problem of whether the revealed Koran had two natures, a divine, and a man-made." Die Annahme eines tatsächlichen Einflusses wird später mit einem „we imagine" gekennzeichnet! Vgl. ebd., S. 724. Insofern gibt die Feststellung, die islamischen Äußerungen über die Präsenz des göttlichen Wortes in den menschlichen Äußerungsformen des Koran sei „ausdrücklich christlich inspiriert zu nennen" (Valentin, Joachim, „Wie kommt Gott in die Welt? Christliche und islamische Variationen eines Themas", a.a.O., S. 173 (vgl. Ansorge, Dirk, „Transzendenz Gottes und Inkarnation. Positionen und Perspektiven christlicher Theologie im Gespräch mit jüdischem und islamischem Denken", in: Theologie und Philosophie 84 (2009) 1, S. 394–421, S. 401) sicherlich die Intention Wolfsons wieder – dass Wolfson diese Feststellung jedoch nachweist, zeigt sich mir – im Gegensatz zur Diskussion der Attributenlehre – nicht.

[25] Vgl. Wolfson, Harry Austryn, The Philosophy of the Kalam, a.a.O., S. 246.268.

[26] Einen zusammenfassenden Überblick über die Positionen bietet Ebd., S. 279 f.

geht.[27] Wie auch immer man Wolfsons Dependenzthesen bewerten mag, hat seine Inlibrationsthese umgekehrt zur Folge, dass die Diskussion um das Wort Gottes in Christentum und Islam wesentlich in den Horizont der Diskussion um die Geschaffenheit und Ungeschaffenheit des Koran gestellt wird. Von hierher nehmen nun christliche Theologen Bezug auf Wolfsons Begriff.

Die christlichen Theologen verwenden den Begriff der Inlibration über seinen theologiegeschichtlichen Ort hinaus, um auf eine die Religionen verbindende systematische Problemstelle hinzuweisen: Das Grundproblem bezeichnet Joachim Valentin knapp als die „logische Aporie, ja Antinomie, zwischen radikalem Monotheismus und offenbarungstheologischer Notwendigkeit eines Offenbarungsmediums"[28]. Dirk Ansorge führt aus: „Damit aber stehen alle *drei* monotheistischen Religionen vor der Aufgabe, Gottes Transzendenz gegenüber der Welt und seine Offenbarung in Zeit und Geschichte begrifflich miteinander zu vermitteln."[29] Die Darstellung Wolfsons macht deutlich, dass diese Problemstelle zwei Dimensionen hat: Inkarnation wie Inlibration müssen einerseits die Beziehung zwischen Gott und seinem präexistenten Wort klären und sich zum anderen der Frage nach der Beziehung Gottes zur Welt, der Vermittlung von Transzendenz und Immanenz, stellen. In Bezug auf den Koran bedeutet dies: „In welchem Verhältnis steht der präexistente Koran zu Gott?" Und: „Wie nämlich ist nun das Verhältnis zwischen dem ewigen Koran in Gott und seinen endlichen Gestalten in Raum und Zeit zu bestimmen?"[30] Wird hier mittels der Lehre über Gott und dessen Eigenschaften auf die Möglichkeit und Form einer realen Mitteilung Gottes an die Welt verwiesen, so lautet die Frage umgekehrt: Wie ist ein weltliches Phänomen differenzierend und ohne reine Autoritätsbehauptung tatsächlich als eine reale göttliche Mitteilung an die Welt zu identifizieren? In Bezug auf den Koran bedeutet dies: „Wie kann in der Rezitation des Koran das Wort Gottes als eben das, als welches es gelten soll –

---

[27] Christliche Theologen nehmen mitunter Wolfsons theologiegeschichtliche Perspektive auf, um die Differenz eines muʿtazilitischen und ašʿaritischen Koranverständnis mit der Differenz eines arianischen und orthodoxen Verständnis Christi zu parallelisieren. Vgl. von Stosch, Klaus, „Der muslimische Offenbarungsanspruch als Herausforderung komparativer Theologie. Christlich-theologische Untersuchungen zur innerislamischen Debatte um Ungeschaffenheit und Präexistenz des Korans", in: ZKTh 129 (2007), S. 53–74, hier: S. 65–67. Er kann sich dabei auf einige Andeutungen Wolfson, Harry Austryn, The Philosophy of the Kalam, a.a.O., S. 263 beziehen.

[28] Valentin, Joachim, „Wie kommt Gott in die Welt? Christliche und islamische Variationen eines Themas", a.a.O., S. 171.

[29] Ansorge, Dirk, „Transzendenz Gottes und Inkarnation. Positionen und Perspektiven christlicher Theologie im Gespräch mit jüdischem und islamischem Denken", a.a.O. S. 396.

[30] Ebd., S. 398.401.

als Wort *Gottes* nämlich – identifiziert werden, ohne sich auf bloß äußerliche Autoritäten zu stützen?" Auch hier schließt Ansorge: „Die Analogie dieser Frage zu christologischen Problemstellungen ist evident".[31] Das theologiegeschichtliche Anliegen Wolfsons ist hier gewendet zu einer systematischen Reflexion. Die Parallelisierung von Inkarnation und Inlibration zeigt in diesem Kontext wesentlich, dass der Islam sich in einer ähnlichen Problemsituation befindet. Die Differenz von Inkarnation und Inlibration ist mithin mit einer problemorientierten systematischen Zuordnung verbunden.[32]

Der Begriff der Inlibration geht in einer dritten Hinsicht über den Aufweis einer theologiegeschichtlichen Dependenz und einer systematisch vergleichbaren Problemstelle von Christentum und Islam hinaus. Implizit ist er zumeist auch mit einer Stellungnahme zum Verhältnis von Islam und Christentum verbunden. Dies kann auf unterschiedliche Weise geschehen. In einer oftmals eher knappen und schematisierenden Verwendung kann das Gegenüber von Inkarnation und Inlibration dazu genutzt werden, die grundsätzliche Verschiedenheit von Islam und Christentum zu betonen und auf eine logische Defizienz in der islamischen Formulierung des Gott-Welt Verhältnisses hinzuweisen.[33] Die Unterschiedlichkeit kann jedoch auch im Sinne einer wechselseitigen Befruchtung gedacht werden: So sieht Ansorge in den „inkarnatorischen Dimensionen der drei monotheistischen Religionen"[34] die Möglichkeit für das Christentum, „aus dem Gespräch mit Judentum und Islam seinen eigenen Inkarnationsbegriff präziser"[35] zu fassen. Schließlich kann die im Inlibrationsbegriff angezeigte systematische Pro-

---

[31] Ebd., S. 402.

[32] So versucht auch Oliver Lellek sehr deutlich, nach der Differenzwahrnehmung eine christlich-islamische Annäherung über die Präexistenz des Wortes Gottes zu erreichen und betont für die Annäherung gerade die Vorstellung von der Ungeschaffenheit des Koran. Er sieht eine systematische Ähnlichkeit in der Einheit von göttlichem Wort und Gott und in der Vermittlungsproblematik von Transzendenz und Immanenz. Vgl. Lellek, Oliver, „Der islamische Jesus und Gottes unerschaffenes Wort. Präexistenzvorstellungen im Islam", in: Laufen, Rudolf (Hrsg.), Gottes ewiger Sohn. Die Präexistenz Christi, Paderborn 1997, S. 259–275, hier: S. 272 f. Ebenfalls, aber mit unterschiedlicher Wertung, sieht der launige Vortrag Franz Schupps (2014) die systematischen Entsprechungen. Um eine Aufwertung der arianisch (respektive muʿtazilitschen) Position zu erreichen, reduziert er aber die Position des ungeschaffenen Korans (wie der Göttlichkeit Christi) auf bloße machtpolitische Interessen.

[33] Vgl. Greshake, Gisbert, „Trinität als Inbegriff christlichen Glaubens", in: Bsteh, Andreas (Hrsg.), Christlicher Glaube in der Begegnung mit dem Islam. Zweite Religionstheologische Akademie St. Gabriel. Referate – Anfragen – Diskussionen (Studien zur Religionstheologie Bd. 2), Mödling 1996, S. 327–387, hier: S. 333–338 und auch den Einwand von Zirker Ebd., S. 350 f.

[34] Ansorge, Dirk, „Transzendenz Gottes und Inkarnation. Positionen und Perspektiven christlicher Theologie im Gespräch mit jüdischem und islamischem Denken", a.a.O., S. 417.

[35] Ebd.

blemstelle des Verhältnisses von Transzendenz und Immanenz auch dazu dienen, das bloße Nebeneinander von Christentum und Islam in eine religionstheologische Verschränkung zu überführen. Alle drei Zuordnungen sind dabei von dem Anliegen geleitet, Inkarnation und damit das trinitarische Gottesverständnis im Blick auf islamisches Denken zu plausibilisieren.[36]

Am ausführlichsten hat Gerhard Gäde die religionstheologische Zuordnung ausgearbeitet.[37] Er ist dabei von dem Anliegen geleitet, eine exemplarische Durchführung seiner von Peter Knauer inspirierten Konzeption des „Interiorismus" zu bieten. Gäde vertieft zunächst die Einsicht, dass Islam und Christentum ein systematisches Problem teilen, auf das die Parallelisierung von Inkarnation und Inlibration hinweist: Beiden liege das Problem zugrunde, wie „sich die in allen drei Religionen anzutreffende Anerkennung der Unbegreiflichkeit und Absolutheit dieses Gottes mit der Vorstellung von [...] einem Sprechen Gottes zu einem Geschöpf"[38]vereinbaren lässt. Es sei das Problem des Wort Gottes, dem ‚vermutlich problematischsten theologischen Grundbegriff‘[39]. Gäde hintergeht also die bereits material ausformulierten, dogmatischen Wort-Gottes-Theologien zugunsten einer fundamentaltheologischen Problematisierung der Bedingung der Möglichkeit, überhaupt ein Reden Gottes zur Welt, das Wort Gottes, verantwortet denken zu können. Die Rede vom Wort Gottes hat nach Gäde drei grundlegende Problemdimensionen: Was kann Inhalt des Wortes Gottes sein?[40] Wie ist eine reale Relation Gottes auf das Geschaffene möglich, ohne dabei „Teil einer übergreifenden komplexen Wirklichkeit"[41] zu sein? Wie kommt dem Menschen diese reale Relation Gottes zum Geschaffenen zur Kenntnis?[42] In Übereinstimmung mit Knauers fundamentaltheologischem Ansatz zeigt Gäde, dass (nur) die in dem trinitarischen Gottesverständnis gegründete Inkarnation eine reale Relation Gottes auf die Welt verantwortbar denken lässt: „Der eigentliche Sachgrund, die *ratio* der Inkarnation des Wortes Gottes in unsere geschichtliche Wirklichkeit, ist also die nicht anders als widerspruchsfrei aussagbare Selbstmitteilung Gottes an das Ge-

---

[36] Vgl. Lellek, Oliver, „Der islamische Jesus und Gottes unerschaffenes Wort. Präexistenzvorstellungen im Islam", a.a.O., S. 274 f.
[37] Vgl. Gäde, Gerhard, Islam in christlicher Perspektive. Den muslimischen Glauben verstehen, a.a.O., S. 73–110.
[38] Gäde, Gerhard, „Menschwerdung oder Buchwerdung Gottes? Zur Logozentrik von Christentum und Islam", a.a.O., S. 137.
[39] Vgl. ebd., S. 136.
[40] Vgl. ebd., S. 138.
[41] Ebd., S. 139.
[42] Vgl. ebd., S. 141.

schöpf und damit die Ermöglichung von ‚Wort Gottes'.“[43] Der springende Punkt des „Interiorismus" ist nun, dass diese Einsicht nicht nur als innerchristliche Problemlösung, sondern auch als interreligiöse Bestimmung verstanden werden muss: Die trinitarisch gegründete Inkarnation ist der Sachgrund, auch die anderen Artikulationen des Wort Gottes verantwortet annehmen zu können und zugleich kritisch zu unterscheiden, was in ihnen Wort Gottes sein kann und was nicht.[44] Damit steht das christliche Bekenntnis gleichsam in einem erkenntnistheoretischen Dienstverhältnis zu den anderen Religionen. Dies gilt angewendet für die Rede vom Wort Gottes im Islam, denn auch hier, so Gäde, „wird zu zeigen sein, dass es paradoxerweise gerade die vom Islam bestrittenen zentralen und wesentlichen Aussagen des christlichen Glaubens sind, die eine christliche *relecture* des Islam und ein Entdecken seiner Wahrheit ermöglichen.“[45] Denn ohne die trinitarisch-inkarnatorische Klärung steht eben auch der Islam nach Gäde vor dem Problem, dass er „eine Offenbarung als Relation Gottes auf das Geschöpf [verkündet], für die das Geschöpf das ontologisch konstitutive Woraufhin wäre“[46]. Weil aber umgekehrt trinitarisch-inkarnatorisch die Relation Gottes zur Welt in der Relation Gottes zu sich selbst eingebettet ist und von daher die Gemeinschaft mit Gott als zentraler (und einzig wirklicher) Offenbarungsinhalt qualifiziert wird, wird nun auch die islamische Rede vom Wort Gottes und damit die Inlibration „vor der kritischen Vernunft verantwortbar“.[47] Dies bedeutet gerade nicht, die Auffassung der Inlibration zu entwerten, sie „Lügen zu strafen, zu überbieten oder als unwahr zu qualifizieren“[48]. Im Gegenteil erlaubt gerade die Einsicht, dass erst die Inkarnation die Rede vom Wort Gottes epistemisch verantwortbar und sinnvoll macht, den „Wort-Gottes-Charakter des Koran zu erschließen und für Christen verstehbar zu machen“[49]. In Parallelität zum Alten Testament wird auch der trinitarisch-inkarnatorisch erschlossene Koran für Christen

---

[43] Ebd., S 143. Vgl. „Das trinitarische Gottesverständnis stellt damit die Bedingung der Möglichkeit dar, um dem Offenbarungsbegriff einen verstehbaren Sinn zu entnehmen. Die Menschwerdung Gottes ist dabei die epistemologische Basis, um zu der verlässlichen Glaubenserkenntnis zu gelangen, dass die Welt in eine innergöttliche Relation aufgenommen ist." Gäde, Gerhard, Islam in christlicher Perspektive. Den muslimischen Glauben verstehen, a.a.O., S. 61.

[44] Vgl. das Kapitel „Christologie als Hermeneutik der Religionen". In: Ebd., S. 93–98.

[45] Ebd., S. 147.

[46] Ebd., S. 157. Dies ist die Thematisierung des allgemeinen Offenbarungsproblems: Vgl. ebd., S. 51–58. Die silamische Spezifizierung beschreibt Gäde ausführlicher in Bezug auf den Koran ebd., S. 186–190.
Gäde, Gerhard, „Menschwerdung oder Buchwerdung Gottes? Zur Logozentrik von Christentum und Islam", a.a.O., S. 144.

[48] Ebd., S. 151.

[49] Ebd., S. 146.

ein Glaubensdokument: „Indem der christliche Glaube die Schrift Israels als Wort Gottes universal verständlich macht, lässt er auch den Koran als Wort Gottes verstehen. [...] Weil das Wort Gottes sich in Christus in einer Weise verständlich gemacht hat, dass die kritische Vernunft zufrieden gestellt ist, kann der Christ anerkennen, dass der Koran Gottes Wort zum Ausdruck bringt, insofern er eine Wirklichkeit mitteilt, die tatsächlich nur Gott mitteilen kann."[50] Inhaltlich sieht Gäde diese Wirklichkeit, die sich geklärt auch dem Christen im Koran erschließt, in der Botschaft von der Barmherzigkeit Gottes.[51] Es wird erkennbar, dass bei Gäde die ursprünglich theologiegeschichtliche Dimension des Inlibrationsbegriffs und damit die innerislamische Diskussion gänzlich zugunsten der systematischen Problemstelle und der christlich-religionstheologischen Zuordnung aufgegeben wurde. Mit Gäde ist damit der andere Brennpunkt der Ellipse erreicht, deren gegenüberliegender das konkrete theologiegeschichtliche Anliegen Wolfsons war.

1.2. Das Verschwinden der Sprachlichkeit im Inlibrationsbegriff

Betrachtet man insgesamt die Überlegungen, die dem Begriff der Inlibration entspringen, so werden für die Reflexion über das Wort Gottes in Christentum und Islam Akzente gesetzt, die es wahrzunehmen und zu problematisieren gilt.

a) Wolfons Inlibrationsbegriff stellt die Wort-Gottes-Thematik von vorneherein in den Rahmen einer metaphysisch ausgerichteten Gotteslehre. Wer ausgehend vom Inlibrationsbegriff über das Wort Gottes spricht, redet über die Beziehung Gottes zu seinem Attribut der Rede und ist durch das Anliegen geprägt, die Transzendenz und Einheit Gottes in einem metaphysischen Gottesbegriff angemessen zu denken. Zweifellos bietet der Inlibrationsbegriff damit die Möglichkeit, das Thema des Wort Gottes in seinen systematischen Parallelen zu erschließen: Parallel zum Verhältnis des Sohnes zum Vater ist das Verhältnis des Koran zu Gott zu bedenken (und fortgesetzt: Parallel zu den Naturen Christi sind die Realisationsformen des Koran als *kalām nafsī* und *kalām lafẓī* in den Blick zu nehmen).[52] Doch

---

[50] Gäde, Gerhard, Islam in christlicher Perspektive. Den muslimischen Glauben verstehen , a.a.O., S. 192.

[51] Vgl. ebd., S. 181–184.

[52] Dementsprechend privilegieren christliche Theologen, die sich auf die Inlibrationsbegriff beziehen, in ihrer eigenen Rezeption oftmals diejenigen muslimischen Auffassungen, die von der Unerschaffenheit des Koran ausgehen. Vgl. von Stosch, Klaus, „Der muslimische Offenbarungsanspruch als Herausforderung komparativer Theologie. Christlich-theologische

zugleich ist der systematische Rahmen nicht ohne Gefahr und Einschränkung: Einerseits führt er die christliche Trinitätslehre auf ein heikles Feld, denn alle Versuche, die christliche Trinitätslehre mit der islamischen Attributenlehre zu erschließen, haben der klassischen islamischen Apologetik genügend Material zur Widerlegung gegeben.[53] Andererseits und fundamentaler wird ein christlich-islamisches Gespräch über das Wort Gottes von vorneherein von der konkreten Gestalt des Koran weggeführt. Wort Gottes meint im Inlibrationsbegriff gerade nicht den konkreten Koran in seiner spezifischen literarischen Sprachgestalt, in der ästhetischen Dimension seiner Rezitation und in der Interaktion mit seiner zeitgeschichtlichen Umwelt. Dies ist vom systematischen „framing" auch gar nicht möglich, denn das Anliegen der islamisch-theologischen Attributendiskussion ist nicht, die Relation Gottes auf die Welt zu bedenken, sondern die Transzendenz Gottes zu wahren. Sie ist Theo-logie im engeren Sinne des *kalām*, nämlich rationale Demonstration der Einheit Gottes, des *tauḥīd*. Die „Aufnahmeseite", die rezeptive Seite der Offenbarung in ihrer sprachlichen Eigenart, kann von hierher nicht bedacht werden. Der Artikel von Muḥammad Gharaibeh innerhalb der Bochumer Ringvorlesung zum Wort Gottes stellt diese Diskussion in systematischer Form und auf hohem Niveau dar, führt jedoch auch die Schwierigkeit vor Augen, diese Diskussion innerhalb der neueren christlichen Theologie anschlussfähig zu machen.[54] Wenn überhaupt, so kommt in diesem Nachdenken über das Wort Gottes das bloße „dass" der Gott-Welt Beziehung und damit die Frage nach der Möglichkeit einer Beziehung von Transzendenz auf Immanenz in den Blick. Der Akzent liegt aber auch hier von vorneherein nicht auf der Präsenz der Transzendenz in der Immanenz, sondern auf der möglichst unvermischten Bewahrung der Transzendenz gegenüber der Immanenz. Das konkrete „wie" sich die Transzendenz denn in ihrem Eintreten in die Immanenz zeigt, bleibt von vorneherein ausgespart.

Dies wird in der Position Gädes besonders greifbar. Einerseits verlässt sie den metaphysischen Horizont zugunsten der transzendentaltheologischen Frage nach der Bedingung der Möglichkeit, verantwortet und unterscheidend vom Wort Gottes sprechen zu können. Andererseits radikalisiert sie in

---

Untersuchungen zur innerislamischen Debatte um Ungeschaffenheit und Präexistenz des Korans", a.a.O., S. 60.

[53] Vgl. den Aufsatz „Early Muslim Responses to Christianity" von David Thomas. Thomas, David, „Early Muslim Responses to Christianity", in: Ders. (Hrsg.), Christians at the Heart of Islamic Rule. Church Life and Scholarship in ʿAbbasid Iraq (The History of Christian-Muslim Relations, Bd. 1), Leiden/Boston 2003, S. 231–254.

[54] Vgl. Gharaibeh, Mohammad, „Das muslimische Schrift- und Offenbarungsverständnis", in: Rist, Josef (Hrsg.), Wort Gottes. Die Offenbarungsreligionen und ihr Schriftverständnis, Münster 2013, S. 167–184.

gewisser Weise die Abstraktion vom konkreten Wort Gottes: Der Großteil des Inhalts des Koran, auch sein entschiedener Widerspruch gerade gegenüber der Grundannahme Gädes, das Heil der Menschen liege in einer Gemeinschaft mit Gott, und erst Recht seine spezifische sprachliche Form, in der er auf biblische Traditionen Bezug nimmt, hat gegenüber der transzendentaltheologischen Frage kein Gewicht. Ja, ein Zugang zum Wort Gottes, der einzelne inhaltliche Aussagen oder sprachliche Formen in Beziehung setzte, ist nach Gäde verfehlt. Wort Gottes kann der Koran nur ganz oder gar nicht sein, eine Binnendifferenzierung wäre ein Rückfall in den von Gäde kritisierten Inklusivismus: „Dies bedeutet nicht, dem Koran nur eine partielle Wahrheit zuzuerkennen im Sinne mancher Überschneidungen mit der Bibel, während im Übrigen Divergenzen und Widersprüche konstatierbar seien. Was der Koran als Wort Gottes tatsächlich mitteilt, stellt hingegen eine absolut unüberbietbare Wirklichkeit dar."[55] Damit ist aber das Wort Gottes grundsätzlich von der einzelnen sprachlich-inhaltlichen Dimension abgelöst. Die islamwissenschaftliche oder auch islamisch-theologische Einzelanalyse des Koran trägt zu dieser Fragestellung nichts bei. Letztlich bleibt Gädes Ansatz damit eine abstrakte Verständigung. Zwar gelingt ihm eine hohe Wertschätzung angesichts des Wort-Gottes-Charakters des Koran – allerdings unter Absehung von den konkreten Äußerungsformen des „Wortes Gottes". Umgekehrt ist zu lernen, dass die Rede vom Wort Gottes eben nicht abstrahiert werden darf von einer konkreten Untersuchung, wie denn Gott im Koran zur Sprache kommt und wie sich dies von der Bezeugung der Verleiblichung in Jesus Christus unterscheidet.

b) Der im Inlibrationsbegriff vorab gesteckte Rahmen hat nun noch weitere Konsequenzen. So schreibt der Inlibrationsbegriff durch die *kalām* Diskussion, die Wolfson rezipiert, ein statisches Verständnis des Wort Gottes fest: Interessanterweise übersetzt Wolfson das göttliche Attribut der Rede als „word" und nicht als „speech".[56] Dies trifft sicherlich das Charakteristikum der *kalām*-Diskussion, denn diese diskutiert das Wort Gottes wesentlich im Hinblick auf seine Substantialität und Zustandshaftigkeit, keinesfalls jedoch im Sinne der Ereignishaftigkeit und Dynamik einer an den Menschen ergehenden Rede. Zweifellos wird von hierher eine Anknüpfung an christliche Theologieansätze, die mit dem trinitarisch-inkarnatorischen Denken die Unveränderlichkeit Gottes hinterfragen, schwierig. So kommentiert Ansorge die „bedenkenswerte" Frage, „ob Gottes Wesen weiterhin als unveränderlich zu denken ist oder ob nicht vielmehr gerade auch angesichts des

---

[55] Gäde, Gerhard, Islam in christlicher Perspektive. Den muslimischen Glauben verstehen, a.a.O., S. 184.

[56] Wolfson, Harry Austryn, The Philosophy of the Kalam, a.a.O., S. 248.

Glaubens an die Menschwerdung Gottes in Gott selbst eine Geschichte zu denken wäre" mit der Einsicht: „Im Bemühen um eine solche Verhältnis-bestimmung wird es christliche Theologie schwer haben, jüdische oder gar muslimische Gesprächspartner zu finden."[57] Doch auch diesseits dieser innerchristlich pointierten Überlegungen bereitet die Statik des „Wort Gottes", die mit dem Begriff der Inlibration wiedergegeben ist, neueren Ansätzen in der Wort-Gottes-Theologie Schwierigkeiten, die eine Prozes-sualität und Ereignishaftigkeit des „Wortes Gottes" hervorheben.

c) Dem statischen Charakter des göttlichen Wortes entsprechend schreibt die Rede von der Inlibration die Reifikation des Koran zu einem etablierten, abgeschlossenen Offenbarungsdokument in Buchform fest, dessen wesentliche Aufgabe es ist, Gottes Aussagen mitzuteilen.[58] Spiegel-bildlich stärkt er eine passive Beziehung zwischen Muḥammad und Koran: Muḥammad ist reiner Postbote und Sprachrohr Gottes.[59] Literarisch ist der Koran jedoch Rede, Ansprache, intertextuelle Bezugnahme, persönliche Interaktion, Performanz und Transformation. Und er wurde der Eigen-aussage nach eben auch Muḥammad in das Herz eingegeben (2:97). Diese Dimension des „Wortes Gottes" fällt notwendig im Inlibrationsbegriff heraus. Der Koran wird zum Buch im leeren Raum: Valentin spricht dem-entsprechend in Bezug auf die Auffassung derjenigen nachkoranischen is-lamisch-systematischen Positionen, die die Inlibrationsthese stützen, auch von einer „Verdrängung der eigenen Herkunft"[60].

d) Noch einmal muss man also darauf verweisen, dass die konkrete Sprachlichkeit des Koran in allen Dimensionen des Inlibrationsbegriffs keine besondere Rolle spielt. Zum einen wird die Sprachlichkeit des Koran wesentlich als seine Schriftlichkeit verstanden: „Die einzige adäquate Ver-körperung des rein Geistigen, das allein in Allah gefunden wird, ist demnach die Schrift, das einzige legitime Bild das Schriftbild, wie es sich im Qur'an findet".[61] Doch selbst dort, wo die Sprache im Nachdenken über Inlibration thematisiert wird, geht es letztlich stets um metaphysisch-theologische Fragen nach der Einheit Gottes: Diskutiert wird wesentlich, ob im Wort

---

[57] Ansorge, Dirk, „Transzendenz Gottes und Inkarnation. Positionen und Perspektiven christlicher Theologie im Gespräch mit jüdischem und islamischem Denken", a.a.O., S. 416.

[58] Vgl. auch Gäde, Gerhard, Islam in christlicher Perspektive. Den muslimischen Glauben verstehen, a.a.O., S. 131.

[59] Vgl. Lellek, Oliver, „Der islamische Jesus und Gottes unerschaffenes Wort. Präexistenzvor-stellungen im Islam", a.a.O., S. 271. Valentin geht sogar noch weiter und sieht eine Reduktion alles Geschaffenen auf reine materielle Passivität als Konsequenz dieser Vorstellung vom koranischen „Wort Gottes", Valentin, Joachim, „Wie kommt Gott in die Welt? Christliche und islamische Variationen eines Themas", a.a.O., S. 165.

[60] Ebd., S. 163.

[61] Ebd., S. 166.

Gottes einzelne Buchstaben und Worte zu unterscheiden sind – mit dem Anliegen, jeder Veränderlichkeit und Zeitlichkeit in Gott zu wehren.[62] Diskutiert wird weiterhin die Frage der metaphorischen Rede.[63] Doch auch hier geht es nicht um die Frage der metaphorischen Sprachform, sondern um die Diskussion des Anthropomorphismus, also um die Frage, wie Gott seine Attribute „besitzt". Schließlich wird die Arabizität der koranischen Sprache thematisiert.[64] Doch auch hier geht es um das allgemeine Verhältnis von Partikularität und Universalität göttlicher Mitteilungen. Was die arabische Sprachform kulturell-kontextuell bedeuten könnte, ist genauso wenig im Interesse der Autoren wie die spezifisch-koranische sprachliche Form innerhalb des Arabischen. Insgesamt also darf man begründet festhalten, dass es in der Diskussion um das Wort Gottes, so sie im Inlibrationsparadigma geführt wird, nicht um die Frage nach der konkreten Sprachlichkeit geht. Im Vordergrund steht das Anliegen, im göttlichen Attribut der Rede die Einheit Gottes und seine Transzendenz zu wahren. Die Thematisierung der Sprache innerhalb der Wort-Gottes-Thematik erfolgt also gerade aus ihrer Differenz zur menschlichen Sprache. Der Koran wird gleichsam zur bloßen Hülle des Wortes Gottes: Er „enthält das Wort Gottes"[65], er verkörpert es aber nicht.

e) Schließlich betrifft die Ausblendung der Sprachlichkeit in der Reflexion über das Wort Gottes nicht allein den Koran, wie insbesondere die Position Gädes vertieft deutlich macht. In gleicher Weise droht die sprachliche Vielfalt und Eigenart der biblischen Offenbarung in der grundsätzlichen Klärung des Wort-Gottes-Charakters zu verschwinden. Denn in gewisser Weise reduziert die transzendentaltheologische Frage das Alte Testament auf einen paradigmatischen Fall des authentischen, aber noch nicht in sein epistemisches Recht gesetzten Wort Gottes und das Neue Testament auf dessen epistemische Klärung.[66] Die Bibel und auch das Neue Testament ist aber mehr als eine Mitteilung darüber, dass die Menschen durch die Menschwerdung in das Verhältnis von Christus zum Vater mit aufgenommen sind. Selbst wenn diese Gemeinschaft des Menschen mit Gott die Grundaussage der ganzen Bibel sein mag, hat die sprachlich vielfältige und historisch sich entfaltende Bezeugung dieser Grundaussage einen irreduziblen Eigenwert, den nur ein heilsgeschichtliches Denken erfassen

---

[62] Vgl. Wolfson, Harry Austryn, The Philosophy of the Kalam, a.a.O., S. 248.252.

[63] Vgl. Ebd., S. 205–207.

[64] Vgl. Ebd., S. 249 f.

[65] So Lellek, Oliver, „Der islamische Jesus und Gottes unerschaffenes Wort. Präexistenzvorstellungen im Islam", a.a.O., S. 271.

[66] Vgl. Gäde, Gerhard, „Menschwerdung oder Buchwerdung Gottes? Zur Logozentrik von Christentum und Islam", a.a.O., S. 145 f.

kann. Gäde selbst bietet einen Ansatzpunkt, dieser Reduktion entgegenzuwirken, indem er die Inkarnation eigens als „Sprachwerdung" bedenkt: „Als Fleischwerdung meint der Begriff, dass das Wort Gottes sich unserer Wirklichkeit nicht nur bedient hat wie ein Violinspieler sich seiner Violine bedient, um sie nach dem Spiel wieder wegzulegen. Es ist vielmehr unlöslich in unsere Wirklichkeit eingegangen [...], so dass dieses Fleisch Gottes Sprache sprach und Gott selbst für den Glauben präsent machte."[67] Doch ist diese Sprachlichkeit der Inkarnation schon phänomenal genug ausbuchstabiert? Hieße es nicht zu bedenken, dass gerade das Alte Testament der sprachliche Leib der Gestalt Jesu – seiner Verkündigung, seiner Handlungen aber auch des gesamten Geschehens von Tod und Auferstehung – und deswegen keineswegs auf ein Paradigma zu reduzieren ist? Jenseits der Klärung der „Bedingung der Möglichkeit, um einen verfassten Text und heutige Glaubensverkündigung als Wort Gottes verstehen zu können"[68], muss also eine konkrete Reflexion über die Eigenart dieser inkarnatorischen Sprachlichkeit erfolgen, die sich nicht darin erschöpft, „den Begriff ‚Wort Gottes' definitiv sinnvoll werden"[69] zu lassen. Gäde selbst legt noch einmal die Spur, wenn er davon spricht, dass Jesu „Fleisch die Sprache Gottes redete, nämlich die Sprache der selbstlosen Liebe" und damit zugleich offenbarte „wozu das Fleisch des Menschen eigentlich bestimmt ist: die Sprache Gottes zu sprechen, die die Sprache der Liebe ist"[70]. Wie kommt das Wort Gottes in dem Leib Jesu zur Sprache, welches sind die entsprechenden Formen seiner sprachlichen Bezeugung und wie setzten sich diese in Bezug zu den eigenständigen Sprachformen des Koran? So könnten die Leitfragen einer differenzorientierten Wort-Gottes-Theologie im Kontext des christlich-islamischen Gesprächs lauten.

2. Die Verschärfung der Problematik durch muslimische Positionen im Dialog

Die Untersuchung des Begriffs der Inlibration hat gezeigt, dass diese Form der Bezugnahme einer Theologie des Wort Gottes in einem christlich-islamischen Kontext Grenzen setzt. Die Reflexion über die konkrete Phänomenalität von Offenbarung tritt zurück, was sich insbesondere in der Ausblendung der konkreten sprachlichen Eigenart des Koran (wie auch der

---

[67] Ebd., S. 149.
[68] Ebd., S. 147.
[69] Ebd., S. 151.
[70] Ebd., S. 151.

Bibel) zeigt. Nun ist diese Ausblendung der sprachlichen Gestalt, in der Offenbarung begegnet, nicht allein eine Folge des Inlibrationsbegriffs. Sie wird auch durch ein verbreitetes islamisch-theologisches Offenbarungsverständnis gestützt. Zum Nachweis dieser These lohnt ein exemplarischer Blick auf die Ansätze von drei gegenwärtigen türkischen Theologen Recep Kılıç, Halis Albayrak und Ahmet Akbulut. Diese Autoren bieten sich an, weil sie zum einen gut verankerte Lehrende an der wichtigen Ankaraner Theologischen Fakultät sind.[71] Zum anderen begeben sie sich bewusst in ein Gespräch mit der christlichen Theologie[72] und dies mit einem differenzorientierten Anliegen, so dass sie auch von hierher ein gutes Gegenüber des christlichen Zugangs zur Wort-Gottes-Thematik über den Inlibrationsbegriff sind.

2.1. Das Wort Gottes als Gottes eigene Mitteilungen

Alle drei Denker beanspruchen, ein islamisches Verständnis von Offenbarung in seiner Besonderheit gegenüber einem gegenwärtigen christlichen Verständnis[73] darzustellen und kommen darin überein, Offenbarung als von menschlichem Mitwirken freie inhaltliche Mitteilungen göttlichen Ursprungs zu verstehen.[74] Das Wort Gottes sind in diesem Verständnis die von Gott zur Vermittlung eines Wissensgehaltes mitgeteilten Wörter Gottes. Ohne die einzelnen Beiträge im Einzelnen darzustellen, sei hier auf die interpretatorischen Annahmen hingewiesen, die die Gestalt dieser Offenbarungstheologie erkennbar werden lassen.

---

[71] Ein Vergleich mit dem offiziellen, ausführlichen „Katechismus" des Präsidiums für Religionsangelegenheiten, dem „Ilmihal" zeigt, dass die Autoren keine theologisch ungewöhnlichen Positionen vertreten, sondern eine theologische Entfaltung der gängigen Auffassungen anbieten. Heranzuziehen sind hier die Kapitel „Die Eigenschaften der Offenbarungsreligionen" (28), „Die unveränderlichen Grundsätze des Islam" (29 f), „Wesen und Art der Offenbarung" (51 f) und „Die Herabsendung des Koran" (53 f).

[72] Die Texte entspringen einer christlich-islamischen Tagung der Eugen-Biser Stiftung zum Thema der „Offenbarung", die in Ankara vom 23.–24. Oktober 2009 stattfand.

[73] Auf türkisch spricht Kılıç interessanterweise von einem von dem traditionellen Offenbarungsverständnis verschiedenen neuen Verständnis („geleneksel anlayıştan farklı olarak ortaya çikan yeni vahiy anlayışı" Kılıç, Recep, „Die islamische Offenbarung im Lichte aktueller Diskussionen", in: Heinzmann, Richard/Selçuk, Mualla (Hrsg.), Offenbarung in Christentum und Islam. ·Islam ve Hiristiyanlık'ta vahiy (Interkulturelle und interreligiöse Symposien der Eugen-Biser Stiftung 5), München 2011, S. 30–47, hier: S. 32). Die leitende Differenz ist also unveränderlich/ veränderlich – die implizit damit auch den Religionen des Islam und des Christentums zugeordnet werden.

[74] Vgl. die Zusammenfassung der drei muslimischen Beiträge durch Kılıç: Ebd., S. 193.

Alle Beiträge gehen erstens von der grundlegenden Unterscheidung zwischen einer personalen Selbstmitteilung (*kişi merkezli*) und einer informativ-appellativen Mitteilung von Wissen (*önerme merkezli*) aus und grenzen auf diese Weise das gegenwärtige christliche vom muslimischen Offenbarungsverständnis ab. Inhaltliche Mitteilung und personale Ereignishaftigkeit werden so in einem strikten Gegensatz gesehen.[75] Auch wenn die Mittteilungen als „Empfehlungen" gekennzeichnet sind, die genauerhin Gebote und Verbote, Empfehlungen und Mahnungen umfassen, so werden die Mitteilungen zweitens wesentlich als wahrheitsgemäße Aussagen verstanden: „Der Koran ist die Rede Gottes, da in ihm die von Gott gesandten Wahrheiten enthalten sind."[76] Der Koran wird dementsprechend mit seinem propositionalen Gehalt identifiziert. Seine Besonderheit liegt in seinem (außerordentlichen) Wissensgehalt, und seine Wahrheit ist die Übereinstimmung seiner Aussagen mit seinen göttlichen „Wahrheiten (*hakikatleri*)", die bezeichnenderweise im Plural stehen. Die Konzentration auf den propositionalen Gehalt zeigt pointiert Kılıçs Aussage, mit dem personalen Offenbarungsverständnis habe die christliche Theologie auch die Wahrheitsfrage verabschiedet.[77] Hierzu passt auch, dass der Koran wesentlich als ein „Lesebuch" gedeutet wird: „Aus vielen Koranversen lässt sich ableiten, dass das Geoffenbarte etwas *Lesbares* ist."[78] Der propositionale Gehalt wird nun drittens wesentlich durch den Urheber der Mitteilung verbürgt: Je glaubwürdiger der Sprecher, desto glaubwürdiger der Inhalt. Der Koran wird mithin nicht nur als Mitteilungstext, sondern zudem als auktoriales Werk verstanden.[79] Die Betrachtung des Koran als auktorial motivierter Informationstext erklärt, dass die Göttlichkeit des Textes mit einer Minimierung der Mitwirkung Muḥammads einher geht: Je weniger Muḥammad, desto mehr Gott.[80] Die Minimierung der Mitwirkung Muḥammads, die in den Augen der Autoren die Göttlichkeit des Textursprungs sichert, wird

---

[75] Vgl. Ebd., S. 35. Akbulut (2011), 147. Akbulut sieht die koranische Offenbarung als „kognitive Offenbarung (bilişsel Vahiy)". Akbulut, Ahmet, „Offenbarung in der islamischen Theologie (kalam)", in: Heinzmann, Richard/Selçuk, Mualla (Hrsg.), Offenbarung in Christentum und Islam. ·Islam ve Hiristiyanlık'ta vahiy (Interkulturelle und interreligiöse Symposien der Eugen-Biser Stiftung 5), München 2011, S. 144–165, hier: S. 163.

[76] Ebd., S. 43.

[77] Vgl. Ebd., S. 33.

[78] Ebd., S. 37.

[79] Vgl. Albayrak, Halis, „Offenbarung im Koran", in: Heinzmann, Richard/Selçuk, Mualla (Hrsg.), Offenbarung in Christentum und Islam. ·Islam ve Hiristiyanlık'ta vahiy (Interkulturelle und interreligiöse Symposien der Eugen-Biser Stiftung 5), München 2011, S. 58–99, hier: S. 83; Kılıç, Recep, „Die islamische Offenbarung im Lichte aktueller Diskussionen", a.a.O., S. 43 f.

[80] Vgl. Kılıç, Recep, „Die islamische Offenbarung im Lichte aktueller Diskussionen", a.a.O., S. 41 f; Albayrak, Halis, „Offenbarung im Koran", a.a.O., S. 93 f.

begrifflich durch die Unterscheidung von Bote und Stellvertreter festgehalten.[81] Ist die Gestalt des Koran durch den Informationsgehalt, die Qualität der Information jedoch durch den göttlichen Autor bestimmt, so kann keine Information einfachhin neben den Koran treten. Der Koran selbst ist damit viertens der Horizont von (allem) Wissen.[82] Keine Information über den Koran, die nicht dem Koran selbst entnommen ist, kann Auskunft geben über den Koran. Die Besonderheit des Koran mündet letztlich in einer wissenstheoretischen Umkehrung der Perspektive: Der Koran ist kein Gegenstand, sondern Quelle alles Wissens, er beurteilt und wird nicht beurteilt. Damit aber ist die Frage nach seiner Besonderheit letztlich getilgt, denn der Koran ist kein gesonderter Phänomenbereich, den es in seiner besonderen Gestalt zu beschreiben und verstehen gälte, sondern der Horizont aller Beschreibung und allen Verstehens per se. Es bleibt ein reines „dass" der Offenbarung und kein „wie" im Sinn einer konkreten Gestalt.

2.2. Das Verschwinden der Sprachlichkeit in dem instruktionstheoretischen Offenbarungsverständnis

Es ist nun bereits erkennbar, dass die Form der koranischen Offenbarung ganz hinter dem Inhalt zurücksteht, wie es Kılıç konsequent sagt: Das „Heilige Buch *enthält* göttliche Wahrheit".[83] Mit der Gestalt des Koran verschwindet auch seine sprachliche Eigenart. Diese Ausblendung der Sprachlichkeit realisiert sich in mehreren Dimensionen: Erstens entfällt der Rezitationscharakter des Koran. Sein leiblich-lautlicher Charakter hat für sein Verständnis keine Bedeutung. Der Koran wird zu einer Textdatei, ohne eigene sprachliche Form. Zweitens wird die Sprachlichkeit des Offenbarungsaktes als Wörtlichkeit gedeutet: „Im Koran wird mitgeteilt, dass die Offenbarung eng mit dem göttlichen Attribut des Redens (*Allah'ın kelam sıfatı*) verbunden ist und deshalb das Offenbarte eine wörtliche Qualität (*kelamî nitelik*) besitzen muss."[84] Damit geht es nicht um sprachlich-lite-

---

[81] Vgl. Albayrak, Halis, „Offenbarung im Koran", a.a.O., S. 155.

[82] Das heißt nicht, dass innerhalb des definierten Horizontes nicht auch andere Erkenntnisquellen eine Rolle spielen können: Kılıç nimmt an, dass der Mensch „einige dieser Wahrheiten auch ohne die Offenbarung erlangen" kann – das ändert aber auch für ihn nichts daran, dass „der Koran eine eigenständige Wissensquelle" ist. Kılıç, Recep, „Die islamische Offenbarung im Lichte aktueller Diskussionen", a.a.O., S. 45. Akbulut erklärt, dass der Koran für einen islamischen Theologen auch in Bezug auf seine Eigenart und die Offenbarung die einzige und unhintergehbare Quelle ist. Vgl. Akbulut, Ahmet, „Offenbarung in der islamischen Theologie (kalam)", a.a.O., S. 147 f.

[83] Kılıç, Recep, „Die islamische Offenbarung im Lichte aktueller Diskussionen", a.a.O., S. 35.

[84] Ebd.

rarische Eigenschaften, sondern um den propositionalen Charakter der Offenbarung und seine Übereinstimmung mit der göttlichen Wahrheit.[85] Es geht mithin um die Genauigkeit des Informationstransfers, nicht um die Besonderheit der sprachlichen Gestaltung. Die Arabizität des Koran wird drittens ganz auf den Willen zur Verständlichkeit gedeutet.[86] Verständlichkeit heißt aber: Die sprachliche Gestalt tritt möglichst wenig zwischen den göttlichen Autor und den menschlichen Empfänger. Die Eigenart der sprachlichen Gestalt wird wiederum auf ein möglichstes Minimum reduziert. Die Dominanz des Gehaltes über die Gestalt wird viertens noch einmal ganz deutlich, wenn Albayrak die koranischen Redeeinleitungen problematisiert: „Wenn man sich den offenbarten Text anschaut, entsteht der Eindruck, dass manche Worte nicht Teil des Textes sein dürften. So zum Beispiel das Wort ‚sprich!'. [...] Eigentlich ist der Teil des Offenbarten entscheidend, der dem Propheten eingegeben wurde, damit er ihn an die Menschen weitergibt."[87] Nun steht das „Sprich" jedoch für eine tatsächliche sprachliche Besonderheit des Koran, dass er sich nämlich immer wieder die Gestalt eines dramatischen Geschehens von Anrede, Widerrede und wiederholtem Zuspruch gibt. Tilgt man die Redeeinleitungen, so geht diese Gestalt verloren. Man sieht also sehr anschaulich, wie die Konzentration auf den Gehalt die Eigenart, in diesem Fall die dramatische Gestalt des gesprochenen Wortes, übersieht. Das Verschwinden der Sprache nimmt hier ganz konkrete Formen an.

2.3. Die Vergleichbarkeit der Problematik

Auch wenn der Inlibrationsbegriff keineswegs notwendig mit diesem zugespitzt instruktionstheoretischen Offenbarungsverständnis einhergehen muss, zeigt sich doch eine vergleichbare Problematik, die den Überlegungen zum Wort Gottes enge Grenzen zieht:

Die Thematik des Wort Gottes wird wesentlich als Hinweis auf den göttlichen Ursprung des Koran eingeführt. Wort Gottes ist der Koran, indem er eben nicht menschlich vermittelt und gestaltet ist: „Der Koran ist das Wort Gottes. Propheten hingegen sind Menschen. Die Behauptung, dass der Koran Menschenwort sei, lehnt der Koran selbst ab. Die islamischen

---

[85] Ebd., S. 39 f.

[86] Vgl. Albayrak, Halis, „Offenbarung im Koran", a.a.O., S. 73 und Akbulut, Ahmet, „Offenbarung in der islamischen Theologie (kalam)", a.a.O., S. 161.

[87] Albayrak, Halis, „Offenbarung im Koran", a.a.O., S. 95. Vgl. auch die nur in der türkischen Version abgedruckten Bemerkungen: „Kul (söyle) emri ise…" Ebd., S. 96.

Theologen bezeichnen eine solche Ansicht, ‚Abfall vom Glauben (*küfür*)'".[88] Damit zeigt die Rede vom Wort Gottes gerade die Differenz zur menschlichen Rede und zwar im Sinne eines grundsätzlichen „Außerhalb" an. Der Koran ist Wort Gottes, insofern er nicht menschliche Rede ist. Es bleibt offen, inwiefern er es auch ist – aber er ist es zumindest nicht als Wort Gottes. Wort Gottes ist nicht die Unableitbarkeit einer Rede innerhalb der menschlichen Rede, sondern das konsequente Andere zur menschlichen Rede. Damit führt die Thematik des Wort Gottes im Unterschied zum Inlibrationsbegriff (und zum klassischen *kalām*) nicht in die Attributendiskussion und in den gemeinsamen Horizont einer ontologischen Naturenlehre hinein, sondern dient wesentlich dazu anzuzeigen, dass der Koran sich als Offenbarung versteht. Die Problematik der Vermittlung von Transzendenz und Immanenz wird selbstreferentiell durch die Zitation deskriptiv verstandener koranischer Aussagen angegangen, und die Offenbarungsthematik wird vor allem als elaborierte innerkoranische Wortanalyse durchgeführt. Pointiert gesagt: Die Thematisierung des Wort Gottes ist gleichsam nicht mehr als das Signal der Offenbarungsbehauptung. Die Reduktion des „wie" auf das „dass" der Offenbarung unter Ausblendung der sprachlichen Gestalt ist nicht gemindert, nur die Komplexität ist wesentlich reduziert.

Auf einer zweiten Ebene ist das Wort Gottes als die in ihrem Aussagegehalt stabilen einzelnen „Wörter", d.h. als die Zuverlässigkeit einzelner propositionalen Mitteilungen zu verstehen. Damit ist die Statik des Wort Gottes festgeschrieben. Eine Ereignishaftigkeit, ein Offenbarungsgeschehen wäre nur als eine unzulässige Verchristlichung zu deuten. Dies schlägt sich bis in die Auslegungsform des Koran hinein nieder: „Wenn die Tradition erneuert wird, ist sie ohnehin keine Tradition mehr. Deshalb bedarf es nicht an Theologen, die die Tradition übernehmen (*geleneğe teslim olan*), sondern sie entgegennehmen (*teslim alan*).“[89]

Die Reifikation des Koran in seinem Buchcharakter ist drittens verschärft. Der Koran ist nicht nur ein abgeschlossenes, verschriftlichtes Buch. Er ist in seiner propositionalen Konzentration wesentlich ein Mitteilungsbuch, gleichsam eine materielle Speicherform einer immateriellen Textdatei. Konsequent wird die sprachliche Gestalt des Koran schließlich nicht nur ignoriert, sondern in den Überlegungen zu den Redeeinleitungen realiter eliminiert.

In gewisser Weise ist hiermit eine Sackgasse erreicht. Außer der Differenzwahrnehmung, die aber keine befruchtende Wirkung über die identi-

---

[88] Akbulut, Ahmet, „Offenbarung in der islamischen Theologie (kalam)", a.a.O., S. 155.
[89] Ebd., S. 165.

täre Selbstversicherung hat, wäre damit ein theologisches Gespräch über das Wort Gottes weder nötig noch möglich, wie es Kılıç auch in charmanter Offenheit festhält: „Als Ergebnis kann festgehalten werden, dass das Symposium hinsichtlich der Präzisierung der Unterschiede zwischen den Offenbarungsauffassungen des Christentums und des Islam erfolgreich war. Im Islam gibt es keine Diskussion über die Bedeutung und das Wesen der Offenbarung, die sich mit der Diskussion innerhalb des Christentums vergleichen ließe."[90] Die freundliche Frage von Peter Antes, „inwieweit die neuere Entwicklung innerhalb der christlichen Theologie auch von Muslimen nachvollzogen werden kann oder ob sie generell als für die islamische Sichtweise ausgeschlossen gelten muss" könnte man mithin als beantwortet verstehen. Oder umgekehrt, weniger resignativ formuliert: Will man die Offenbarungsdiskussion neu eröffnen, so erscheint dies nur anhand einer neuen Einsicht in die konkrete Gegebenheitsweise der Offenbarung und anhand einer theologische Reflexion über die konkrete Sprachlichkeit des Koran möglich.

3. Neuansätze im Blick auf den Koran

Der Ausblendung der konkreten Sprachlichkeit des Koran in der bisherigen Diskussion des Wort Gottes stehen Forschungen islamwissenschaftlicher und muslimisch-theologischer Art gegenüber, die gerade die sprachlichen Charakteristika des Koran in den Vordergrund rücken. Sie weisen darauf hin, dass Koran und Bibel jeweils eigene Sprachwelten stiften – und dies nicht nur auf deskriptiv-veritativer Ebene. So reflektiert der Koran nicht nur, dass Gott sich in der Sprache offenbart, sondern entwickelt auch innovative Sprachformen, die eben dies zum Ausdruck bringen. Der Koran, so ist deutlich, ist auch eine sprachlich kreative Kraft. Damit zeichnet sich eine Perspektive ab, in der das Wort Gottes nicht nur autoritativer Herkunftsanspruch eines informativen Gehaltes ist, sondern jeweils eigene Sprachformen stiftet. Das Programm lautet also, diese erstens auf ihre Eigenart zu befragen, aus der analysierten Eigenart heraus zweitens das theologische Profil der jeweiligen Theologie des Wort Gottes zu entwickeln und drittens diese Profile zueinander in Beziehung zu setzen. Nun ist diese Bezugnahme einer koranischen und biblischen Theologie des Wortes Gottes zweifellos

---

[90] Kılıç, Recep, „Resümee zum Generalthema aus islamischer Sicht", in: Heinzmann, Richard/ Selçuk, Mualla (Hrsg.), Offenbarung in Christentum und Islam. ·Islam ve Hiristiyanlik'ta vahiy (Interkulturelle und interreligiöse Symposien der Eugen-Biser Stiftung 5), München 2011, S. 188–195, hier: S. 195.

Zukunft, doch kann man auf einige Schritte verweisen, die in dieser Richtung fruchtbar sind.

3.1. Mehr als Gottes Buch – Daniel Madigan und Ömer Özsoy

Ermöglicht wird die neue Aufmerksamkeit auf die Sprachlichkeit des Koran durch eine Differenzierung in der Wahrnehmung des Koran als Buch. Keineswegs ist er schlichtweg „Gottes letztes Buch".

Einen ersten entscheidenden Schritt geht der Islamwissenschaftler Daniel Madigan. Er untersucht den Begriff *kitāb* und erarbeitet die Vielfalt seiner koranischen Verwendung:[91] „There is probably no word more important to the understanding of the Qur'ān than kitāb and yet its meaning is far more complex than the simpel and almost universal translation ‚book' would seem to imply."[92] Er geht damit zentral gegen die Auffassung vor, dass sich der Koran, wenn er sich als *kitāb* bezeichnet, als „a written canon of scripture parallel to those possessed by the Christians and Jews"[93] versteht. Demgegenüber hält Madigan fest: Im Zentrum des Begriffs steht nicht das Konzept des Buches, sondern die Vorstellung vom umfassenden, verlässlichen und autoritativen göttlichen Wissen. Dieses Wissen ist jedoch nicht nur ein statischer göttlicher Wissensspeicher über Naturereignisse und die Taten der Menschen, sondern auch der Modus der Beziehung Gottes zum Menschen. Durch die „Herabsendung (*tanzīl*)" als zentrale Form der Offenbarung nimmt Gott anhand des *kitāb* Bezug zum Menschen. So ist einerseits das *kitāb* nicht auf den Koran eingegrenzt, sondern manifestiert sich in verschiedenen Formen: Gerade die Christen und Juden sind *ahl al-kitāb*. Doch auch hier ist wiederum nicht primär das abgefasste Buch im Blick: „The ahl al-kitāb seem to be thought of primarily as […] reciters of the word of God rather than as writers and readers of books."[94] Andererseits ist das *kitāb* gerade im Modus seines Offenbarwerdens nicht einfachhin reifiziertes Wissen. Vielmehr ist es in den Vorgang der praktischen Rechtleitung eingebunden. Es ist eher dynamisches „Orientierungswissen" als eine bloße

---

[91] Madigan, Daniel, The Qur'ân's self-image. Writing and authority in Islam's scripture, Princeton/Oxford 2001.

[92] Madigan, Daniel A., „Book", in: McAuliffe, Jane Dammen (Hrsg.), Encyclopaedia of the Qur'ân (EQ), Bd. 1., Leiden u. a. 2001, S. 242–251, hier: S. 242.

[93] Ebd., S. 248. Vgl. auch „The present usage of al-kitab as a synonym for the canonical form of the Qur'anic text in its content, form an scope, which is widespread within and outside Muslim religious discourse, is foreign to the Qur'anic text itself". Wild, Stefan, „Kitab", in: Leman, Oliver (Hrsg.), The Qur'an: An encyclopedia, London u. a. 2006, S. 345–347, hier: S. 346.

[94] Madigan, Daniel A., „Book", a.a.O., S. 247.

instruktionstheoretische Mitteilung übernatürlicher Informationen: „In this respect, the Qur᾽ān does not present the *kitāb* as a closed and definable corpus of text, but rather as an ongoing relationship of guidance."[95] Schließlich arbeitet Madigan heraus, dass dort, wo im Koran *kitāb* und *Qur᾽ān* zueinander treten, eine spezifisch koranische Reflexivität begründet wird: „The Qur᾽ān is both itself and about itself [...]. Even in its final form it seems still a work-in-process, carefully observing and commenting upon itself."[96] Madigans Überlegungen stimmen in dieser Hinsicht mit den Untersuchungen Stefan Wilds überein, der ebenfalls die reflexive Selbstthematisierung als das koranische Spezifikum herausgearbeitet hat.[97] Der Koran versteht sich nicht als das Ende des Nachdenkens, sondern als Anstoß zu neuer Reflexion.

Madigans Untersuchung unterläuft mithin die Vorstellung einer Buchwerdung des Wortes Gottes im Koran fundamental. Nicht die Buchwerdung sei das Ziel dessen, was der Koran als Offenbarung verstehe. Im Gegenteil würden gerade die Gegner Muḥammads eine verschriftliche abgeschlossene göttliche Mitteilung erwarten, der gegenüber sich der Koran als situativer, dynamischer und offener Prozess der Rechtleitung konzipiere: „In rejecting the claim that it should be sent down ‚as a single complete pronouncement‘ the Qur᾽ān is asserting its fluidity and its responsiveness to situations."[98] Madigan schließt: „The Qur᾽ān is God's writing in the sense that it is God's definitive and authoritative word. Yet it is not the sum total of God's word but rather a token of it and a guarantee of continuing guiding."[99] Mit dieser genauen Untersuchung eines zentralen Konzeptes im Koran ist durchaus ein Knoten gelöst, auch die sprachliche Seite des Koran neu wahrzunehmen: Als dynamischer Prozess interagiert die Bezugnahme Gottes auf den Menschen im *kitāb* mit sprachlichen und historischen Gegebenheiten und konstituiert sich nicht in totaler Andersheit, sondern in gestaltender Transformation. Bezeichnenderweise hebt Madigan gerade die von den türkischen Theologen in ihrer Bedeutung minimierten Redeeinleitungen hervor: „This immediate and responsive quality of the Qur᾽ān is illustrated again and again in one of its most characteristic rhetorical devices: the imperative, ‚Say!‘ (*qul* [...])"[100]. In dieser kleinen Bemerkung wird wie in einer Nussschale deutlich,

---

[95] Ebd.

[96] Ebd., S. 250.

[97] Vgl. Wild, Stefan, „Why self-referentiality?", in: Ders. (Hrsg.), Self-Referentiality in the Qur᾽ān (Diskurse der Arabistik 11), Wiesbaden 2006, S. 11–22.

[98] Madigan, Daniel A., „Book", in: McAuliffe, Jane Dammen (Hrsg.), Encyclopaedia of the Qur᾽ān (EQ), Bd. 1., Leiden u. a. 2001, S. 242–251, hier: S. 250.

[99] Madigan, Daniel A., „Book", a.a.O., S. 251.

[100] Ebd., S. 250.

inwiefern aus der Beobachtung sprachlicher Eigenart theologische Konsequenzen folgen.

Größere Bekanntheit als die minutiöse Begriffsanalyse Madigans hat zumindest im deutsch-(und türkisch-)sprachigen Kontext der koranhermeneutische Ansatz von Ömer Özsoy erlangt. Noch fundamentaler als Madigan unterzieht er nicht nur den Buch- sondern bereits den Textcharakter des Koran einer kritischen Revision. Eingebettet in ein historisch orientiertes Verstehen,[101] lautet die hier relevante Grundannahme Özsoys: Der Koran ist nicht Text, sondern Rede.[102] Die Lektüre des Koran als Text bedeutet für Özsoy theologisch eine Identifizierung von Universalität mit Übergeschichtlichkeit, literarisch eine Konzeption des Koran als widerspruchsfreies, einheitliches und homogenes Ganzes, methodologisch eine synchrone Herangehensweise, semantisch die Unterstellung einer Vieldeutigkeit der Koranstellen und kommunikativ die Ausblendung eines konkreten Gegenübers.[103] Die Rede hingegen wird von Özsoy als situativ-geschichtlicher und dialogischer Sprechakt gedeutet: „Entscheidend ist der offene Gesprächsverlauf zwischen Immanentem und Transzendentem."[104] Die Adressaten sind also nicht allein passive Empfänger, sondern werden in das koranische Offenbarungsgeschehen mit einbezogen – ohne, dass sie einfachhin an der Hervorbringung der Offenbarung beteiligt sind.[105] Damit

---

[101] Elemente dieser sind die Betonung des historischen Abstands zum Koran sowie der Situativität und ursprünglichen Verständlichkeit der Offenbarung. Hieraus erfolgt die Zuordnung von Koran und Sunna, die die Überordnung des vermeintlich übergeschichtlich-absoluten ersten über die geschichtlich-relative zweite in Frage stellt. In einem späteren Aufsatz kommt als wesentliches Element noch die Auffassung hinzu, dass die koranische Offenbarung substantiell eine barmherzige Erinnerung an die eigentliche, fundamentale Erinnerung an die vorkonfessionelle Offenbarung ist, die der Menschennatur gleichsam als „natürliche Gottergebenheit" eingeschrieben ist. Vgl. Özsoy, Ömer, „Die Geschichtlichkeit der koranischen Rede und das Problem der ursprünglichen Bedeutung von geschichtlicher Rede", in: Alter Text – neuer Kontext. Koranhermeneutik in der Türkei heute. Ausgewählte Texte, übersetzt und kommentiert von Felix Körner SJ. Freiburg 2006, S. 78–98, hier: S. 32 f.

[102] So überschreibt Körner das dritte Kapitel seiner Edition von Texten der „Ankaraner Schule". Vgl. Körner, Felix (Hrsg.), Alter Text – neuer Kontext. Koranhermeneutik in der Türkei heute. Ausgewählte Texte, übersetzt und kommentiert von Felix Körner SJ. (Georges Anawati Schriftenreihe Bd. 1), Freiburg 2006, S. 77.99.

[103] Vgl. Özsoy, Ömer, „Die Geschichtlichkeit der koranischen Rede und das Problem der ursprünglichen Bedeutung von geschichtlicher Rede", a.a.O., S. 79–86.

[104] Ebd., S. 87. Vgl. Özsoy, Ömer, „The Qur'an reminds people of the forgotten original covenant", in: Elder, Fonds (Hrsg.), Islam unknown, Amsterdam 2012, S. 120–133, hier: S. 128. Vgl. zur Mündlichkeit Özsoy, Ömer, „Das Unbehagen der Koranexegese. Den Koran in anderen Zeiten zum Sprechen bringen", in: Frankfurter Zeitschrift für Islamisch-Theologische Studien 1 (2014), S. 29–68, hier: S. 42.

[105] Vgl. Özsoy, Ömer, „Das Unbehagen der Koranexegese. Den Koran in anderen Zeiten zum Sprechen bringen", a.a.O., S. 38. Vgl. auch Özsoys Anschluss an Naṣr Abū Zayds Begriff der „aszendenten Dialektik". Ebd., S. 41.

betont Özsoy das Verständnis des Koran als ein interaktives, orientierendes Geschehen gegenüber einer instruktionstheoretischen Vorstellung des Koran als umfassenden Wissensspeicher aller vergangenen, gegenwärtigen und zukünftigen Ereignisse.[106] Der Koran hat in diesem Sinne für Özsoy eine „Weisungskompetenz".[107] Nicht, dass er zu allen Ereignissen jenseits seines zeitlichen Horizontes eine definitive Weisung erlassen hätte, sondern dass er in die Richtung deutet, in der die Menschen in der nachkoranischen Zeit gehen sollen.[108] Damit rückt die Intention in das Zentrum des Koranverständnis, so dass Özsoy folgern kann: „Mit welchem Ziel etwas im Koran vorkommt, ist deshalb entscheidender als, ob es vorkommt."[109]

Von der Intentionalität her erschließt sich auch die theologische Annahme des göttlichen Ursprungs. Sie schlägt sich in den Bedeutungen, nicht in den einzelnen Ausdrücken des Koran nieder: Nicht der Text und die sprachliche Form sind göttlich. Göttlich ist der Ursprung des kommunikativen Sprechaktes.[110] Damit betont Özsoy implizit ein literaturwissenschaftlich klassisch-auktoriales Verständnis, das die Intention des Sprechers und den Sinn des Gesprochenen identifiziert. Wenn Gott der Autor – im Sinne des Urhebers der Sprechakte – ist, so ist diese Identität auf das Höchste gesichert, weil bei ihm die Intentionalität des Sprechens und die Verfügung über das Gesprochene nicht differieren. Man kann folgern: Einerseits unterläuft Özsoys Ansatz den Begriff der Inlibration radikal. Andererseits tritt auch bei ihm das Interesse an der literarisch-ästhetischen Gestalt des Korans zugunsten der kommunikativ-intentionalen Funktion von Sprache zurück. Die Sprache ist wesentlich Ausdruck der Intention des Sprechenden in seiner Kommunikation mit den Adressaten. So wird als spezifisches sprachliches Mittel einzig die Metapher angesprochen. Dies ist auch konsequent, steht diese doch innersprachlich für die Aufgabe, nicht am Äußeren der Sprachform zu verweilen, sondern den Text auf die Intention zu überschreiten.[111] Die Sprache gehört zweifellos zur Situativiät des Korans hinzu,

---

[106] Vgl. Ebd., S. 37.

[107] Vgl. Ebd., S. 61.

[108] „Der Koran ist wie ein Fingerzeig, der in eine bestimmte Richtung zeigt, es wäre falsch, auf den Finger zu starren." Ebd., S. 63.

[109] Ebd., S. 88. Vgl. ebd., S. 37.

[110] „From an Islamic perspective, the Qur'an has its origin in God. But the fact that the Qur'an has its origin in God does not mean that its wording as we read, understand and grasp it, is of divine nature." Özsoy, Ömer, „The Qur'an reminds people of the forgotten original covenant", a.a.O., S. 120.

[111] Vgl. Özsoy, Ömer, „Die Geschichtlichkeit der koranischen Rede und das Problem der ursprünglichen Bedeutung von geschichtlicher Rede", a.a.O., S. 90 und Özsoy, Ömer, „The Qur'an reminds people of the forgotten original covenant", a.a.O., S. 122. Vgl. hier auch die Arabizität als kontingenter Ausdruck des absolut Göttlichen. Vgl. Özsoy, Ömer, „Das Unbehagen der Koranexegese. Den Koran in anderen Zeiten zum Sprechen bringen", a.a.O.,

ein literarischer Zusammenhang und daraus eine mögliche theologische Eigenart des Koran aus seiner Sprachlichkeit gegenüber den biblischen Texten wird jedoch nicht eigens erhoben. Es scheint, dass die sprachlich-literarisch orientierte Herangehensweise bei Özsoy fest mit dem Paradigma der „Kompositionalität" verbunden ist, das im Gegensatz zu der „Kontextualität" aus dem Koran einen geschichtslosen Referenztext gemacht hat.[112] Literaturwissenschaft und geschichtsbewusste Deutung stehen einander damit gegenüber. Allerdings gibt es in den neueren Überlegungen Özsoys einige Ansatzpunkte, auch diese Dimension der „Gestaltgewinnung"[113] der Offenbarung zu berücksichtigen: Erstens betont er deutlicher die Reaktion des Koran auch auf jüdische und christliche Kontexte. Damit transformiert der Koran aber nicht nur die Rezipienten, sondern gewinnt seine Eigenart auch in der Auseinandersetzung und Transformation biblischer Sprachformen.[114] Zweitens stellt Özsoy mit Verweis auf die literaturwissenschaftliche Exegese Amīn al-Ḫūlīs die Verschiedenheit der koranischen Sprechhakte heraus – wodurch auch die sprachliche Form dieser in den Blick kommen müsste.[115] Drittens schließlich reflektiert Özsoy, dass die Adressatenorientierung des Korans sich auch innersprachlich durch die Vielstimmigkeit koranischer Rede inklusive der Zitation der jeweiligen Adressaten niederschlägt – und der Koran auch hierin gerade seine Eigenart gewinnt.[116] Der Brückenschlag zwischen der sprachlich-literarischen Analyse und der geschichtlich orientierten Forschung ist damit möglich.[117]

S. 36 und Özsoy, Ömer, „The Qur'an reminds people of the forgotten original covenant", a.a.O., S. 120.

[112] Vgl. Özsoy, Ömer, „Das Unbehagen der Koranexegese. Den Koran in anderen Zeiten zum Sprechen bringen", a.a.O., S. 51–54.

[113] Ebd., S. 38.

[114] Vgl. Ebd., S. 34–36. Kritisch merkte dies Körner 2006 an. Vgl. Körner, Felix (Hrsg.), Alter Text – neuer Kontext. Koranhermeneutik in der Türkei heute., a.a.O., S. 101.

[115] Vgl. Ebd., S. 43.

[116] Vgl. Ebd., S. 38.

[117] Özsoy denkt in neueren Publikationen Inhalt und Form implizit eng zusammen: Sowohl die Inhaltsseite als auch die Ausdrucksseite ist geschichtlich und kontingent. Deshalb ist der Koran auch nicht Gottes letztes Wort. Er ist die letzte Erinnerung an die eigentliche, vorhistorische Offenbarung und damit ein Schritt in der moralischen Evolution der Menschheit. Vgl. Özsoy, Ömer, „The Qur'an reminds people of the forgotten original covenant", a.a.O., S. 126 f und Özsoy, Ömer, „Das Unbehagen der Koranexegese. Den Koran in anderen Zeiten zum Sprechen bringen", S. 62. Damit ist jedoch alles Sprachlich-Historische nur eine entfremdende Partikularisierung des unzugänglichen Absoluten. Özsoy scheint hier Paul Tillich und Ernst Troeltsch recht nahe.

3.2. Die ästhetische Dimension der Offenbarung – Navid Kermani und Milad Karimi

In der traditionellen muslimischen Wahrnehmung vermittelt der Koran nicht allein ein Wissen, das der Mensch aus sich heraus nicht haben kann. Sein Wort, gerade wenn es rezitiert wird, ist tatsächlich wirksam: Die ganze Ḥadīṯliteratur ist durchzogen von ekstatisch in Ohnmacht Fallenden, Verzückten und Enthusiasten, die nur aufgrund der Rezitation eines kleinen Stückes die Sinne verlieren. Durch alle Berichte zieht sich immer wieder das Motiv der Überwältigung hindurch: Die Predigt Muḥammads ruft durchaus Widerspruch und Gegnerschaft hervor. In der Rezitation des Korans aber erfährt der Rezipient, dass hier etwas von außen ihm entgegentritt, das nicht aus seinen eigenen Möglichkeiten und Vorstellungen kommt und das ihn dennoch ganz in Anspruch nimmt. Es sind vor allem Navid Kermani und in einer eigenen Akzentsetzung Milad Karimi, die darauf hingewiesen haben, dass man den Koran nicht ohne die Betrachtung seiner ästhetischen Wirkung verstehen darf und die gerade hierin die Besonderheit muslimischen Selbstverständnisses sehen.[118] Die Protagonisten einer islamischen Ästhetik wollen damit eine vergessene Dimension im Islam zum Ausdruck bringen. In einer Zeit, in der die genaue rechtliche Regulierung, die blinde Buchstabentreue und die schlichte Identität scheinbar den Kern des Islam ausmachen, erinnern sie daran, dass traditionell Kunst, Dichtung und vor allem der Klang eine wesentliche Rolle im Glaubensverständnis spielen. Anders als das islamische Katechismuswissen wollen sie den Koran nicht als ein Informationsbuch verstehen, in dem Gott seinen unverhandelbaren Willen mitteilt, sondern als ein Dokument einer bezaubernden Poesie, in dem Metaphern, Bilder, Rhythmus und Klang nicht nur äußerliche Hülle, sondern Wesenskern sind. Für sie ist der rezitierte Koran mehr als eine Handreichung zur Lebensregulierung. Er ist eine Aufführung der Schönheit Gottes, mit der er den Menschen ansprechen, sein Herz bewegen und sein Gemüt reinigen will.

Die beiden Autoren können dabei auf die Tradition der spekulativen Theologie hinweisen, in der die unnachahmliche sprachliche Schönheit ein Beweis für die Wahrheit der Prophetie Muḥammads ist. Wie der Koran nicht ohne den Anspruch auf sprachliche Schönheit zu verstehen ist, so kann man Theologie nicht ohne Ästhetik betreiben – in dieser Weise kennzeichnet Kermani das Anliegen seiner mäandernden Dissertation „Gott ist schön".

---

[118] Vgl. Kermani, Navid, Gott ist schön. Das ästhetische Erleben des Koran, a.a.O. und u.a.: Karimi, Milad, „Der Koran – Gottespoesie oder Menschenwort?", in: IKaZ 40 (2011), S. 457–465.

Und Milad Karimi konzipiert aus der ästhetischen Überwältigungserfahrung eine eigene Offenbarungstheologie, die Offenbarung in der koranischen Identität von Form und Inhalt als Erfahrung unbedingter Schönheit versteht.[119]

Für die Suche nach einer Theologie des Wort Gottes, die der konkreten Phänomenalität der Offenbarung nachgeht, sind Kermani und Karimi mithin höchst anregend. Sie lenken die Aufmerksamkeit darauf, dass die Sprache des Korans nicht nur die beliebige Außenseite der eigentlich bedeutsamen Information ist und sensibilisieren für die Poetizität des Textes. Damit wehren sie einem zu engen Verständnis des an kommunikationstheoretischen Modellen entwickelten Offenbarungsverständnisses: Zum einen hängen in der Nachricht Inhalt und Form eng zusammen. Zum anderen geht Offenbarung über die Übermittlung eines Inhaltes hinaus und zielt eine existenzielle Transformation des Empfängers an. Weiterhin erinnern die Protagonisten der islamischen Ästhetik an die hohe Wertschätzung der Sprache innerhalb des theologischen Denkens.[120] Dennoch ist bei beiden nicht im Blick, eine Theologie der Offenbarung aus konkreten Analysen koranischer Sprachlichkeit zu gewinnen. Dies, weil Kermanis wegweisende Dissertation explizit rezeptionsästhetisch orientiert ist: „Im Mittelpunkt steht nicht das Werk, sondern dessen Aufnahme durch die Hörer."[121] Es geht nicht vorrangig um die sprachlichen Formen und Mittel, sondern um die klangliche Wirkung auf den Hörer – und (wie Özsoy) um die Einbindung des Rezipienten in das Offenbarungsereignis.[122] Die Sprache des Korans kommt bei Kermani nur insofern in den Blick, als sie die Rezeption des Hörers disponiert – eine theologische Analyse dieser Hörerlenkung jedoch liegt nicht in Kermanis Interesse.[123] Insgesamt ist Kermanis Blickrichtung von der Theologie ausgehend auf die Ästhetik gerichtet: Es geht ihm eher darum, die ästhetische Dimension der theologischen Argumentation frei zu

---

[119] Vgl. Karimi, Milad, Hingabe. Grundfragen der islamisch-systematischen Theologie, Freiburg ²2015, S. 173–200. Vgl. auch: Langenfeld, Aaron, Das Schweigen brechen. Christliche Soteriologie im Kontext islamischer Theologie, Paderborn 2016, S. 369–376.

[120] Hier ist natürlich besonders auf Kermanis intensive Analyse von al-Ǧurǧānī zu verweisen. Vgl. Kermani, Navid, Gott ist schön. Das ästhetische Erleben des Koran, a.a.O., S. 253–284.

[121] Ebd., S. 10 f. „Auch wenn ausschließlich die Rezeption des Koran untersucht werden soll". Ebd., S. 97.

[122] Der Teil III „Der Klang" ist als Schlüsselkapitel des ganzen Werks zu lesen. Die Rezitation ist die wesentliche Gegebenheitsweise des Koran, die sowohl seine Eigenart als auch seine besondere ästhetische Qualität ausmacht.

[123] Es lohnte, die Beobachtungen Kermanis zur Sprache und Struktur des Textes auszuwerten. Vgl. Kermani, Navid, Gott ist schön. Das ästhetische Erleben des Koran, a.a.O., S. 94–170. Vor allem das Charakteristikum der Verdichtung verdiente Aufmerksamkeit, denn in ihm gewinnen der Einbruch von außen und die unmittelbare Präsenz sprachliche Form. Vgl. hierzu die Analyse des Lichtverses ebd., S. 120–124.

legen, als aus der ästhetischen Dimension heraus Theologie zu betreiben. Dies hingegen ist durchaus das Anliegen Karimis, der Offenbarung wesentlich als ein Ereignis unbedingter Schönheit versteht. Doch ist die Grenze dieses Ansatzes, dass dessen konkrete phänomenale Gegebenheitsweise unterbestimmt ist. Denn offen bleibt, worin sich die unbedingt-unvergleichliche Schönheit denn zeigt, außer im bloßen „dass" ihrer Erfahrung. Damit droht jedoch ein reflektiertes Offenbarungsverständnis zur bloßen Offenbarungsbehauptung zu werden.[124]

Weiter führte also ein Weg, der Özsoys Konzeption des Koran als Rede mit konkreten sprachlichen Untersuchungen zusammenbrächte, um von hieraus Grundeinsichten einer koranischen Theologie zu erschließen. Die Möglichkeit und Richtung eines solchen Weges deuten die Arbeiten Angelika Neuwirths (und, auf andere Weise, Neal Robinsons) an.

3.3. Das Wort Gottes in der spezifischen Sprachlichkeit des Koran – Angelika Neuwirth

Auch Angelika Neuwirth sieht wie der Inlibrationsbegriff die systematische Parallele zwischen der Inkarnationsvorstellung und der sprachlichen Verkörperung Gottes im Koran: „Was in Parallele gesetzt werden muß, ist also – sowohl aufgrund der Theologiegeschichte als auch aufgrund der koranischen Aussagen selbst – die Menschwerdung des Gotteswortes in Christus zum einen und die ‚Koranwerdung' des Gotteswortes zum anderen."[125] Allerdings zeigt die Rede von der „Koranwerdung" bereits, dass auch Neuwirth die koranische Offenbarung analog zu Özsoy nicht als ein abgeschlossenes Produkt, sondern als einen interaktiven Prozess versteht:[126] Der Koran wird zum Wort Gottes in einer dynamischen Entwicklung der Auseinandersetzung, Selbstthematisierung und Verwandlung, so dass eine diachrone Analyse bereits vom Selbstbild des Koran geboten ist. So betont

---

[124] Vgl. hierzu die transzendentaltheologisch orientierte Kritik von Langenfeld, Aaron, Das Schweigen brechen. Christliche Soteriologie im Kontext islamischer Theologie, a.a.O., S. 379–383. Während es mir um die Klärung der phänomenalen Struktur der Gegebenheit (und damit um eine konkrete Inhaltlichkeit von Offenbarung über ein reines Ereignisdenken hinaus) geht, zielt er darauf, inwiefern die in der Schönheit aufleuchtende Unbedingtheit tatsächlich als unbedingt denkbar ist.

[125] Neuwirth, Angelika, Der Koran als Text der Spätantike. Ein europäischer Zugang, Berlin 2010, S. 163.

[126] Der Koran ist ein „ergebnisoffener Prozess". Neuwirth, Angelika, Der Koran als Text der Spätantike, a.a.O., S. 185. Vgl. ebd., S. 120–122.182–188.197–200. Neuwirth spricht deswegen von „koranischer Verkündigung", um die sich entwickelnde Form des vorkanonischen Koran zu kennzeichnen.

auch Neuwirth, dass es in der „Selbstmanifestation des Gotteswortes"[127] im Koran nicht um eine Buchwerdung gehe. Im Gegenteil: Bereits diachron steht die vokale Verkörperung des Gotteswortes in der „Herabsendung (*tanzīl*)" noch vor dem expliziten Schriftbezug.[128] Und während die spätere koranische Referenz auf die Schrift, das *kitāb*, die Offenbarung von der inspirierten altarabischen Dichtung abgrenzt,[129] so bleibt die Mündlichkeit das entscheidende Kennzeichen des koranischen Selbstbildes gegenüber den Erben der biblischen Tradition[130]. In diesem Sinne nimmt Neuwirth kritisch Stellung zum Inlibrationsbegriff: „Nicht ein Buch steht als Verkörperung des Gotteswortes an der Stelle der Inkarnation, sondern [...] eine sinnlich wahrnehmbare akustisch-sprachliche Manifestation".[131]

Dennoch hält Neuwirth – schärfer als Özsoy – an der Textualität fest und sieht in ihr ein wesentliches Charakteristikum des Koran: „Seine früh erreichte Form als schriftlicher Text kann weiterhin als Durchbruch, als eine in seinem Milieu beispiellose Errungenschaft gelten."[132] Mit Assmann beschreibt sie den Prozess der koranischen Verkündigung als eine Verwandlung ritueller in textuelle Kohärenz.[133] Die Textualität realisiert sich in besonderer Weise im exegetischen Charakter des Koran, in dem Neuwirth ein wichtiges Spezifikum sieht: „So gesehen lässt sich der Koran als vielleicht einzigartiger Fall von mantischer, also prophetischer, und zugleich exegetischer Rede erkennen"[134]. Der Koran ist durch Kommentierungen und Neuformulierungen, Auslassungen und Verdichtungen sowohl intra- als auch intertextueller Art charakterisiert. Die sprachlichen Transformationen sowohl altarabischer Dichtung als auch biblischer Traditionen (in der Form ihrer doppelten Erben im rabbinischen Judentum und im orientalischem Christentum) konstituieren erst das Gotteswort als Gottes Wort. Damit nun lenkt Angelika Neuwirth wesentlich den Blick darauf, dass das Wort Gottes, das die koranische Verkündigung realisiert, erst spät(er) auf der Ebene der Attributendiskussion rationalisiert wird,[135] zuvor aber in Auseinandenset-

---

[127] Ebd., S. 166.
[128] Vgl. Neuwirth, Angelika, Koranforschung – eine politische Philologie? Bibel, Koran und Islamentstehung im Spiegel spätantiker Textpolitik und moderner Philologie (Litterae et Theologia. Publikationen des Frey-Grynaeischen Instituts in Basel, Bd. 4), Berlin 2014, S. 22–25.43.
[129] Vgl. ebd., S. 43 f.51–54.56 f.
[130] Ebd., S. 57–59. Vgl. Neuwirth, Angelika, Der Koran als Text der Spätantike, a.a.O., S. 137–145.
[131] Neuwirth, Angelika, Der Koran als Text der Spätantike, a.a.O., S. 167.
[132] Neuwirth, Angelika, Koranforschung – eine politische Philologie? Bibel, Koran und Islamentstehung im Spiegel spätantiker Textpolitik und moderner Philologie, a.a.O., S. 48.
[133] Vgl. Ebd., S. 18.44.54.66.
[134] Ebd., S. 8. Vgl. Neuwirth, Angelika, Der Koran als Text der Spätantike, a.a.O., S. 564–567.
[135] Vgl. Neuwirth, Angelika, Der Koran als Text der Spätantike, a.a.O., S. 164.

zung mit der und Einbildung in die Sprache geschieht. Sie zitiert hierzu Abū Zayds Gedanken der „Wandlung (*taḥawwul*)": „Die arabische Sprache stellt in der islamischen Offenbarung das Medium dar, in dem und durch das die Wandlung verwirklicht wird"[136]. Von hier aus kann man dann die Besonderheit des Korans in Gänze sprachlich bestimmen und fragen, was denn nun die sprachliche Eigenart des Koran ausmacht, in der das Wort Gottes Gestalt gewinnt. Die vielfachen Untersuchungen und Beobachtungen Neuwirths kann man sechs Ebenen zuordnen:

Der Koran ist erstens wesentlich sprachlich, weil seine Botschaft nicht nur informativ mitgeteilt, sondern auch sprachlich-performativ realisiert wird: So spricht die Sure 55 nicht nur über Harmonie und Ausgewogenheit als Charakteristika der Schöpfung, sondern verkörpert sie auch sprachlich.[137] Ebenso inszeniert die Sure 81 das Drängen nach eschatologischer Auflösung auch im Aufbau, so dass Neuwirth festhält: „Der syntaktischen Spannung entspricht die semantische"[138]. Selbst auf der selbstreferentiellen Ebene, in der der Koran, wie es typisch für ihn ist, über sich selbst reflektiert, spielen die sprachlichen Formen eine Rolle, wie Neuwirths Analyse der weiblichen Metaphern in dem „hermeneutischen" Vers 3:7 zeigt.[139]

Der Koran ist zweitens wesentlich sprachlich, weil man ihn nur als Diskurs in Texten verstehen kann, der seine eigenen Akzente durch literarische Anspielungen und Umgestaltungen setzt. In kleinem Maßstab können dies einzelne Topoi sein, so zum Beispiel Poesieparaphrasen und Anspielungen auf altarabische Dichtung[140]. Die Umgestaltung biblischer Motive geschieht oftmals als Entallegorisierung und Tilgung christologischer Sinnspitzen.[141] Eine elaborierte inter- wie intratextuelle Transformation zunächst des biblischen Motivs und sodann der ersten koranischen *relecture* bietet die Geschichte des Goldenen Kalbs.[142] Im Blick auf größere Textstücke macht mitunter erst die Kenntnis von Gattungsreferenzen die Sinnspitze der koranischen Reformulierung deutlich – sehr eindrücklich ist die Erklärung von Paradiesesbildern als Variation und Fortschreibung des *nasīb*, der

---

[136] Neuwirth, Angelika, Der Koran als Text der Spätantike, a.a.O., 167.

[137] „Die Sure kann als der poetischste Text des Koran gelten, der ein zentrales Theologoumenon nicht nur semantisch, sondern auch grammatisch und klanglich gestaltet." Neuwirth (2011), 608. Vgl. ebd., S. 215–223.

[138] Neuwirth, Angelika, Koranforschung – eine politische Philologie? Bibel, Koran und Islamentstehung im Spiegel spätantiker Textpolitik und moderner Philologie, a.a.O., S. 40.

[139] Vgl. ebd., S. 85–90.

[140] Vgl. z. B. ebd., S. 31.46 f.

[141] Vgl. z. B. ebd., S. 32–34.63.

[142] Vgl. Ebd., S. 73–80.

Eingangssektion der *qaṣīda*.[143] Gerade die Umgestaltungen lassen die sprachliche Eigenart des Koran erkennen, aus der mit Vorsicht[144] ein theologisches Profil erschlossen werden kann. So tritt zum Beispiel die Demonstration göttlicher Macht in den Straflegenden an die Stelle der heilsgeschichtlichen Rettung der psalmistischen Geschichtskataloge,[145] die szenische Überblendungen und strukturierenden Gottesreden der Josefssure setzen im Gegensatz zur biblischen Narration auf unmittelbare göttliche Präsenz und die Entallegorisierung der Marienfigur betont die Vorbildlichkeit im Gegensatz zur ekklesialen Symbolik[146].

Der Koran ist drittens wesentlich sprachlich, weil er über Sprache reflektiert und Sprache thematisiert. Er spricht die Sprachform des Exempels (*maṯal*) und der Erzählung (*qiṣaṣ*) an und setzt sich explizit mit den Dichtern auseinander, die nicht nur Konkurrenten, sondern hermeneutische Gegenfiguren, Figuren des systematischen Falschverstehens sind. Auch diese Auseinandersetzung geschieht übrigens selbst noch einmal sprachlich-literarisch, arbeitet die koranische Reflexion über Dichtung doch mit der Transformation von Dichtungszitaten.[147]

Der Koran ist viertens wesentlich sprachlich, weil er auch sich selbst und seine Besonderheit von der Sprache her versteht. Seine Selbstbestimmung geschieht nicht nur durch Sprache, sondern auch als Sprache. Bereits die frühmekkanischen Bezeichnungen seines eigenen Charakters als *tanzīl* und *qurʾān* grenzen die koranische Verkündigung nach Neuwirth gegen die altarabische dichterische Inspiration mit einer Referenz auf die Logos-Theologie des nachbiblischen Umfeldes ab.[148] In dieser Anspielung spitzt der Koran sein Selbstverständnis als Sprache sodann noch einmal zu: Neuwirth liest den Beginn der Sure 55 als Umgestaltung des Johannesprologs und folgert, dass der Logos somit nicht als zweite göttliche Kraft, sondern als Durchdringung der Welt in sprachlich-zeichenhafter Klarheit verstanden wird. Nicht Christus, sondern sprachliche Klarheit, *bayān*, ist

---

[143] Vgl. Neuwirth, Angelika, Der Koran als Text der Spätantike. Ein europäischer Zugang, a.a.O., S. 220–223.

[144] Natürlich stoßen die Akzentsetzungen immer auf die Problematik, ob sie genuin koranisch sind, oder ob die koranische Verkündigung sie in der nachbiblischen christlichen und jüdischen Verarbeitung schon als Kontext vorfindet.

[145] Vgl. Neuwirth, Angelika, Koranforschung – eine politische Philologie? Bibel, Koran und Islamentstehung im Spiegel spätantiker Textpolitik und moderner Philologie, a.a.O., S. 38 f.

[146] Vgl. Neuwirth, Angelika, Der Koran als Text der Spätantike. Ein europäischer Zugang, a.a.O., S. 590–595.

[147] Vgl. ebd., S. 716–722.

[148] Vgl. Neuwirth, Angelika, Koranforschung – eine politische Philologie? Bibel, Koran und Islamentstehung im Spiegel spätantiker Textpolitik und moderner Philologie , S. 22–26.

das Wesen des Logos.[149] Neuwirth spricht deshalb von einer erneuten Supersession, in der die Autorität Christi durch die Evidenz der Sprache ersetzt wird.[150] Die entchristologisierende Tendenz der koranischen Transformation ist mithin eng mit der Selbstbestimmung als Sprache verbunden. Schließlich kann man darauf verweisen, dass das ganze Bedeutungsfeld von Offenbarung eine Umgestaltung eines dichterischen Konzeptes ist. Mit *waḥy*, so die Einsicht Neuwirths, wird ein „Schlüsselwort der altarabischen Poesie"[151] aufgegriffen und im Blick auf die zeichenhafte Lesbarkeit der Welt ausbuchstabiert. Altarabisch steht *waḥy* für die unentzifferbaren Felsinschriften, die im Zusammenklang mit den verlassenen Lagerstätten die undurchdringliche Welt vor Augen führen – gleichsam eine melancholische Semiotik, in der der Signifikant in die Leere des abwesenden Signifikates entschwindet. Koranisch bringt *waḥy* jedoch die stummen Spuren zum Sprechen und bezeichnet eine göttlich erschlossene Kommunikation, aus der heraus die stumme Welt lesbar wird – eine Einsicht, die übrigens selbst wiederum in einem Wortspiel umgesetzt wird.[152]

Der Koran ist fünftens wesentlich sprachlich, weil ihm Ansätze zu einer expliziten Zeichentheologie, ja, einer Vereinbarung von Schöpfung und theologischer Sprachdeutung zu entnehmen sind. Neuwirth weist anhand des Zeichenbegriffs (*āya*) auf den engen Zusammenhang zwischen Natur und Sprache hin. Der Grundgedanke der *āyāt* ist das Verständnis der Schöpfung als einer umgreifenden Kommunikationsgemeinschaft zwischen Gott, Welt und Mensch. Die Seinsordnung ist wesentlich eine sprachlich-zeichenhafte Kommunikationsgemeinschaft.[153] Der Koran eröffnet also die Welt als sprachlich-zeichenhaft erschlossene Welt – *āya* und *waḥy* greifen auf diese Weise zusammen. Auf einer zweiten Ebene geschieht auch diese Erschließung der Welt als Zeichenwelt wiederum sprachlich-literarisch: „Insofern kann es nicht verwundern, daß die koranischen Schöpfungsbeschreibungen auch nicht primär an der realen Natur, sondern ebensosehr an ‚Literatur' orientiert sind, daß sie nicht primär realitätsreferentiell, sondern ebensosehr textreferentiell sind."[154] Gleiches gilt für die Jerusalembezüge der mittelmekkanischen Zeit, die eine Gegenwelt zur leidvollen Gegenwart in Mekka vergegenwärtigen. Auch hier geht es um eine sprachlich vergegen-

---

[149] Vgl. ebd., S. 28.

[150] Vgl. ebd., S. 33 f und Dies., Der Koran als Text der Spätantike. Ein europäischer Zugang, a.a.O., S. 160–163.

[151] Ebd., S. 18.

[152] Vgl. ebd., S. 18 f.54 f. und Dies., Der Koran als Text der Spätantike. Ein europäischer Zugang, a.a.O., S. 125–130.

[153] Vgl. Neuwirth, Angelika, Der Koran als Text der Spätantike. Ein europäischer Zugang, a.a.O., S. 433–450.

[154] Ebd., S. 440.

wärtigte Welt, nicht um das gegenwärtig-historische Jerusalem.[155] Dem Koran ist mithin ein hermeneutischer Weltzugang wesentlich eingeschrieben.[156]

Der Koran ist sechstens wesentlich sprachlich, weil man die Entwicklung der koranischen Verkündigung mit aller Vorsicht selbst als drei Etappen eines Text-Welt-Verhältnisses deuten kann: Zunächst tritt die Verkündigung klar als Rede in anderen Reden auf und deutet die Welt als ein großes Zeichensystem. Die Welt wird aus dem Text erschlossen. Mittelmekkanisch wird die koranische Verkündigung sodann zur sprachlichen Inszenierung einer Gegenwelt. Angesichts der leidvollen Gegenwart wird der Text der physischen Welt gegenübergestellt und die Welt zugunsten des Textes transzendiert: „Biblische Texte verweben sich im Verlauf der mittel- und spätmekkanischen Zeit zu einer Textwelt, die die Realwelt der Gemeinde in Frage stellt und weitgehend entwertet."[157] In Medina schließlich wird die sprachliche Gegenwelt reale physische Welt – oder genauerhin: Es wird die reale physische Welt (Medina und Mekka) nun aus der Textwelt heraus umgestaltet. Die reale Welt wird nicht mehr zugunsten der Textwelt transzendiert (wie exemplarisch in der Nachtreise), sondern die reale Welt wird in die textgemäße Welt transformiert. Die Welt passt sich dem Text an.[158] Die koranische Verkündigung realisiert also gleichsam sprachliche Weltgestaltung.

In allen sechs Dimensionen wird mithin deutlich, wie zentral die sprachliche Verfasstheit des Koran ist. Seine Sprache ist nicht nur die Hülle eines göttlichen Inhaltes oder der Kontext der prophetischen Botschaft. Sie ist performatives Mittel der Umsetzung, Form der theologischen Akzentsetzung, Kernpunkt des Selbstverständnisses, Inhalt der Entwicklung koranischer Verkündigung, kurz, Wesen der Offenbarung selbst. Damit ist das Wort Gottes der Sprache zurückgegeben – und umgekehrt konstituiert die Sprachlichkeit ganz wesentlich das, was das Wort Gottes ist.[159]

---

[155] Vgl. Neuwirth, Angelika, Koranforschung – eine politische Philologie? Bibel, Koran und Islamentstehung im Spiegel spätantiker Textpolitik und moderner Philologie, a.a.O., S. 66–70.

[156] Vgl. Neuwirth, Angelika, Der Koran als Text der Spätantike. Ein europäischer Zugang, a.a.O.

[157] Neuwirth, Angelika, Koranforschung – eine politische Philologie? Bibel, Koran und Islamentstehung im Spiegel spätantiker Textpolitik und moderner Philologie, a.a.O., S. 66–71.

[158] Vgl. z.B. die Umgestaltung der mekkanischen Wallfahrt aus abrahamitischer Neudeutung. Ebd., S. 100–103.

[159] Weiter auszuwerten wären die Problematisierung des Referenzrahmens „Bibel als Literatur" mit der Privilegierung der Narration (Ebd., S. 561–572.603–612) sowie die Überlegungen Neuwirths zum „Koran und Poesie" und „Koran als rhetorisches Dokument" (S. 672–768). Zu berücksichtigen wäre, dass bereits die koranische Verkündigung selbst sich als „ganz andere Rede" inszeniert – dies aber innersprachlich. Der Koran wird später als vollkommen-

Kann diese „neue Sprachlichkeit" eine christliche Theologie des „Wortes Gottes" unberührt lassen? Kann die soeben am Koran demonstrierte Rückkehr des „Wortes Gottes" in die Sprache nicht auch einer christlichen Theologie Anstoß geben, die sich um ein Verständnis des „Wortes Gottes" heraus bestimmt? Unberührt kann ein christliches Bemühen um eine Theologie des „Wortes Gottes" von diesen Neuaufbrüchen nur bleiben, wenn es das Wort Gottes im reinen Gegenüber zur menschlichen Sprache denkt. Eben dies arbeitet Joachim Ringleben kritisch in Bezug auf die Wort-Gottes-Theologie Karl Barths heraus, die „das ‚Wort' lediglich als das die Menschensprache allenfalls tangential berührendes Medium einer aktuellen Selbstvergegenwärtigung des absoluten Subjektseins Gottes begreift"[160]. Wenn man demgegenüber „energisch von der Realpräsenz von Gottes Wort in unserem menschlichen Wort her"[161] denkt, so können auch die koranischen Bezugnahmen, Transformationen und eigenen Bezugnahmen bedeutsam werden für eine christliche Theologie des „Wortes Gottes". Unabhängig, ob Barth in dieser Kritik richtig getroffen ist, gibt es eine echte Chance, anhand einer weiter gedachten Wort-Gottes-Theologie in einen fruchtbaren Kontakt mit den skizzierten Neuansätzen zu treten. So lassen sich abschließend und ausblickend in gegenwärtigen Ansätzen zur Wort-Gottes-Theologie Tendenzen benennen, die eine Relationierung aussichtsreich erscheinen lassen:[162] Erstens hat sich die Wort-Gottes-Theologie von einer daseinsanalytischen Hermeneutik, die das Verstehen zum Grunddatum eines jeden existenziellen Vollzugs gemacht hat, wieder konkreter zur Texthermeneutik entwickelt. Dies schlägt sich einerseits in der rezeptionsästhetischen Betonung der Leserleistungen und andererseits in der Betonung der Eigenständigkeit des Textes gegenüber dem Autor nieder – in beiden Fällen ergibt sich durchaus eine Bezugsmöglichkeit zu den ästhetisch orientierten Ansätzen Kermanis und Karimis. Die Betonung der Eigenständigkeit des Textes geht zweitens mit einem Blickwechsel von der Mündlichkeit zur Schriftlichkeit einher. Bewusst wird das Übergewicht der Mündlichkeit im Wort-Gottes-Geschehen in Frage gestellt, um den Charakter der Unmittelbarkeit (und mithin auch einer autoritativen bis auto-

---

unüberbietbar geglaubt werden (*i'ğāz*), weil er im Prozess seiner Verkündigung Teil einer auf Überbietung aufbauenden antiken Rhetorikkultur ist.

[160] Ringleben, Joachim, „Sprachloses Wort?" Zur Kritik an Barths und Tillichs Worttheologie – von der Sprache her, Göttingen 2015, S. 131.

[161] Ebd., S. 132.

[162] Die Zusammenstellung ist vor allem vom 3., 6. und 7. Kapitel von Ulrich Körtners „Theologie des Wortes Gottes" inspiriert.

ritären Verwendung des „ab extra" der Offenbarung) zugunsten einer stärkeren Einbeziehung von Vermittlungsformen zurück zu nehmen. Das Desiderat einer „Theologie der Schrift" wird gesehen und Intertextualität sowie nicht-lineare Interpretationsverfahren (Typologie) kommen in den Blick. Interessanterweise nimmt die Wort-Gottes-Theologie den umgekehrten Weg der Koranhermeneutik, wird dort doch die Dominanz des Buches durch Betonung der Mündlichkeit aufgebrochen. In beiden Fällen ist jedoch das Ziel gemeinsam: Ein Offenbarungspositivismus soll umgangen und die rezeptive Seite des Offenbarungsgeschehens stärker berücksichtigt werden. So herrscht in den gegenwärtigen Ansätzen insgesamt ein gesteigertes Bewusstsein für die Problematik einer autoritären Verwendung der Wort-Gottes-Theologie. Die Betonung des unableitbaren „von außen", die sicherlich positiv zu einer Aufmerksamkeit für die Momente der Alterität und der Unverfügbarkeit im Offenbarungsgeschehen geführt haben, können auch zu reiner Autoritätsbehauptung werden. Es geht also um „differenzwahrende Differenzverarbeitung"[163] in der Sprache. Wie wird dieses „In der Sprache und außerhalb der Sprache zugleich" gedacht? Damit bekommt auch innerhalb der Wort-Gottes-Theologie drittens die Frage nach dem „wie" der sprachlichen Form ein eigenes Gewicht. Gleichnis, Metapher und vor allem die Erzählung rücken als charakteristische Formen in den Mittelpunkt des Interesses. Doch vielleicht kann eine Untersuchung des Koran hier auch vor einer einseitigen Bevorzugung des Narrativen in der christlichen Theologie warnen? In der Frage nach dem konkreten „wie" geht viertens auch in der Wort-Gottes Theologie der Blick über die Verbalität im engeren Sinne hinaus. Die Zusammengehörigkeit von ästhetischer Wahrnehmung und Wort-Gottes-Theologie wird betont, dass die Leiblichkeit des Wort-Gottes-Geschehens neuer Aufmerksamkeit bedarf. Schließlich kann die Wort-Gottes-Theologie fünftens die Strittigkeit und Pluralität in der rezeptiven Seite des Offenbarungsgeschehens nicht ausblenden. Wenn dies so ist, so kann man aber legitimerweise auch danach fragen, ob es eine interreligiöse Bedeutung des „Wortes Gottes" – gerade im Widerstreit der Rezeptionen – gibt. In diesem Sinne ist das Wort Gottes immer neu Aufgabe der Theologie.

---

[163] Körtner, Ulrich H.J., Theologie des Wortes Gottes. Positionen – Probleme – Perspektiven, Göttingen 2001, S. 140.

Musik als locus theologicus und Vermittlungshilfe in der Völkerverständigung anhand von biblischen und musikgeschichtlichen Beispielen

Alban Rüttenauer

Wenn Max Bruch (1838–1920) als deutscher Komponist schwedische Tänze[1] komponiert (von denen eine beispielhafte Auswahl zu hören war), so ist es weder das einzige noch das erste Mal, dass er sich um die Musik anderer Völker bemüht. Bereits ein oberflächlicher Blick in sein Werkeverzeichnis macht mit einer Fülle ähnlicher Titel vertraut. Wir stoßen auf die Suite nach russischen Volksmelodien op. 79b, die schottische Fantasie op. 46, das Adagio zu keltischen Melodien op. 56, die Serenade op. 75, die eine spanische Seguidilla verarbeitet, sein berühmtes Kol Nidrej op. 47, das auf zwei alte hebräische Melodien aus der jüdischen Liturgie zurückgreift.

Auch bei der Wahl seiner Texte liebt er die alten Sagenstoffe unterschiedlichster Völker.[2] In *Frithjof* (op. 23 und 27) geht es um eine isländische Sage, in *Nala und Damajanti* op. 78 sogar europaübergreifend um den Stoff einer Episode aus dem alten indischen Nationalepos *Mahabharata*. Es handelt sich um die Geschichte vom König Nala, dessen Liebesbeziehung zur Gemahlin Damayanthi[3] durch die Eifersucht von Dämonen auf eine harte Probe gestellt wird, nachdem der König im Würfelspiel sein Reich und seinen ganzen Besitz verspielt.

---

[1] Schwedische Tänze op. 63 für Violine und Klavier (auch in Bearbeitung des Komponisten für Klavier solo).

[2] Bruch über die Sagen aus Homers Ilias: „[…] auch ein solcher Gegenstand ist an Größe den biblischen Stoffen zu vergleichen (zu denen ich mich aus den verschiedensten Gründen nicht hingezogen fühle)" (Bruch an P. Spitta, Brief vom 1. Nov. 1874, in: Kämper, Dietrich (Hrsg.), Max Bruch und Philipp Spitta im Briefwechsel, Berlin 2013, S. 118–119). Diese Abneigung gegen biblische Stoffe hat er später abgelegt und auf dem Höhepunkt seines Schaffens doch noch ein Oratorium „Moses" op. 67 komponiert. Auch hier zeigt sich sein universalistisches Anliegen: „Der Stoff hat: 1) Größe / 2) Poesie / 3) Ethische Bedeutung, und / 4) Ist er allgemein gültig und wendet sich an die ganze Welt" (Briefe, S. 282, 29. Dec. 1893). Dem Interesse am Volkslied entspricht hier sein Wunsch, im Text auf Luthers Bibeldeutsch zurückzugehen und den Reim zu vermeiden, was mit Blick auf das Lutherjahr 2017 einige Aufmerksamkeit verdient: „Unvergleichlich bleibt aber doch immer die Kraft, Großheit, Eindringlichkeit der Luther'schen Sprache, auch ist nicht zu übersehen, daß sie, gerade weil sie nicht bequem ist, zu ganz neuen rhythmischen Gebilden anregt. Ich habe die moderne Reimerei gründlich satt, wende mich aber nicht zu Stabreim, sondern zu Luther'scher Prosa!-" (Briefe, S. 277, 17. Dezember 1893).

[3] Diese Schreibweise empfiehlt sich heutzutage, um Missverständnisse bezüglich der Aussprache zu vermeiden.

Dieses innerhalb der allgemeinen Musiklandschaft eher seltene, ja fast einmalige Interesse für die Musik anderer Völker mag es gerechtfertigt erscheinen lassen, bei einem Komponisten etwas länger zu verweilen, der sonst an den Rand der Aufmerksamkeit gedrängt wird. Die meisten anderen Komponisten seiner Zeit bemühten sich allenfalls um die Musik des eigenen Volkes. Das gilt auch für Bruchs Schüler Ralph Vaughan Williams (1872–1958), der gleichwohl bei seiner Liebe zum englischen Volkslied von seinem Lehrer angeregt worden sein könnte. Das allgemeine Interesse am Volkslied war bei Bruch nämlich der eigentliche Nährboden für das Interesse an der Musik anderer Völker. Darin zeigt sich die Empfänglichkeit für alte Melodien, die lange vor jeder Möglichkeit der Aufzeichnung durch Vor- und Nachsingen, also durch mündliche Weitergabe überliefert wurden. Da die Musik selber eine lange Geschichte hinter sich hat, bevor sie durch den genialen Einfall eines Guido von Arezzo im 11. Jahrhundert schriftlich festgehalten werden konnte, war sie ein geeigneter Testfall für das, was man als mündliche Überlieferung bezeichnen konnte.

Mag Bruch auch innerhalb der deutschen Musiklandschaft der damaligen Zeit eher eine Ausnahme gebildet haben, so bewegte er sich doch in einer guten deutschen Tradition, wie sie Gottfried Herder (1744–1803) mit seiner Sammlung „Stimmen der Völker" angestoßen hatte. In seiner Vorrede kommt Herder auch auf die musikalische Seite seines Anliegens zu sprechen, wenn auch im Sinne einer der Sprache selbst einwohnenden Musik: „Auch beim Übersetzen ist das Schwerste, diesen Ton, den Gesangston einer fremden Sprache zu übertragen, wie hundert gescheiterte Lieder und lyrische Fahrzeuge am Ufer unserer und fremder Sprache zeigen."[4] Genauso kann man sich vorstellen, wie Bruch auf seine Weise im Bewusstsein diejenige Methode geistig vorzubereiten half, die wenig später in der Exegese zum Durchbruch kommen sollte: die formgeschichtliche bzw. überlieferungsgeschichtliche Methode. Deren Aufkommen ist fest mit dem Namen Hermann Gunkels (1862–1932) verbunden. Durch ihn gelangte ein Ansatz, der von Herder begonnen und von Schelling (1775–1854) in seiner *Philosophie der Mythologie* zu einem ersten Höhepunkt gebracht wurde, zu neuen wissenschaftlichen Ehren.[5] Zu Gunkels musikalischen Neigungen habe ich nichts gefunden, doch soll er als alter Mann die deutsche Lyrik und die

---

[4] Herder, Johann Gottfried, Volkslieder. Nebst untermischten andern Stücken. Zweiter Theil, Leipzig (in der Weygandschen Buchhandlung) 1779, zitiert nach: Herder's Werke (hrsg. von da Fonseca), Fünfter Theil: Stimmen der Völker. („Volkslieder."), Berlin ohne J., S. 19.

[5] Zur Bedeutung von Goethes *Westöstlichem Diwan* in dieser Entwicklung vgl. den Artikel des Jubilars Waldenfels, Hans, „Die drei Abrahamsreligionen. Eine Provokation heute", in: Ders., Rückwärts blickend vorwärts schauen. Zeitbetrachtungen zu Christentum und Menschsein, Religionen, Kulturen und Gesellschaft, Paderborn 2016, S. 142–157, bes. S. 142.

politische Geschichte als seine zwei Lieblingsbeschäftigungen bezeichnet haben.[6] Ist es also auch nicht die Musik im Besonderen, so doch das Allgemein-Musische, festgemacht an der muttersprachlichen Lyrik, das als Inspirationsquelle von Gunkels Forschungen betrachtet werden darf. Es tut immer wieder gut, auch die Gelehrten nicht nur in ihren Forschungen, sondern auch umfassender als Menschen im „Kontext" all ihrer persönlichen Neigungen und Interessen wahrzunehmen, von denen sie manche Impulse empfingen. Die deutsche Lyrik war geschichtlich und zeitlich betrachtet wohl denkbar weit von alttestamentlichen Texten und Überlieferungen entfernt, dennoch scheint gerade sie es gewesen zu sein, die Gunkel dazu verhalf, ganz neue Seiten an diesen Texten aufzudecken.

Für das Verbindungsglied zwischen Gegenwart und Vergangenheit sowie zwischen schriftlich festgehaltenen Texten und den noch älteren mündlichen Überlieferungen fand Gunkel den Ausdruck „Sitz im Leben".[7] Er führt zu den sich gleichbleibenden allgemeinmenschlichen Bedürfnissen, die sich jedoch in geschichtlich wandelbaren Formen äußern. Er hätte es auch mit den Worten Bruchs sagen können: „Die Formen wechseln – die Form bleibt!"[8] *Die* Form – das könnte eben jener „Sitz im Leben" sein, dem Gunkel in den ältesten Texten auf der Spur war. Er hat diesen Ausdruck wohl nicht selbst erfunden, er hat ihn wohl gar von der Straße aufgelesen, nach echt Lutherischer Manier dem Volk auf das Maul schauend, aber er wusste diese einfache volkstümliche Redewendung mit einem so besonderen wissenschaftlichen Sinn zu füllen, dass er auch außerhalb Deutschlands in der Theologie zu einem international verständlichen, unübersetzbaren Terminus wurde. Zugleich weist er eine unübersehbare inhaltliche Nähe zu dem theologischen Begriff „Kontext" auf.

In Bezug auf den unterschiedlichen Grad von Verständlichkeit und Verständigung, die Sprache und Musik erreichen können, stoßen wir in den Briefen Bruchs auf eine sehr merkwürdige Stelle. Bruch hat einzelne Messesätze (als op. 35), aber keine vollständige Messe komponiert, weil er sich bereits mit manchen Texten daraus nicht mehr innerlich identifizieren konnte. Besonders in Bezug auf das Credo bewegten ihn zwiespältige Gefühle: „Ich kann mich durchaus nicht entschließen, das Credo, welches ein paar hundert bischöflicher Esel in Nicäa durch Majoritäts-Beschluss gegen eine vernünftige Minorität durchgesetzt haben, – abermals durch unsere

---

[6] Smend, Rudolf, Deutsche Alttestamentler in drei Jahrhunderten, Göttingen 1989, S. 160: „Als alter Mann nach seinen Lieblingsbeschäftigungen befragt, nannte er deutsche Lyrik und politische Geschichte." Interessant wäre zu wissen, ob dabei auch die vielfältige Vertonung deutscher Lyrik mit inbegriffen war.

[7] Vgl. ebd., S. 167.

[8] Brief Bruchs an Spitta vom 9.1.1886, in: Briefe, S. 105.

schöne Kunst zu verherrlichen. Es ist zu dumm."[9] Dennoch schreibt er in einem Nachfolgebrief: „Eben kommen mir noch ein paar Gedanken in Bezug auf's Credo, die ich versuchen will, so deutlich es mir möglich ist, auszudrücken. Manches im christlichen Credo erscheint uns als dogmatischer Unsinn. Indessen lässt sich auch den bedenklichsten Stellen, wenn man sie recht mystisch, geheimnisvoll behandelt, eine Seite abgewinnen, sogar eine dankbare Seite. […] In Nr. 6 des Requiem [Deutsches Requiem von Brahms] finden sich folgende, aus der Offenbarung Johannis entnommene Worte:[10] ‚Siehe, ich sage euch ein Geheimnis. Wir werden nicht alle entschlafen, wir werden aber alle verwandelt werden, und dasselbige plötzlich, in einem Augenblick, zu der Zeit der letzten Posaune. Denn es wird die Posaune erschallen, und die Toten werden auferstehen unverweslich.' – In schönen und erhabenen Worten werden hier Vorstellungen ausgedrückt, die dem modernen Menschen fremd und fast unverständlich geworden sind. Brahms glaubt ebenso wenig, dass wir alle verwandelt werden, wie Sie, und wird ebenso wenig seine bestimmte Vorstellung von dem unverweslichen verklärten Leibe des auferstandenen Menschen haben, wie wir Alle. Aber die Bilder sind mächtig und regen die Fantasie des schaffenden Künstlers gewaltig an, – und so ist zu diesen Worten eine Musik entstanden, die mit erschütternder Gewalt und Wahrheit auf den Menschen eindringt. Was müssen wir nun dabei bewundern? Meiner Meinung nach dies: Dass es dem Künstler gelungen ist, bloß durch die Kraft der Fantasie rein dichterische Vorstellungen (die der Verstand vieler moderner Menschen sogar entschieden ablehnt) aufs Schönste musikalisch zu beseelen." Man könnte wohl die Frage aufwerfen, ist es nur Phantasie, was hier zum Zug kommt, oder ist es vielleicht die Fähigkeit der Musik, mit ihrem Verständnis der Sprache vorauszueilen und Dinge auszudrücken, für die der Verstand jetzt noch nicht reif ist, aber doch vielleicht eines Tages reif werden könnte? Vermag uns etwa die Musik dabei zu helfen, leicht missverständliche Texte wieder richtig in ihrer eigentlichen – Bruch würde sagen – mystischen Bedeutung zu verstehen?

Worin könnte nun in Bezug auf unsere Fragestellung die Aktualität der Hebräischen Bibel liegen? Heute erfahren wir, dass viele Strukturen zusammenbrechen, die wir zu lange für selbstverständlich gehalten haben. In der Hebräischen Bibel jedoch stoßen wir auf Sichtweisen, für die diese Strukturen gerade noch lange nicht selbstverständlich und erst in ihrem

---

[9] Postskriptum zum Brief von Bruch vom 1. März 1869, in: Briefe, S. 13.

[10] Bruch verwechselt, vielleicht durch das Stichwort Geheimnis verführt, aus dem Gedächtnis die Bibelstelle: es handelt sich bei Brahms' Vertonung natürlich um einen Abschnitt aus dem berühmten 15. Kap. des ersten Korintherbriefes (genauer V. 51–52).

allerersten Entstehen begriffen waren. Was weiß sie uns also über die Problematik des gegenseitigen richtigen Verstehens mitzuteilen? Sicherlich fällt uns unter anderem auch die sogenannte „Turmbauerzählung" in Gen 11,1–9 dazu ein, in der es ja, wenn auch in mythischer Darstellung, um die Entstehung der Sprachen und den damit eingeleiteten Missverständnissen zwischen Völkern geht. Es ist auffällig, dass in dieser Erzählung für „Sprache" durchgängig nicht die in fast allen Sprachen übliche Metapher „Zunge", sondern „Lippe" verwendet wird (Gen 11,1 u. ö.). Manche Exegeten schlussfolgern daraus, dass hier vor allem an die Aussprache gedacht worden sein könnte. Das macht im Zusammenhang durchaus Sinn. Wenn wir den ersten Vers so übersetzen: „Die ganze Erde hatte gleiche Aussprache und gleiche Wörter", so könnte „Aussprache und Wörter" gewissermaßen als meristischer Ausdruck verstanden werden, also als Wortpaar, das eine Ganzheit bezeichnet, so wie wir von Himmel und Erde sprechen und damit das ganze Universum meinen. *Aussprache* und *Vokabular* sind entscheidende Dinge, die eine Sprache in ihrer Eigenheit ausmachen. Dabei könnte noch ein dritter Aspekt an Sprache vermisst werden, der auch für die indoeuropäischen Sprachen so wichtig erscheint: die *Grammatik*. Ist es reiner Zufall, dass diese hier ausgelassen wird? Ist es stilistische Sparsamkeit? Könnte vielleicht auch eine bewusste Absicht dahinter stehen? Die allgemeinverständliche Ursprache sollte vielleicht keine Grammatik besitzen, und sollte ohne jedes sprachlich vorgegebene Denksystem bestehen können, das eine Volkssprache erst so richtig zu einer geschlossenen Gesellschaft werden lässt. Man kann sich vorstellen, dass die Sprachverwirrung am Ende der Erzählung eben nichts anderes meint als die Entstehung von Grammatik, d. h. jene wurzelverändernde Beugung von einzelnen Wörtern, deren Ursprung dann oft nicht mehr so leicht nachzuvollziehen ist.

Die Aussprache als wichtiger Aspekt von Sprache lässt viele Gedankenverbindungen zu. Es geht dabei nicht nur um die richtige Formung von einzelnen Lauten, die genaue Unterscheidung von Konsonanten und Vokalen, es gehört auch jenes Phänomen dazu, das erst durch die Verbindung mehrerer Laute entstehen kann: der Akzent als die typische Färbung einer bestimmten Sprachregion. Und wenn wir noch weiter gehen, so gehört doch sicherlich auch die sogenannte Satzmelodie dazu. Sie ist es, die uns eine Frage von einer Aussage in der Mitteilung erst so richtig unterscheiden lässt. Besonders dann, wenn es auch um die Mitteilung unterschwelliger Gefühle und Stimmungen geht, gilt die Feststellung: erst der Ton macht die Musik. Der Ton macht deutlich, wie ein einzelner Satz vom Sprecher in dem Augenblick, wie er ihn ausspricht, gemeint ist: Wie buchstäblich oder ironisch, scherzhaft oder ernsthaft, liebevoll oder boshaft, um nur einige Beispiele zu nennen. Der Philosoph Schelling zitiert aus einem von ihm nicht näher bezeichneten chinesischen Buch den Ausspruch: In der Musik verstehen sich alle Völker.[11] Auf der anderen Seite bleibt es wahr, dass sich gerade in der Musik die unterschiedlichen Temperamente der Völker am unmittelbarsten aussprechen. Das dürfte wohl bei Bruchs Schwedischen Tänzen, mit ihrem fließenden Wechsel von Stimmungen und Launen, unweigerlich der Fall sein. Der Tanz als musikalische Literaturgattung bietet sich geradezu dafür an. Im Ganzen könnte man sagen: Das, was wir Verstehen nennen, kommt erst dann wirklich zustande, wenn das begrifflich-Offensichtliche mit dem unterschwellig-Gefühlsmäßigen zusammentrifft. Es scheint ein Charakteristikum der neuzeitlich-europäischen Kultur zu sein, mit Hilfe der Musik dieses letztere nicht dem Zufall überlassen, sondern zu einem eigenständigen Kunstgegenstand entwickelt zu haben, der die Menschen zu Konzerten zusammenströmen und gebannt lauschen lässt. Alle noch so flüchtigen Stimmungen und Gefühle, die sich im Alltag im Hintergrund halten müssen, treten hier gerade in den Mittelpunkt und streben nach einem dauerhaften, immer wieder zu erneuernden Ausdruck.[12] Diese Stimmungen können sogar mitunter einen öffentlich-politischen Charakter annehmen, wie die ungeheure und bis heute anhaltende Wirkung von Verdis Gefangenenchor in seinem *Nabucco* beweist.

Die Genesiserzählung nennt als Ort des Geschehens die Ebene Schinar. Von einer Ebene im gleichen Gebiet ist in der Bibel noch ein weiteres Mal die Rede: Beim Exilspropheten Ezechiel in Ez 37,1 (neben Ez 3,23 innerhalb der Berufungserzählung), also zu Beginn jener sog. *Totenbeinvision*, die, wie der oben zitierte Brief Max Bruchs deutlich werden lässt, Anlass zu so vielen Missverständnissen gegeben hat. Da mag es fast tröstlich scheinen, dass nicht erst der moderne Mensch seit Bruchs Zeiten damit seine Schwierigkeiten hat, sondern bereits die Zeitgenossen des Propheten selber. Schon bei seiner Berufung (Ez 3,5–7) wird der Prophet gewarnt, dass er zu einem Volk gesandt wird, das keine eigentlich fremde, unverständliche Sprache spricht,

---

[11] Vgl. Rüttenauer, Alban, Schelling und die Bibel (Theologie im Dialog 14), Freiburg 2015, S. 56 mit Bezug auf W.F.J. Schelling, SW II/2, S. 546.

[12] Bruch in Bezug auf seine 2. Symphonie op. 36, Briefe, S. 83 (17. März 1870): „Ich habe nur Musik empfunden und Musik geschrieben und es ist wohl nichts Anderes darin, als das unaufhörliche Auf- und Abwogen der Leidenschaften. […] Unendliche Perspektiven und Gedankenreihen eröffnen sich dem denkenden, strebenden, ringenden Künstler. Die ideale Summe alles Empfundenen, Erlebten, Gedachten kann er nur in den großen Formen der Instrumentalmusik niederlegen – denn wir sind ja, wie Sie [Philipp Spitta] richtig bemerkten, Künstler der Nach-Beethovenschen Zeit." Darum hat die Musik auch ein etwas anderes Verhältnis zur Zeit als die Sprache und liebt die Wiederholung. Ein pakistanischer Christ hat mich einmal mit der nachdenklich machenden Aussage verblüfft, Muslime könnten unsere christlich-abendländische Kultur nicht verstehen, solange sie die Bedeutung der Musik für sie als eigenständige Kunst nicht begriffen hätten. Übrigens scheint es keine Seltenheit mehr zu sein, dass muslimische Flüchtlinge unsere Kirchenchöre mit ihrem Gesang unterstützen.

sich aber trotzdem „verstockt", d.h. verständnislos gegenüber der Botschaft des Propheten verhalten wird. Damit stoßen wir gegenüber Gen 11,1–9 auf eine neue Form des gegenseitigen Missverstehens. Gerade auch dort, wo man eigentlich dieselbe Sprache spricht, kann es sein, dass man sich nicht mehr versteht. Diese Erfahrungen machen wir wahrscheinlich auch besonders heute, wo so viele populistische Tendenzen aufkommen, die für unsere eigene Kultur auf eine Weise werben wollen, dass man sie beim besten Willen nicht mehr wiedererkennen kann. Sie wollen unsere Kultur vor Überfremdung von außen schützen, und verfremden sie stattdessen von innen her bis zur völligen Unkenntlichkeit.

Am Ende des 33. Kap. schildert der Prophet aus der Perspektive der Gottesrede die Erfahrung mit seinem Volk, das dieselbe Sprache spricht und doch nicht versteht: „Siehe, du bist für sie wie ein Liebeslied, schön an Stimme, und gut zur Harfe begleitet, zwar hören sie deine Worte, doch sie handeln nicht danach. Aber wenn es kommt, und siehe es kommt schon, dann erkennen sie, dass ein Prophet in ihrer Mitte gewesen ist." (Ez 33,32–33). Man könnte die Stelle so verstehen, und versteht sie in der Regel auch so, dass die Zuhörer des Propheten sich von nebensächlichen ästhetischen Reizen ablenken ließen und deshalb die eigentliche Botschaft überhörten. Unter der Voraussetzung des Vorangegangenen tut sich jedoch auch eine andere Deutungsmöglichkeit auf. Die Musik, die die prophetische Botschaft begleitet (ob buchstäblich oder symbolisch), hat mit ihren Reizen und Klängen zumindest doch die Aufmerksamkeit bereits wecken und damit vielleicht ein späteres, besseres Verständnis vorbereiten können, das aber erst dann seine Früchte für das Handeln tragen wird, wenn auch der noch nachhinkende Verstand für ein tieferes Verständnis reif geworden ist. Dass die Zuhörer von damals und die späteren Leser von heute immer wieder und immer besser den „Propheten" bzw. das „Prophetische" in den vorausgegangenen Zeiten erkennen und für die eigene Zeit fruchtbar machen können, setzt voraus, dass doch von früher her noch etwas hängen geblieben ist, und dies eben mit Hilfe der „Musik".

Dialektik der Identität

Zur sozialphilosophischen und theologischen Kritik des Essentialismus

René Buchholz

1. Identität, Tradition und Zivilisation

Die Transformation von Begriffen in Fetische ist nicht nur ein sprachlich-semantischer, sondern auch ein politischer Akt; die Kritik solcher Fetischisierung generiert nicht etwa einen Katalog nunmehr verbotener Begriffe, sondern mahnt die Besinnung auf deren Genese und spezifischen Gehalt an. Das gilt auch für den Identitätsbegriff, der bei Kulturtheoretikern, Anthropologen, Theologen und im postkolonialen Diskurs meist affirmativ verwendet wird. Was aber meint Identität?[1] Zunächst ist *Identität*, zusammen mit ihrem Pendant, der Differenz, ein erkenntnistheoretischer Funktions- oder Reflexionsbegriff und gestattet es, kraft subjektiver Synthesis eine ungeordnete Mannigfaltigkeit zu ordnen, Gegenstände anhand ihrer Merkmale wiederzuerkennen und sie von anderen abzugrenzen. Das mit sich selbst Identische weist eine gewisse Stabilität hinsichtlich seiner Existenz und seiner spezifischen Beschaffenheit auf. *Identität* meint im transzendentalphilosophischen Sinn schließlich die *durchgängige Einheit des Bewusstseins*, jenes „Ich denke", das „alle meine Vorstellungen begleiten können" muss.[2] Mit Identifikationen und Definitionen verbindet sich aber auch ein problematischer Zug: Sie werden dem Gegenstand, seiner Dynamik und Veränderbarkeit nicht vollständig gerecht, sondern fixieren ihn – nicht zuletzt im Interesse von Herrschaft, ein Problem, das über seine epistemologische Seite hinaus eine politische hat.

Von Identität wird auch in individualpsychologischem Sinne gesprochen. Die Identität der Person ist nichts schlechthin Gegebenes, sondern entwickelt sich, wie Erikson erkannte, in einer Reihe von Krisen, gewinnt oder verfehlt Stabilität und Integrität.[3] Als lebensgeschichtlich Gewordenes,

---

[1] Vgl. auch Honnefelder, Ludger u. a., Art „Identität", in: ³LThK, Bd. 5, Sp. 397–402; Bauriedl, Thea u. a., Art. „Identität", in: Neues Handbuch theologischer Grundbegriffe, hrsg. von Peter Eicher (Neuausgabe), München 2005, Bd. 2, S. 174–192.

[2] Kant, Immanuel, Kritik der reinen Vernunft, hrsg. von Raymund Schmidt, Hamburg 1956, B 132.

[3] Vgl. Erikson, Erik H., Identität und Lebenszyklus. Drei Aufsätze, ²1973; Conzen, Peter/ Erikson, Erik H., Leben und Werk, Stuttgart/Berlin/Köln 1996; Dies., Grundpositionen seines Werkes, Stuttgart/Berlin/Köln 2010; Bauriedl, Thea, Art. „Identität", a.a.O., S. 174–177.

kann die persönliche Identität Veränderungen unterworfen sein, die bewusst gesteuert werden oder auch das Produkt von nicht bewältigten Rollenkonflikten sind. Auch hier ist der Identitätsbegriff dialektisch: Er verbürgt Integrität und Verlässlichkeit ebenso wie er in Verhärtung gegenüber dem als bedrohlich empfundenen Anderen umschlagen kann. Essentialisierte, verdinglichte Identität wird so zum Inbegriff von Beschränktheit und einer Selbstbezüglichkeit, der schließlich noch das Selbst verloren geht.[4]

Der Begriff bezieht sich schließlich auf soziale Phänomene, d. h. auf Kulturen, Religionen und Gesellschaften, wobei in vormodernen Gesellschaften individuelle und kollektive Identitäten eine höhere Kongruenz aufweisen als heute. Erfinderisch war Tradition stets; in vormodernen Epochen tendierte sie dazu, das innovative Potential zu camouflieren, es wurde Neues als das vertraute Alte dargestellt. Vor allem in Krisen, wie etwa nach den beiden Zerstörungen des Jerusalemer Tempels 586 vor und 70 nach Christus, musste die Überlieferung transformiert werden, war Rettung und damit Kontinuität einzig durch Veränderung möglich. Diese ist nicht das Gegenstück zur Identität, sondern die Bedingung ihrer Möglichkeit. Der Schein des Unveränderlichen gründet nicht nur im Interesse an Stabilität und Dauer, sondern auch in den weit über die Lebensspanne reichenden großen Zeiträumen – Fernand Braudels *longue durée*[5] –, welche die Transformationsprozesse meist beanspruchten. Selbst dort, wo auf plötzlich eintretende massive Brüche reagiert werden musste, benötigten der Konsolidierungsprozess und die Anpassung der Tradition an die veränderten historischen Bedingungen mehrere Jahrhunderte. Zu diesen Prozessen gehörte – und gehört – die Integration des zunächst Neuen und Fremden, das im Rückblick oft als das von jeher Eigene erscheint. Die sich verändernden Kontexte wandern, wenn auch nicht unverwandelt, in den Text und seine ‚Webstruktur' ein. Es handelt sich also nicht einfach nur um eine Assimilation an das Umfeld, sondern umgekehrt auch um eine Einbeziehung und Transformation des – möglicherweise machtvolleren – Anderen in das Ei-

---

[4] Vgl. Peukert in: Bauriedl, Thea, Art. „Identität", a.a.O., S. 186 f, 189 f. „Man ist stolz darauf", schreibt Peter Conzen, „seine Identität gefunden zu haben, fühlt sich wohl und integer, weicht aber eigenen Widersprüchlichkeiten aus und verleugnet das Ausmaß an Zwang, Manipulation und Inhumanität in seiner gesellschaftlichen Umgebung." (Conzen, Peter/Erikson, Erik H., Leben und Werk, a.a.O., S. 79).

[5] Braudel differenziert zwischen (1) der scheinbar unbewegten Geschichte, die eingebettet ist in natürliche Rhythem und sich nur extrem langsam verändert, „eine träge dahinfließende Geschichte"; (2) der „soziale[n] Geschichte, die der Gruppen und Gruppierungen" welche sich über längere Zeiträume erstreckt, und (3) der „Ereignisgeschichte", eine „ruhelos wogende Oberfläche". Vgl. Braudel, Fernand, Gesellschaften und Zeitstrukturen (Schriften zur Geschichte, Bd. 1), übersetzt von Gerda Kurz und Siglinde Summerer, Stuttgart 1992, S. 21–23, 49–87, Zitate: S. 21 f.

gene. Lebendige Tradition, darin ist die Romantik im Recht, stellt also keine Sammlung von starren Deposita dar, sondern einen Prozess. Die im Traditionsprozess konstituierten Identitäten sind mithin nicht etwas ‚Gegebenes', sondern Gemachtes oder Konstruiertes, wenn man unter Konstruktion nicht eine in allen Teilen bewusste, planvolle individuelle oder kollektive Anstrengung versteht. Diese Identität hat in vormodernen Gesellschaften ihre lebensweltliche Evidenz: Kultur, gesellschaftliche Ordnung, Naturerfahrung und -erklärung, religiöse Lehre, religiöse Hierarchien, ‚weltanschaulicher' Konsens und Lebenswelt bilden eine (zunächst) stimmige, wenn auch nicht unwandelbare Einheit von sehr hoher Plausibilität. Diese Einheit prägte einen Alltag, den wir uns allerdings nüchterner vorstellen müssen als es dem verklärenden Blick einer späten Romantik erschien. Lebensweltlich bedarf es keiner ‚absoluten' Gewissheit; für die kulturelle wie religiöse ‚Evidenz' genügt die Kohärenz bewährter Erklärungen, Ordnungen und Überlieferungen. Sie auch verleiht ihr die Souveränität zum Wandel, sofern er nicht, wie so oft in der Geschichte, durch Kriege, Eroberungen oder bislang nur notdürftig zugedeckte gesellschaftliche Konflikte erzwungen und auf diese Weise erheblich beschleunigt wird. Das beliebte organische Modell des Traditionsprozesses tendiert zur Idealisierung und unterschlägt dieses gewaltsame Moment; in Wahrheit verarbeitet Tradition auch die Traumata einer unversöhnten Geschichte, und dies schreibt sich offen oder kryptisch in die plastisch bleibende Identität ein.

Im Zuge der fortschreitenden Ausdifferenzierungen gesellschaftlicher Bereiche in der Moderne verändert sich dieser Befund, d. h. die zunehmende Entkoppelung von Tradition, Wissen, das nach strengen methodischen Standards erworben wird, und gesellschaftlichem Lebensprozess führt zu einem rasanten Plausibilitätsverlust der bislang affirmierten und gelebten individuellen wie kollektiven Identität.[6] Deren Zerfall ist freilich nicht nur ein Verlust; wo sie mehr und mehr als System von Zwängen, nicht mehr nachvollziehbaren Normen und Vorstellungen wahrgenommen wird, ist ihre Auflösung auch eine Befreiung. Unverändert ist sie, wie die aktuellen traditionalistischen und fundamentalistischen Gegenreaktionen zeigen, nur noch um den Preis einer trotzigen, alle Zweifel ausschließenden Selbstverblendung aufrecht zu erhalten, welche die bisherige Identität dekontextualisiert und enthistorisiert,[7] ja zuweilen auch neu erfindet. Identitäten ver-

---

[6] Zur Transformation religiöser Identitäten vgl. Hervieu-Léger, Danièle, Le pèlerin et le converti. La religion en mouvement, Paris 1999, bes. S. 61–88.

[7] Es handelt sich also um eine Gegenbewegung zur Kontextualisierung kultureller und religiöser ‚Texte', wie sie sie für das Christentum Hans Waldenfels durchführte; vgl. Waldenfels, Hans, Kontextuelle Fundamentaltheologie, Paderborn u. a. ⁵2005, bes. S. 17–19; Begegnung der Religionen. Theologische Versuche I, Bonn 1990, S. 335–351.

lieren ihre Selbstverständlichkeit: Sie werden Teil der öffentlichen Selbstdarstellung im Zuge verschärfter Konkurrenz und damit zu Masken und Labels oder kompensieren das wachsende Unbehagen in einer Moderne, die ihre Versprechen nur unzulänglich erfüllte. Eben dies ist die Geburtsstunde jenes Identitätsbegriffs, der hier diskutiert werden soll.

2. Petrifizierte Identität als Substitut

„Noch vor zehn Jahren", schreibt der Hannoveraner Soziologe Detlev Claussen, „hätte nahezu jeder Zeitungsredakteur einem das Wort ‚Identität' als unverständlich aus dem Text gestrichen; heute kann ‚Identität' fast jeder Rechtsradikale ins Mikro buchstabieren, wenn er gefragt wird, warum er Asylantenheime anzünde."[8] An anderer Stelle wird Claussen noch etwas deutlicher: „Wie ein denkender Mensch heute noch das Wort Identität in den Mund nehmen kann, ohne rot zu werden, muss verwundern. [...] Identität korreliert mit dem höchsten Begriff der Religion christlicher und jüdischer Art: *Versöhnung. Versöhnung in einer unversöhnten Welt aber signalisiert Gewalttat.*"[9] Das mit sich selbst identische Individuum oder Kollektiv erkauft diese Identität um den Preis der Nivellierung oder Vernichtung dessen, was nicht in das Konzept von Identität passt. Es wiederholt in seiner Vereinzelung, was gesellschaftlich und global dem nicht schon Assimilierten widerfährt. Individuell werden die Regeln der Selbsterhaltung, welche die Gesellschaft erlässt, internalisiert und erscheinen als die eigenen, selbst gewählten. Das Individuum verkörpert, wie Adorno schrieb, im vermeintlichen Gegensatz zur Gesellschaft, „deren innerstes Prinzip"[10]. So tendiert Identität faktisch zum Konformismus auch dann, wenn sie sich nonkonformistisch gibt: „Je weniger Individuen, desto mehr Individualismus."[11] Das auf seine unverwechselbare und unveränderliche Identität po-

---

[8] Claussen, Detlev, „Absencen der Soziologie", in: Ders., Aspekte der Alltagsreligion. Ideologiekritik unter veränderten gesellschaftlichen Verhältnissen, Frankfurt a.M. 2000, S. 164–174, hier: S. 170. Da Claussens Essay 1995 erstmalig publiziert wurde, müssen wir heute rund dreißig Jahre zurückrechnen.

[9] Claussen, Detlev, „Konformistische Identität. Zur Rolle der Sozialpsychologie in der Kritischen Theorie", in: Soziologie im Spätkapitalismus. Zur Gesellschaftstheorie Theodor W. Adornos, hrsg. von Gerhard Schweppenhäuser, Darmstadt 1995, S. 27–40, hier: S. 29.

[10] Adorno, Theodor W., Gesammelte Schriften, hrsg. von Rolf Tiedemann u. a., Band 8 (Soziologische Schriften I), Frankfurt/M. ³1990, S. 55. Drastischer noch formulierte Adorno: „Was dem Subjekt als sein eigenes Wesen erscheint, und worin es sich gegenüber den entfremdeten gesellschaftlichen Notwendigkeiten zu besitzen meint, ist gemessen an jenen Notwendigkeiten bloße Illusion." (Ebd., 69)

[11] Institut für Sozialforschung, Soziologische Exkurse. Nach Vorträgen und Aufzeichnungen (Frankfurter Beiträge zur Soziologie, Bd. 4) Frankfurt/M. 1956, hier: S. 48. So erklärte Susan

chende Individuum hat sich entweder angesichts verschärfender Konkurrenz bereits als Schaufenster für Kunden ausstaffiert und negiert so sich selbst oder es zog sich in eine von paranoidem Wahn nur schwer unterscheidbare, von Feinden belagerte Binnenwelt zurück. Diese bornierte, krankhafte Seite des Individuums gewahrte Hegel, als er in der *Phänomenologie des Geistes* schrieb „daß es die Verkehrtheit, welche es selbst ist, aus sich herauswirft, und sie als ein Anderes anzusehen und auszusprechen sich anstrengt"[12]. Die Welt der abstrakten Identität ist wesentlich xenophob und hat verborgen oder schon offen eine Affinität zur Gewalt.

Ähnliche pathologische Züge finden sich auch bei der Ausbildung kultureller, religiöser, ethnischer und nationaler Identitäten im Zeichen des globalisierten Marktes. Claussen widerspricht, darin Adorno folgend, einer durchweg positiven Besetzung des Identitätsbegriffs, mit dem sich nahezu alles rechtfertigen lässt: Der Kampf gegen reale wie mentale Kolonialisierung, der Rekurs auf – der Begriff ist einschlägig – die ‚eigenen Wurzeln' – ebenso wie der Terror gegen Minderheiten in Ländern Europas oder der so genannten Dritten Welt; der Islamismus mit seiner Identität als Artefakt, aber auch die Ausgrenzung von Muslimen unter Berufung auf ein christliches Abendland, das es so nie gab, oder auf unverhandelbare westliche Werte, als wären sie eine kulturelle Spezialität des Westens und nicht universal, während sie andererseits im Konflikt mit ökonomischen Interessen sich als erstaunlich flexibel erweisen. Die Betonung der Identität als historisch invariantes Unterscheidungsmerkmal, verbunden mit einem Kultus des Ursprungs, hat individual- wie sozialpsychologisch seinen geschichtlichen Augenblick: Je stärker im Kontext globalisierter Konkurrenz der Anpassungs-, Standardisierungs- und Veränderungsdruck, der auf Individuen, Gruppen und ganzen Gesellschaften lastet, desto ausgeprägter das Bedürfnis nach etwas eigenem, nach einem unverlierbaren Besitz, einer Selbstdefinition, die man den Fremdzuschreibungen entgegensetzen kann. Globalisierung ist allerdings kein neues Phänomen; sie ereignete sich seit der Antike in mehreren Schüben – und zwar stets im imperialen Interesse. Man denke etwa an das Großreich Alexanders und den Kolonialismus der Frühen

---

Sontag anlässlich der Verleihung des *Jerusalem-Preises:* „The unceasing propaganda in our time for ‚the individual' seems to me deeply suspect, as ‚individuality' itself becomes more and more a synonym for selfishness. A capitalist society comes to have a vested interest in praising ‚individuality' and ‚freedom' – which may mean little more than the right to the perpetual aggrandizement of the self, and the freedom to shop, to acquire, to use up, to consume, to render obsolete" (Sontag, Susan, At the Same Time. Essays and Speeches, ed. by Paolo Dilonardo and Anne Jump. Foreword by David Rieff, New York 2007, S. 147)

[12] Hegel, Georg Wilhelm Friedrich, Phänomenologie des Geistes (1806) = Ders. Gesammelte Werke, (historisch-kritische Edition), Bd. 9, hrsg. von Bonsiepen, Wolfgang und Heede, Reinhard, Hamburg 1968 (= Hauptwerke, Bd. 2, Hamburg 2015), S. 206.

Neuzeit. Das Jahr 1492 markiert für Spanien sowohl eine politische und wirtschaftliche Expansion in bislang unbekannte Welten als auch eine von Krone und Inquisition forcierte religiöse Homogenisierung der eigenen Gesellschaft. Vertreibung und Zwangstaufen von Juden und Muslimen, die drastischen Maßnahmen, dieses Ziel zu erreichen, befördern aber zugleich das Gegenteil: Nur ein kleiner Teil (über-) identifiziert sich uneingeschränkt mit dem neuen Glauben und wird trotzdem misstrauisch von den Behörden observiert. Daneben gibt es ein klandestines, seiner religiösen Quellen weitgehend beraubtes Judentum, Synkretismus, Skepsis und Ansätze einer Religionskritik und nicht klar festlegbare Zuschreibungen – eben das, was Yirmiyahu Yovel als „split Identity" bezeichnet und das ein Phänomen der Moderne antizipiert.[13] Die Globalisierung hat seit dem 19. Jahrhundert mit der Durchsetzung der modernen kapitalistischen Wirtschaft erheblich an Tempo gewonnen und erfasst alle Lebensbereiche. Deren Regelsystem führt sie aber zugleich als Marktteilnehmer zusammen, ja verbindet sie zu Kartellen und Interessengemeinschaften, die der reinen ökonomischen Lehre eher widersprechen. In dieser zerrissenen, unversöhnten Weltgesellschaft fällt der Schein von Versöhnung auf den Identitätsbegriff. Identität ist das Substitut einer vom ökonomischen *bellum omnium contra omnes* befreiten und befriedeten Welt. Der Rückzug aufs angeblich Eigene ist wesentlich Reaktion, nicht Aktion. Die vormodernen Gesellschaften und deren in ihrer *Plastizität* oft verkannten Traditionen erscheinen als eine harmonische, versöhnte Totalität, der Aufbruch in die Moderne dagegen als permanente Krise, Verrat am Eigenen und Bedrohung; ein Bild, das sich in jenen Regionen noch verstärkt, die im Zuge oder Nachgang des Kolonialismus gleichsam ‚zwangsmodernisiert' wurden.

Aber auch in Europa sind seit dem 19. Jahrhundert derartige Prozesse zu beobachten. Im Interesse des entstehenden Nationalismus, der als Religionsersatz die wachsenden gesellschaftlichen Antagonismen überwölben und die Konfliktparteien vereinen sollte,[14] wurden ethnische, religiöse und

---

[13] Vgl. Yovel, Yirmiyahu, The Other Within. The Marranos: Split Identity and Emerging Modernity, Princeton/Oxford 2009. Im Vorwort schreibt Yovel: „To interpret the Judeo-Conversos as integral members of any nation is to impose upon them a modern nationalist outlook, and to miss their complexity and inherent interest as people caught between two religions, two identities (or more), who became the Other of both, and often lived in dual exile." (Ebd., S. xvi)

[14] Vgl. Hobsbawm, Eric, Nationen und Nationalismus. Mythos und Realität seit 1780, übersetzt von Rennert, Udo, Frankfurt a.M./New York ³2005. „Nationen", so Hobsbawm „existieren nicht nur als Funktionen einer bestimmten Form des Territorialstaats oder des Strebens nach seiner Verwirklichung – grob gesagt des bürgerlichen Staates der Französischen Revolution –, sondern auch im Kontext einer bestimmten Phase der technischen und wirtschaftlichen Entwicklung." (Ebd., 21) Sie entstehen im 19. Jahrhundert nicht ausschließlich ‚von oben',

kulturelle Traditionen erfunden oder Teile älterer Überlieferung neu zusammengestellt. In ethnisch pluralen Gebilden übernahm der Nationalismus auch die Funktion eines einigenden Bandes, das allerdings im letzten Viertel des 20. Jahrhunderts sich oft als instabil erwies und den Zerfallsprozess multiethnischer Staaten nicht verhindern konnte.[15] Ethnische und nationale Traditionen werden neu ‚erfunden', um den Separatismus zu legitimieren. So erweist sich oft scheinbar Altes und Ehrwürdiges bei näherem Hinsehen oft als jungen Datums.[16] Ein unwandelbar Eigenes, Unveräußerliches soll der universalen Konkurrenz und Konvertibilität, der Forderung nach Flexibilisierung und der geradezu naturwüchsigen Gewalt des Marktes dauerhaft entzogen sein. In diesem Wunsch gründet das willkürliche Ende des modernen Essentialismus, die zunehmende Verengung des Blicks auf den Binnenbereich sowie die ahistorische Petrifizierung und Dekontextualisierung der Identität. Zugleich wird das tatsächlich oder vermeintlich Fremde zur Bedrohung, die abzuwehren ist Identitätssicherung und Exklusion des Fremden stehen nicht zufällig auf der Agenda rechtspopulistischer Bewegungen und Parteien in Europa vom Front National bis zur AfD. So nennt sich in Deutschland und Frankreich eine vor allem jüngere Menschen ansprechende Bewegung ausdrücklich *Die Identitären / Génération identitaire*. Der hier von ihr vertretene Ethnopluralismus bezieht sich nicht auf die eigene Gesellschaft, sondern strebt eine Vielzahl voneinander getrennter kulturell und ethnisch homogener Staaten und Gesellschaften an, die es historisch kaum gab.[17] Die medienwirksamen

---

sondern bedienen inmitten der gesellschaftlichen Antagonismen und einer rasant zunehmenden Dynamik ein Bedürfnis nach ‚Identität' in weiten Teilen der Bevölkerung.

[15] Vgl. ebd., S. 193–221.

[16] Vgl. Hobsbawm, Eric/Ranger, Terence (Hrsg.), The Invention of Tradition, Cambridge (UK) 1992, S. 1–14. Obwohl die Analyse sich weitgehend auf Großbritannien beschränken, sind viele Resultate – insbesondere Eric Hobsbawms Überlegungen in der Einleitung – durchaus übertragbar. „More interesting, from our point of view, is the use of ancient materials to construct invented traditions of a novel type for quite novel purposes. A large store of such materials is accumulated in the past of any society, and an elaborate language of symbolic practice and communication is always available. Sometimes new traditions could be readily grafted on old ones, sometimes they could be devised by borrowing from the well-supplied warehouses of official ritual, symbolism and moral exhortation – religion and princely pomp, folklore and freemasonry (itself an earlier invented tradition of great symbolic force)." (Ebd., S. 6)

[17] Vgl. die Homepage: *http://identitaere-bewegung.de/*; dazu die Gegenposition *http://www.netz-gegen-nazis.de/artikel/identit%C3%A4re-besetzen-brandenburger-tor-11187*; weitere Informationen: *http://www.deutschlandradiokultur.de/die-identitaere-bewegung-gegen-alles-was-anders-ist.976.de.html?dram:article_id=363174*; *http://www.zeit.de/2016/36/identitaere-bewegung-hamburg-verfassungsschutz* sowie *https://www.generation-identitaire.com/generation-identitaire-2/* (04.08.2017).

Aktionen dieser Gruppe verbinden sich mit der Attitude, dem Mainstream, dessen Opfer man sei, zu opponieren.

Aber gerade die Verbissenheit, mit der das Eigene betont wird, spricht eher für den Verlust der einstigen Unbefangenheit: Man traut in Wahrheit den eigenen Konstruktionen nicht recht und weiß schon zu viel über deren Entstehung und Bedingtheit. Einzig Denkverbote, fanatische Abwehr, Tabus und soziale Kontrolle sichern die mühsam erworbene kollektive Identität, welche geradezu pathologische Züge ausbilden kann. Das gilt sowohl für Gesellschaften und Kulturen als auch für Religionsgemeinschaften, deren bisheriges Selbstverständnis durch Aufklärung, Kritik und Pluralisierung von Geltungsansprüchen in Frage gestellt wird. Was affirmiert und zum unverbrüchlichen Kriterium der Identität erklärt wird, ist letztlich gleichgültig. Eben der dezisionistische Charakter dieser auf sich selbst zurückgeworfenen Identität macht sie zugleich konvertibel und rückt sie in die Nähe des universalen Tauschs auf dem Markt der Kulturen, Religionen und Weltanschauungen, dem sie doch entkommen wollte. Es gehört zur Ironie der Geschichte, dass gerade die sich als tolerant und pluralistisch verstehenden westlichen Gesellschaften dies befördern. Gerade Gemeinschaften mit fixen, paranoiden Identitäten schließen sich nicht nur gegeneinander, sondern auch gegen die Gesellschaft als Inbegriff der Bedrohung ab und unterwerfen ihre Mitglieder einer hohen sozialen Kontrolle. Eben darin besteht, so der slowenische Philosoph Slavoj Žižek, das „Paradox des toleranten, multikulturellen Universums mit einer Vielfalt von Lebensstilen und anderen Identitäten: Je mehr Toleranz es gibt, desto stärker wird die repressive Homogenität."[18] Der Terror des Allgemeinen wird ersetzt durch den Terror der Differenz oder des Besonderen. Freiheit und Toleranz als Prinzip demokratischer Gesellschaften dringen oft nicht bis in die hermetische Welt kleiner, vor allem sich religiös definierender Gemeinschaften, die sich auf Freiheitsgarantien berufen, die sie selbst in keiner Weise realisieren.[19]

---

[18] Žižek, Slavoj, Blasphemische Gedanken. Islam und Moderne, übersetzt von Adrian, Michael, Berlin 2015, S. 56; vgl. Ders., Die Tücke des Subjekts, übersetzt von Gilmer, Eva u. a. Frankfurt/M. 2001, S. 298–306. Eben diese „repressive Homogenität" verbindet das in sich verkapselte Besondere mit dem alles Nichtidentische absorbierenden Allgemeinen, dessen monadologische Repräsentation es ist. Mit dem lückenlos geschlossenen System teilt der Rückzug auf Identität die Eigenschaft, nichts zu dulden, was außerhalb ist (vgl. Adorno, Theodor W., Negative Dialektik, Gesammelte Schriften, hrsg. von Tiedemann, Rolf, Bd. 6, Frankfurt a.M. ⁴1990, S. 31–35). Zur Funktion der ‚Identität' innerhalb der sozial stark segregierten Gesellschaft vgl. Michaels, Walter Benn, The Trouble with Diversity. How We Learned to Love Identity and Ignore Inequality (2006), London 2016.

[19] Ob derartige religiöse Gruppen mit Recht Toleranz beanspruchen dürfen und ob man sie ihnen entgegenbringen sollte, bezweifelt mit guten Argumenten und aus eigener leidvoller

3. „Strong religion": Identität als Unterwerfung

Gerade in den Offenbarungsreligionen mit ihrem Rekurs auf ein Unbe-dingtes, das sich den Menschen mitteilt, zeigen sich Tendenzen zu einer petrifizierten Identität, die man den säkularen Gesellschaften, die ihre Le-gitimation nicht aus einer bestimmten Religion schöpfen, entgegenhält. Tradition ist hier kein Prozess, sondern ein Katalog historisch invarianter Wahrheiten, Lehren und Praktiken, oder die gesamte Tradition dankt ab zugunsten eines normativen Ursprungs, von dem die späteren Zeiten zu ihrem eigenen Verderben abwichen. An die Stelle der besseren Argumente tritt die machtvolle Autorität einer wörtlich ergangenen göttlichen Mittei-lung, an der Anteil hat, wer sich ihr und der sie bezeugenden Gemeinschaft unterwirft. Gabriel Almond und weitere Autoren des *Fundamentalism Project* sprechen in diesem Zusammenhang von *Strong religion*[20]. In ihrer protestantischen Variante inszeniert sie sich nicht nur in den USA als Bollwerk gegen Relativismus, Modernismus, Werteverfall und Auflösung der Gesellschaft. Familie, Autorität – die Bibel im Sinne der Verbalinspi-ration und wörtlichen Inerranz eingeschlossen –, Bekenntnis zum freien Markt und zum Eigentum verschmelzen im protestantischen Fundamen-talismus, wo zu Beginn des 20. Jahrhunderts der Begriff geprägt wurde, zu einem geschlossenen System nationaler und religiöser Identität. Das hohe Sendungsbewusstsein wird nicht zuletzt motiviert von dem Interesse, die verloren gegangene Dominanz und Deutungshoheit zurückzugewinnen. Die katholische Variante der *strong religion* teilt mit der protestantischen den antimodernen Affekt, betont aber – schon aufgrund ihrer antirefor-

---

Erfahrung Feldman, Deborah, „Befreiung unerwünscht", in: Die Tageszeitung vom 16. Ok-tober 2016 (*http://www.taz.de/!534559/* , 21.10.2016).

[20] Vgl. Kienzler, Klaus, Der religiöse Fundamentalismus. Christentum – Judentum – Islam, München [4]2002; Ders., Art. „Fundamentalismus", in: Eicher, Peter (Hrsg.), Neues Handbuch theologischer Grundbegriffe (Neuausgabe), München 2005, Bd. 1, S. 459–468; Türcke, Christoph, Fundamentalismus – maskierter Nihilismus, Springe 2003; Ruthven, Malise, Fundamentalism. A Very Short Introduction, Oxford/New York 2007; Fath, Sebastien, Art. „Fondamentalisme", in: Azria, Régine/Hervieu-Léger, Danièle (Hrsg.), Dictionnaire des faits religieux, Paris [2]2013, S. 391–398; Marty, Martin E./Appleby, R. Scott (Hrsg.), The Funda-mentalism Project, 5 volumes, Chicago/London, 1991–1995; Almond, Gabriel A./Appleby, R. Scott /Sivan, Emmanuel, Strong Religion. The Rise of Fundamentalism around the World, Chicago/London 2003; Appleby, R. Scott, „Rethinking Fundamentalism in a Secular Age", in: Calhoun, Craig/Juergensmeyer, Mark/VanAntwerpen, Jonathan (Hrsg.), Rethinking Secu-larism, Oxford/New York 2011, S. 225–247; Al-Azmeh, Aziz, Islams and Modernities, Lon-don/New York [3]2009; Buchholz, René, „Die 'Furie des Verschwindens'. Fundamentalismus und regressive Modernisierung", in: Hell, Cornelius/Petzel, Paul/Wenzel, Knut (Hrsg.), Glaube und Skepsis. Beiträge zur Religionsphilosophie Heinz Robert Schlettes, Ostfildern 2011, S. 107–119; Ozankom, Claude, Christliche Theologie im Horizont der Einen Welt, Regensburg 2012, S. 152–171.

matorischen Ausrichtung – weniger die Autorität der Schrift, sondern legt den Akzent auf ein enges, geradezu magisches Verständnis von Sakramentalität und unterstreicht die unanfechtbare Autorität von Tradition und Lehramt. Tradition reduziert sich hier auf eine Überhöhung der *traditio quae*, während von der *traditio qua*, die auf den geschichtlichen Prozess deutet, abstrahiert wird. Die Unterwerfung unter die Autorität – nicht nur unter die kirchliche – tritt im katholischen Fundamentalismus noch offener hervor.

Die islamistische Gestalt der *strong religion* ist indessen nicht einfach eine Kopie der protestantischen und katholischen. Das Pathos des Nonkonformismus, das die christlichen Varianten beschwören, steigert sich im Islamismus zum Widerstand, ja revolutionären Akt gegen Globalisierung und „westlichen Imperialismus", der alle islamischen Werte zerstöre und die Muslime sich zu unterwerfen trachte. Dem steht der Kult der Authentizität gegenüber, der bis in das 19. Jahrhundert zurückreicht und sowohl einen romantisch gefärbten arabischen Nationalismus motivierte als auch, verbunden mit einem ahistorischen Verständnis des frühen Islam, von fundamentalistischen Bewegungen aufgegriffen wurde. Auf eine bestimmte Weise versucht der Islamismus das kritische Potenzial der monotheistischen Traditionen für den Sturz der Götzen, mit denen man alles Westliche pauschal identifiziert, zu mobilisieren. Die scharfe Scheidung zwischen Freund und Feind – bis hin zur Konstruktion einer „absoluten Feindschaft"[21]–, das Bewusstsein, im Auftrag Gottes zu handeln, vermittelt jenen, denen bisher keine Anerkennung zuteilwurde, das Gefühl der Überlegenheit und Partizipation an Macht. Auch die *strong religion* kennt eine Ökonomie des Tausches; bei ihrem Gott gibt es nichts gratis: Als Gegenleistung für die Submission, die autoritäre Okkupation des Ich und die Übernahme einer geistfeindlichen, dualistischen Weltanschauung, wird die Mitgliedschaft in einer Gruppe mit bedeutender Mission gewährt, welche das Ich aufwertet oder sich an dessen Stelle setzt. Das regressive Element, die Bereitschaft, das nur schwach entwickelte Ich einem angeblich höheren Zweck und einer Gruppe zu unterstellen, verbindet fundamentalistische Bewegungen mit säkularen nationalistischen. Die libidinöse Besetzung des Heiligen oder der Nation und ihrer Führer gestatten es, für jede Aktion willige Mittäter zu finden. An die Stelle der Reflexion tritt die jeden Zweifel ausschließende

---

[21] Sachlich – ohne schon eine entsprechende Lektüre zu unterstellen – rückt der militante Essentialismus mit seiner Vorstellung ‚absoluter Feindschaft' in die Nähe zu Carl Schmitts Begriff des Politischen (¹1932; Berlin 1991); vgl. zum Begriff und zur Kritik der ‚absoluten Feindschaft' Derrida, Jacques, Politik der Freundschaft, übersetzt von Lorenzer, Stefan, Frankfurt a.M. 2000, S. 158–218. Zur notwendigen „Denaturalisierung der Gestalt des Bruders" und des Feindes vgl. ebd., S. 219 f.

Dezision, welche die Gruppe verlangt. Das Opfer der Vernunft, das erste, gegen die eigene Person gerichtete Attentat, der intellektuelle Selbstmord, rechtfertigt jedes weitere Opfer: das eigene, aber ebenso dasjenige anderer; unschuldig ist niemand, den die Gruppe schuldig spricht.

Dem Dezisionismus aber, und zwar auch in seinen abgeschwächten Formen, eignet ein destruktiver Zug: Er höhlt den religiösen Geltungsanspruch aus, weil Willkür zur Quelle der Verbindlichkeit wird; sie tritt an die Stelle argumentativ gestützten Überzeugung oder – wie in vormodernen Gesellschaften – lebensweltlicher Evidenz. Der inneren Aushöhlung religiöser Identität entspricht die äußere: als offener Zwang und Anlass von gewaltsamen Konflikten löst sie Ablehnung, ja Verachtung aus. Es könnte durchaus sein, dass, wie nach den europäischen Religionskriegen im 16. und 17. Jahrhundert, heute abermals religiöse Identität als Inbegriff geistiger Zurückgebliebenheit und militanter Intoleranz suspekt wird. Am Ende stünde bei vielen Zeitgenossen eine Haltung, welche jeden emphatischen Wahrheitsanspruch unter Generalverdacht stellt und mit ihm das Ansinnen einer Veränderung jener Verhältnisse, gegen welche die petrifizierte Identität laut, aber ohnmächtig aufbegehrt. Die borniert Reaktion auf die uneingelösten Versprechen der Moderne zerstört das Beste sowohl der Religion als auch der modernen Gesellschaften.

4. Zum Schluss:

Identität unter dem eschatologischen Vorbehalt

Neben einer soziologischen, philosophischen und politischen Kritik der essentialisierten Identität gibt es auch eine theologische – soweit hier Argumente überhaupt noch verbindliche Kraft haben, denn was keinen Argumenten entsprang, ist auch kaum durch Argumente beeinflussbar. Wenigstens aber könnten Perspektiven oder alternative Modelle entwickelt werden, und zwar sowohl im Interesse des Widerstands als auch in Vorbereitung auf die Zeit nach dem absehbaren Konkurs fetischisierter Identitäten. Fraglich ist vorab, ob es überhaupt im Rahmen endlicher Subjektivität und Intersubjektivität restlos versöhnte, sich selbst transparente Identität geben kann. Die Konstitution und Transformation der Identität erfolgt gerade dadurch, dass sie, in Konfrontation mit dem Anderen, Nichtidentischen sich ihres Mangels und ihrer Enge bewusst wird. Sie begreift sich, der Erkenntnistheorie Adornos gemäß, als „Einzelmoment in seinem immanenten Zusammenhang mit anderen", oder wie es später heißt, innerhalb einer (geschichtlich wechselnden) „Konstellation", ohne von einem Abstrakt-Allgemeinen absorbiert zu werden.[22] Es ist zugleich ein Prozess der Irritation und Infragestellung. Wo er misslingt, bleibt er nur ein Akt der Unterwerfung oder Assimilation des Anderen und bezeugt eine Gewalt, welche das mit sich Identische als bloße Naturkausalität mit regressiver Tendenz erweist. Nicht zufällig gehört die Verherrlichung des „Natürlichen" und „Ursprünglichen" zu nationalistischen, rassistischen und ethnozentrischen Ideologien. Alternativ zu dieser statischen kann sich aber auch eine dynamische Identität entwickeln, welche sich ihrer Dezentrierung bewusst wird und darauf verzichtet, das Differierende sich entweder zu assimilieren oder zu vernichten. Dies setzt voraus, dass Identität – wie das Subjekt jenseits seines idealistischen Reinheitsideals[23] – sich selbst nicht schlechthin transparent ist. Aber nur in dieser zweiten Form weist Identität über sich hinaus, ist sie keine Tautologie, sondern transzendiert sich selbst auf ein Anderes hin, das sich keineswegs darin erschöpft, Identität zu konstituieren.

Ihre unterschiedlichen Elemente und Ausdrucksformen gruppierten sich um die Idee der *Versöhnung*, die ihrer Verwirklichung jedoch noch harrt und unter dem eschatologischen Vorbehalt steht. Detlev Claussen hatte sie, wie erinnerlich in das Zentrum von Judentum und Christentum gerückt. In der Tat eignet dem Versöhnungsbegriff nach seiner genuin theologischen Bedeutung eine eschatologische Qualität: Der versöhnte Zustand wäre zu denken jenseits „verwilderter Selbsterhaltung"[24], in welchem die Individuen ihre Existenz nicht mehr der Assimilation des Anderen verdanken. Die Gottesnähe, von der Soteriologie und Eschatologie sprechen, ist ja nur dann möglich, wenn die Alterität Gottes weder aufgehoben noch usurpiert wird, was zugleich Modell und Maßstab zwischenmenschlicher Relationen wird. Das hat Konsequenzen auch für die christliche bzw. kirchliche Identität, die man oft genug um den hohen Preis der Exklusion und Verfolgung dissentierender Sichtweisen und Gruppen sicherte. Orthodoxie entwickelte sich so zu einem partikularen Moment des Christentums, das im Laufe der Geschichte nicht etwa homogener, sondern heterogener wurde. Das Problem verschärft sich heute durch die unterschiedlichen Formen der Inkulturation. Nur unter Wahrung kritischer Distanz kann daher sinnvoll noch von „Identität" gesprochen werden, denn nicht zuletzt begrenzt „das Eschaton der Zeit", wie Gregor Hoff mit Recht betont, „jeden Identitätsentwurf, der sich in der eigenen Logik und ihren strukturellen Sicherheiten eingerichtet hat"[25]. Ihre Kraft und Lebendigkeit erweisen Identität und Tradition –

---

[22] Adorno, Theodor W., Negative Dialektik, a.a.O., S. 36 und 165–168.

[23] Vgl. Žižek, Slavoj, Die Tücke des Subjekts, a.a.O., S. 8.

[24] Adorno, Theodor W.. Negative Dialektik, a.a.O., S. 285.

[25] Hoff, Gregor Maria, Die prekäre Identität des Christlichen. Die Herausforderung postModernen Differenzdenkens für eine theologische Hermeneutik, Paderborn u. a. 2001, S. 532.

letztere gerade als Inbegriff der Vermittlung[26] – nicht durch ihr zwanghaftes Beharren, sondern durch deren Transformation, die nicht stets kontinuierlich verläuft, sondern Einbrüche und Krisen kennt, die sich in der Moderne noch verschärfen[27]. „Identität" teilt mit einem anderen, arg strapazierten und kaum noch vorbehaltlos zu gebrauchenden Begriff das gleiche Schicksal: Heimat; etwas, das nach Ernst Blochs Einsicht, „allen in die Kindheit scheint und worin noch niemand war"[28]. Wird dieser futurische, offene Charakter an die gepanzerte Identität und den paganen Kult der Autochthonen verraten, wird alle Hoffnung zunichte.

Dies schließt auch dogmatische Formulierungen ein, insofern diese offen bleiben müssen für ihre Weiterentwicklung, denn die dogmatische Aussage redet, wie Karl Rahner und Karl Lehmann konstatierten, von etwas „was erst in einer uns konkret nicht vorstellbaren Zukunft in seiner ganzen Herrlichkeit und in seinem Glanz erscheinen wird. Die dogmatische Aussage kann also das Endgültige nur vorläufig aufweisen." (Mysterium Salutis. Grundriß heilsgeschichtlicher Dogmatik, hrsg. von Feiner, Johannes und Löhrer, Magnus, Zürich/Einsiedeln/Köln 1965, Bd. I, S. 698).

[26] Vgl. Metz, Johann Baptist, Glaube in Geschichte und Gesellschaft. Studien zu einer praktischen Fundamentaltheologie, Mainz ⁵1992, S. 187 f, der auf Adornos Essay *Über Tradition* verweist (vgl. Adorno, Theodor W., Gesammelte Schriften, hrsg. von Tiedemann, Rolf, Bd. 10/1, Frankfurt/M. 1977, S. 310–320).

[27] Vgl. Hoff, Gregor Maria, Die prekäre Identität des Christlichen, a.a.O., S. 532–541. Solche ‚offene Identität' hat auch ihren biblischen Anhalt. Sie wird sichtbar etwa in Abrahams Berufung (Gen 12,1), die nicht festlegt, sondern aus dem Angestammten, Vertrauten herausführt. Allerdings ist die Vorstellung einer Berufung nicht per se mit Freiheit und Offenheit verbunden: In nationalistischen Identitäts-Diskursen sind Nationen ‚berufen' – von Gott, oder der ‚Vorsehung'. Auch die Kämpfer des IS fühlen sich berufen; sie glauben, eine Mission zu erfüllen, die aber im Dienste einer statischen, eingefrorenen Identität steht. Gerade angesichts des Terrors im Zeichen der (nationalen oder religiösen) Identität haben Begriffe wie ‚Berufung' oder ‚Zeugnis / Martyrium' ihre Unschuld verloren und bedürfen einer präzisen Kritik ihrer Bedeutung, Funktion und Geltung. Eben darum ist ‚offene Identität' nicht beliebig, sondern bleibt auf Reflexion und Kritik verwiesen.

[28] Bloch, Ernst, Das Prinzip Hoffnung, Frankfurt a.M. 1959, S. 1628.

Kontextualität: Fundamentaltheologische Konkretisierungen

Vincenzo Di Pilato

„Gott verkündet man durch die Begegnung mit den Menschen"[1]

1. Die Begegnung als Grenzerfahrung – theologische Grundbedingungen des Zusammenseins

Ich habe mich sehr darüber gefreut, an diesem Symposium zu Ehren von Prof. Dr. Hans Waldenfels teilzunehmen. Mit ihm habe ich gelernt, mich mit den anderen auseinanderzusetzen, um einen gemeinsam zu begehenden Weg zu suchen, vor allem heutzutage, da es schwieriger scheint, einen Weg zu finden, der die nationalen und internationalen Szenarien der Hoffnung öffnet. In diesem kurzen Redebeitrag möchte ich davon ausgehen, was heute verloren gegangen zu sein scheint, und Hannah Arendt – nachdem sie die amerikanische Staatsangehörigkeit erworben hatte – „common world" nannte. „Der öffentliche Raum wie die uns gemeinsame Welt versammelt Menschen und verhindert gleichzeitig, daß sie gleichsam über- und ineinanderfallen. Was die Verhältnisse in einer Massengesellschaft für alle so schwer erträglich macht, liegt nicht eigentlich, jedenfalls nicht primär, in der Massenhaftigkeit selbst, es handelt sich vielmehr darum, daß in ihr die Welt die Kraft verloren hat zu versammeln, d.h. zu trennen und zu verbinden. Diese Situation ähnelt in ihrer Unheimlichkeit einer spiritistischen Séance, bei der eine um einen Tisch versammelte Anzahl von Menschen plötzlich durch irgendeinen magischen Trick den Tisch aus ihr Mitte verschwinden sieht, so daß nun zwei sich gegenüber sitzende Personen durch nichts mehr getrennt, aber auch durch nichts Greifbares mehr verbunden sind"[2]. Der Verlust der Welt – oder besser gesagt – der „Weltlichkeit" (worldliness)[3], d.h. des Wirkens, im Sinne von Heidegger als in-der-Welt-Sein zu verstehen, führt zur Entfremdung von der Welt (mehr als zur Entfremdung von sich

---

[1] Papst Franziskus, Homilie, Außerordentliches Jubiläum der Barmherzigkeit, Jubiläum der Katechisten, 25. September 2016.

[2] Arendt, Hannah, Vita activa oder Vom tätigen Leben, München/Zürich 1967, S. 52.

[3] „Die Grundbedingung, unter der die Tätigkeit des Herstellens steht, ist Weltlichkeit" (Ebd., S. 14). „Sofern menschliches Leben weltlich und weltbildend ist, hat es sich auf einen Prozeß stetiger Verdinglichung eingelassen. Und der Grad der Weltlichkeit der erzeugten Dinge, die in ihrer Gesamtheit das Gebilde von Menschenhand darstellen, kann nur an den längeren und kürzeren Zeitspannen gemessen werden, durch die hindurch die Weltdinge das tätig bewegte, aufsteigende und wieder verschwindende Leben sterblicher Menschen überdauern" (Ebd., S. 88).

selbst): Dies scheint das Unterscheidungsmerkmal unserer Zeit zu sein. Warum also erfährt man heute, auf eine so tiefe und dramatische Weise, die Zerbrechlichkeit des Zusammenseins, des miteinander Sprechens, des Zusammenwirkens?

Ich bin in Süditalien geboren, also in Europa, das zwar Teil der uns alle vereinenden globalen Welt ist, aber auch „Ort", der ein Erbe von Geschichten und Kulturen in sich birgt, die sich über Jahrtausende hinweg nicht bloß auf einem geographischen Gebiet abgespielt haben, sondern auch in eine Gesamtheit von Erlebnissen eingegangen sind, die gewissermaßen Spiritualität, Sitten und Gebräuche, Politik, Recht, Gesellschaft, Bildung, Wirtschaft, Kunst, Wissenschaft etc. weiter beeinflussen. Wir wissen ja, „diese" Welt, oder besser gesagt, diese „Weltanschauung" wird „Westen" genannt. Während ich zur Erholung im Gebirge war, hat mich eine „Todesanzeige" beeindruckt, die in einer weitverbreiteten italienischen Zeitung erschien: die Postmoderne ist gestorben! Ich war davon getroffen, weil sie von uns gegangen war, ohne dass wir die Zeit gehabt hätten, uns richtig kennen zu lernen! Während ich damit beschäftigt war, den traumatischen Verlust dieser verehrten geheimnisvollen Persönlichkeit, die sich in Europa herumgetrieben hat, zu verarbeiten, sind die Hoffnungen wieder erwacht. Einige Tage später hat nämlich jemand in derselben Zeitung die Nachricht veröffentlicht, dass sie hingegen noch am Leben sei, obwohl sie ein bisschen abgespannt aussehe und ihren Namen geändert habe: Surmodernité (Augé), Ultramodernität (Gaudet e Zarca), Metamoderne (Giddens), zweite Modernität (Beck), Hypermodernität (Lipovetsky)… Einer meiner deutschen Freunde, der Derrida-Experte H. Lauenroth, beruhigte mich, indem er mir riet, mir darum keine Sorgen zu machen, da sie… nie existiert habe.[4] Aber welche Hoffnungen waren in die Postmoderne gesetzt worden?

„De-strukturierung" (Derrida), „Ende der modernen Metaerzählungen" (Lyotard) - wie Aufklärung, Idealismus und Marxismus -, „epistemische De-konstruktion" (Foucault) sind nur einige von berühmten europäischen Denkern ausgearbeitete Projekte, die darauf abzielen, zu beweisen, dass es keinen universalen, allgemeinen Sinn in der Geschichte gibt, den einige „Führer" (man denke an den Zweiten Weltkrieg!) den Massen weisen

---

[4] Einige legen deren Geburt im Jahr der Veröffentlichung der „La condition postmoderne" (1979) von Jean-François Lyotard fest. In der Tat liegt sie bis zu den großen Weltkriegen zurück. Also ist das Geburtsdatum mehr oder weniger sicher, unsicher bleibt aber die Todesursache. Einige vermuten, dass sie am schrecklichen nine-eleven 2001 in den USA gestorben ist (R. Luperini); andere gibt es, die diesen Tod in Zusammenhang mit dem Tod von Derrida (2004) und der Wirtschaftskrise sehen, die sich bis in das Jahr 2008 hinzieht (C. Bordoni). Vgl. Luperini, R., La fine del postmoderno [Das Ende der Postmoderne], Napoli 2005; Bordoni, C., „L'inutilità del postmoderno [Die Nutzlosigkeit der Postmoderne]", in: Corriere della sera-La lettura, 2. August 2015, S. 6–7.

wollten. Wichtig für einen Menschen ist es, die Theorien zu „de-konstruieren" und ihre Wirksamkeit in der Praxis überprüfen zu können. Niemand will mehr sich selbst oder die anderen anhand von Wissenschaftstheorien konstruieren, wie sie in der Psychologie, Anthropologie, Soziologie, im Recht usw. ausgearbeitet werden. Der Vertrauensvorschuss dazu fehlt. Im Gegensatz dazu ist die westliche Kultur – von den Griechen zu den Römern, bei der Begegnung mit dem noch in den Kinderschuhen steckenden Christentum, quer durch die Moderne mit der Wiederentdeckung des Wertes der Person und der Freiheit – aus der Überzeugung entstanden, dass es einen „Logos" gibt, der es uns ermöglicht, die Welt innerhalb und außerhalb von uns kennenzulernen. Man ließ das Chaos hinter sich und die Zukunft gehörte dem intelligenten Sohn des Logos, der in allem und in allen ist. Es entstand der Begriff des Menschen (als ζῷον πολιτικόν) und jenes geordneten Gefüges von Beziehungen, welches man die „Stadt" (πόλις) nennt. Die Philosophen dachten eigentlich, dass nur dieser Logos in der Lage sei, jene vom Urtrieb des Überlebens beherrschte Erregung zu besänftigen, die als „Angst" bezeichnet wird. Wenn wir schematisieren wollten, könnten wir auch heute im Wesentlichen zwei große Ängste feststellen, die sich grundsätzlich in der menschlichen Erfahrung zeigen: 1) die Angst davor, die eigene Identität zu verlieren; 2) die Angst vor dem anderen seiner selbst. Die allgemeine Überzeugung geht dahin, dass beide Ängste in einem direkt proportionalen Zusammenhang stehen: Wenn die eine zunehme, nehme auch die andere zu. Im Gegensatz dazu stehen Identität und Anderssein in einem umgekehrt proportionalen Zusammenhang: Wenn die eine zunimmt, nimmt das andere ab, und umgekehrt.[5]

---

[5] Es gibt in Italien – innerhalb des Instituts für Technologische Wissenschaften und Kognitionswissenschaft (Center for Cognitive Science) des Nationalrates für Forschung (CNR) – ein Forschungsprojekt, das von der Psychologin Dr. C. Pagani durchgeführt wird. Dieses betrifft die Haltung der 13- bis 18-Jährigen (adolescenti) und der 6- bis 12-Jährigen (pre-adolescenti) zum Multikulturalismus bzw. zu den Gründen für die Ablehnung des anderen. „Bei der Untersuchung wurden drei Sorten von Ängsten festgestellt: 1) die Angst, die eigene Sicherheit und den eigenen Wohlstand, d.h. die eigenen wirtschaftlichen Vorteile, aber auch die vom italienischen Staat garantierten sozialen und politischen Rechte zu verlieren; 2) die Angst, die eigene Identität zu verlieren; Angst, die insbesondere bei Jungen und Mädchen sichtbar wird und zwar bei denen, die in kleinen Städten wohnen, in Stadtgebieten also, die sehr viele neue Bürger aufgenommen haben und die von daher feststellen, dass die eigene Umwelt tiefgreifend verändert erscheint; die Angst, die Zuwendung und die Aufmerksamkeit der Lehrer zu verlieren. Diese letzte Art von Angst wurde hauptsächlich bei den Kindern der letzten zwei Klassen der Grundschule festgestellt. Die Schülerinnen und die Schüler meinen, dass der Lehrer bzw. die Lehrerin den ausländischen Kindern zulasten der italienischen Schüler zu viel an Zeit, Zuwendung und Aufmerksamkeit schenkt. Es ist aber der Anhaltspunkt merkwürdig und auch häufig, infolge dessen Jungen und Mädchen ganz offen angeben, dass sie die Ausländer hassen, dass sie aber oft sehr gut mit Gleichaltrigen befreundet sind, deren Ursprungsregionen im Ausland liegen. Das zeigt auf, wie wichtig der persönliche Kontakt und die

H. Waldenfels hat oft über den Gegensatz gesprochen, der zwischen dem Eigenen (was das Selbst kennzeichnet) und dem Fremden (das gleichzeitig das Andere ist) besteht. Das Fremde und das Andere sind aber keine austauschbaren Begriffe, da die Chance einer Überwindung der Fremdheit dem Begriff des Fremden innewohnt, wenn es als das Andere wahrgenommen wird, als dasjenige nämlich, mit dem ein Dialog möglich ist. Heute zeigt sich dieses Phänomen, wenn man über die Integration der Ausländer diskutiert.

„Angesichts einer Ideologie, die alles gleichschaltet, indem sie den Anderen anerkennt, ist es notwendig, – bekräftigt Waldenfels – das andere im Anderen zu beachten und das Fremde und die Fremdheit"[6]: Die Möglichkeit des Überlebens (die Rückgewinnung des Eigenen) wird oft als Repression oder als Verzicht auf das Fremde und die Fremdheit verstanden. Der Ausländer integriere sich, indem er sich anpasse. Wenn der Fremde fremd bleibe, werde er zu einem ständigen Gegenpol, der als Gegner oder abzulehnender Feind wahrgenommen werde; wenn dagegen der Fremde als anders anerkannt werde, könne er im Dialog oder im Leben zu einem Partner / einem Verbündeten werden. Das ist einer der „Kontexte" der Fundamentaltheologie von Waldenfels. Die Kontexte eines Textes setzen ein „dialogisches Verhältnis" zwischen den Fragestellenden und den Antwortenden voraus. Das veranlasst zum Nachdenken über eine „Theologie, die an der Zeit ist", die aus Berufung die dort befindlichen Ausmaße und pluralistischen Grundzüge mutig annehmen soll, obwohl die Differenzierung der Wissensbereiche dazu führt, dass „der Theologe sich vielmehr mit Karl Rahner in aller Demut eingestehen muss, dass er auf vielen Gebieten ein „Laie" ist. Weil aber auch der Wissensstoff der Theologie immer größer wird, können selbst Theologen außerhalb ihres Fachgebietes oft genug nur noch „laienhaft" argumentieren,"[7].

---

unmittelbare Kenntnis des anderen sind, um sich einfacher von Vorurteilen und Stereotypen zu befreien" (http://www.filosofia.rai.it/articoli/la-paura-dellaltro-nei-soggetti-in-et%C3%A0-scolare/14563/default.aspx , 29.05.2017). Mit Hilfe der „Suchmaschinen" (search engine) kann man heute aufzeigen, dass das Wort, das am häufigsten in den News vorkommt, „Angst" ist. In Italien kommt z. B. das Wort „Angst" unter den Nachrichten 1.570.000 Mal vor, im Gegensatz zu den Worten „Gastfreundschaft" und „Aufnahmebereitschaft" (197.000) Es ist wichtig, darüber zu reden, wobei die Gefahr besteht, dass die Kommunikationsmittel unsere Gefühle in einer Art von „Alexithymie" betäuben und dadurch nur die Intensität des Phänomens vergrößern, ohne dessen Gründe zu erhellen und diesen „einen Namen zu geben", damit man wirksam eingreift. Man kann sich nämlich – als Gesellschaft – damit zufriedengeben, dass man „mit der Angst zusammenlebt", um eine gewisse „Normalität" zu bewahren.

[6] Waldenfels, Hans, „Theologie im III. Millenium – Quo vadis? Antworten der Theologen. Dokumentation einer Weltumfrage", in: Fornet-Betancourt, R. (Hrsg.), Denktraditionen im Dialog (Studien zur Befreiung und Interkulturalität, Bd. 7), Frankfurt 2000, S. 293.

[7] Waldenfels, Hans. „Theologie im Horizont von Religionssuche und pluralistisch-säkularisierter Gesellschaft. Aus der Sicht eines deutschen Theologen", in: Auf den Spuren von Gottes

2. Die drei Möglichkeiten, Menschen zu begegnen

Meiner Meinung nach ist „Begegnung" die Schlüsselkategorie der Theologie von Hans Waldenfels. Aber „wie" kann man heute Begegnung mit den anderen angehen? Zweifellos sind Grenzen und Kriegsfronten Anlass zu großer Sorge für uns alle. Sie sind ein „Risiko". Sie könnten aber zu einer Gelegenheit werden, wenn wir uns die Frage stellen: „ist es möglich" und „wie" können wir die Begegnung mit den anderen angehen?[8] Wenn eine „Begegnung" stattfindet, haben wir nämlich drei Möglichkeiten zur Verfügung[9]: 1) sich gegenseitig bekämpfen; 2) sich von den anderen trennen und absondern, indem man sich hinter eine Mauer zurückzieht (man denke an die Große Chinesische Mauer, die Tore von Babylon, den Hadrianswall, Teil des römischen Limes, die Steinmauer der Inkas, bis zu den heutigen Mauern!); 3) versuchen, zusammenzuarbeiten, einen Dialog aufzunehmen, miteinander zu kommunizieren ... Auf Englisch könnten wir sagen: making existential space for others. Dank dieser dritten Möglichkeit entstanden die Straßen, die Brücken, die Märkte, die Agoras, die Heiligtümer, die alten Universitäten und Akademien, etc. Es ist kein Zufall, dass der internationale Terrorismus heute versucht, eben an diesen Orten zuzuschlagen, wo die Leute sich treffen, sich unterhalten, Ideen austauschen und eine alternative Zukunft, eine friedliche Zukunft für alle überlegen. Auch die Kirche hat sich mit den drei Möglichkeiten konfrontiert gesehen: Krieg, Mauer oder friedlicher Austausch? Im Verlauf der Epochen haben die Mitglieder der Kirche eine Wahl getroffen, sooft der „andere" an ihren Türen, an ihren Toren und auf ihren Straßen erschienen ist [...]. Wenn wir, in einer Art von „Läuterung des Gedächtnisses" (Johannes Paul II.), an ihre Geschichte denken, merken wir, dass alle drei Möglichkeiten Wirklichkeit geworden sind! Offensichtlich gibt es in der Glaubenserfahrung eine grundlegende

---

Wort. Theologische Versuche III, Bonn 2004, S. 624–625; Vgl. Rahner, Karl, „Der Pluralismus in der Theologie und die Einheit des Bekenntnisses in der Kirche", in: Ders., Schriften zur Theologie Bd. IX, Zürich 1970, S. 11–20.

[8] „Die gleiche Entscheidung, vor der vor mehreren Tausenden Jahren unsere Vorfahren standen – so schreibt der Journalist Ryszard Kapuscinski –, stellt sich heute auch uns mit der unveränderten Intensität, gleichermaßen grundsätzlich und kategorisch. Wie verhält man sich mit den anderen? Welche Haltung ihnen gegenüber einnehmen?" (Kapuściński, Ryszard, L'altro, Milano 2015⁵, S. 66).

[9] Wir alle haben täglich die Wahl zwischen drei Möglichkeiten. Die ersten beiden drücken die Unfähigkeit aus, zu verstehen, sich in den anderen hineinzuversetzen. Die Begegnung wird ein schlechtes Ende nehmen: Blut oder Tod. Die Zeit liegt nicht weit zurück, als das Wort der afrikaansen Sprache „apartheid" häufig zu hören war. In allen Kulturen haben die Türen, die Tore, die Straßen einen doppelten Zweck: sich abzuschotten, den Zugang zu verhindern oder sich zu einem Begegnungsort oder zu einer Schwelle der Gastfreundschaft zu verwandeln. Das ereignet sich zuerst in unseren Herzen, im Inneren jedes Mannes bzw. jeder Frau der Erde.

Spannung zwischen Identität und Beziehung (mit dem anderen), und zwar die Spannung zwischen der Existenz-Sicherung der christlichen Gemeinschaft und ihrer Öffnung der Welt und den anderen gegenüber, wie es dem von Jesus erhaltenen Missionsauftrag entspricht. Die Auseinandersetzung spornt nämlich die Kirche dazu an, ihre eigene Identität zu vertiefen, und ist ein Impuls, die Zeichen der Gegenwart Christi und des Wirkens des Heiligen Geistes in den „anderen" zu erkennen. Eine solche Begegnung setzt einen für die Christen sehr nützlichen Lernprozess in Gang und führt auch zu einer Öffnung gegenüber „dem Fremden als Fremdem, ohne die eigene Identität und den eigenen Anspruch zu verraten"[10]. Nach Ansicht von Waldenfels bildet sich die Identität immer in Spannungsfeldern und in einem Prozess. Im Verlauf der Jahrhunderte ist sie durch ständige Brüche gekennzeichnet gewesen, einerseits durch die Bemühungen um Abgrenzung: De-finition als Grenzziehung verstanden; andererseits durch die Überbrückung in Form eines „Symbols". Waldenfels erzählt von einer Erfahrung in Indien: Als er im Personalverzeichnis der syro-malabarischen Kirche blätterte, stieß er auf eine Zusammenstellung von Identitätszeichen, die die Zugehörigkeit zu dieser Kirche hervorhoben: das Christusbild, das Christuskreuz, die Bibel, das Licht am Tabernakel und am Altar, das gemeinsame Gebet, die bedingungslose Vergebung, das Teilen mit dem notleidenden Nachbarn. Waldenfels weist bezüglich dieser sieben Kennzeichen darauf hin, dass man die Reihenfolge auch umkehren und mit den letzten beiden Kriterien beginnen könnte: Mit diesen betont man nicht das Anderssein, sondern die Solidarität mit den anderen, in denen sich das Antlitz Christi zeigt. Das Symbol ist eine andere Weise der Charakterisierung der Identität: Keine Abgrenzung, keine Definition, sondern das Erkennungszeichen, die Erkenntnis, aber auch die Vermittlung des Wortes und der Wirklichkeit[11]. Was eine Identität „bestimmt", ist nicht die abstrakte, metaphysische Idee, sondern die Menschen als solche in einem bestimmten historischen Umfeld. Das ist ein Begriff, der im Apostolischen Schreiben Evangelii gaudium von Papst Franziskus erscheint. Daher ist man von der „metaphysischen" Definition der Identität des Menschen zur Berücksichtigung dieser Identität im Rahmen einer Pluralität menschlicher Identitäten übergegangen. Die Identität beginnt innerhalb der Sprache selbst zu zerbrechen, d. h. innerhalb der Beschreibung der Antinomien, die sie bilden, wie zum Beispiel der Gegenüberstellung zwischen Gott und dem Menschen, Gott und der Natur, dem Menschen und

---

[10] Waldenfels, Hans, Kontextuelle Fundamentaltheologie, Paderborn/München/Wien 2005⁴, S. 89; vgl. Ders., Faszination des Buddhismus. Zum christlich-buddhistischen Dialog, Mainz 1982, S. 138–151.

[11] Vgl. Waldenfels, Hans, Faszination des Buddhismus, a.a.O., S. 118–119.

der Natur, aber auch zwischen Philosophie und Religion, Metaphysik und Theologie, etc. Nach Ansicht von Waldenfels ist es zu einer Art immanentem Bruch der Identitätsformeln gekommen: In der „Welt außerhalb Europa" mit der Ankunft von neuen asiatischen Kulturen; in der „Welt innerhalb Europa" finden wir dagegen den Drang zur Säkularisierung[12], was zu einem Zusammenstoß mit Kulturen und Religionen führt, die von den Flüchtlingen und den Einwanderern eingeführt werden. „Vielleicht – sagt Waldenfels – könnte eine Rückkehr des abendländischen Christentums zu den Grundfragen des Gottesverständnisses und der Jesusgestalt zeigen, wie wahre Identität sich in der Selbstverleugnung, d. h. in der radikalen Kehre zum Anderen seiner selbst und damit in der Konsequenz vom Anderen seiner selbst und damit in der Konsequenz vom Anderen und Fremden her verwirklicht"[13]. Waldenfels bevorzugt in seiner „elliptischen Methode" einen bestimmten Ansatz der Wirklichkeit der Kirche, indem er sie „als Ort der Jesus-Vermittlung" versteht, „in einer Querschnittsbetrachtung", nicht nur phänomenologisch wahrgenommen, sondern auf der Suche nach jenen sichtbaren Grundelementen in der Kirche, die an Jesus und seine Nachfolgegemeinschaft erinnern. Für Waldenfels sind die Leitmotive des Evangeliums Vorbilder und Forschungsrichtlinien, sie liegen ihm am Herzen, sie entsprechen in ihrer Form zutiefst der menschlichen – also universalen – Erfahrung, nämlich „Weg, Wahrheit und Leben". Diese heuristischen, stark christologischen Prinzipien werden also auf die Kirche, das Gottesvolk, angewandt. Sie unternimmt die gemeinsame „heilige Reise" in der Nachfolge dessen, der versprochen hat, sie nicht mehr zu verlassen und zur Fülle des Lebens zu führen. Diese Konzentration der Diskussion über die dialogische Identität der kirchlichen Mission auf die Person Christi hat den Vorteil, die Aufmerksamkeit auf die Form des „Dienstes" zu richten, den die Apostel für das Reich Gottes geleistet haben, nämlich durch das Wirken des Heiligen Geistes an seine Worte des Lebens „ricordare", zu „erinnern" [wörtlich zu Herzen zu nehmen]. Das bedeutet nicht, sich nostalgisch in der Vergangenheit zu verlieren, sondern ständig zu den Ursprüngen zurückzukehren, zur Quelle des Auferstehungsereignisses, das im Heiligen Geist „hier und jetzt" auf die Menschen aller Zeiten wirkt. Das Erinnern in Form

---

[12] Der Verlust bzw. die Löschung jeglichen Horizontes ist in der Geschichte des „tollen Menschen" von Nietzsche enthalten. Hier wird erzählt, dass „Der tolle Mensch" am hellen Tage mit angezündeter Laterne auf dem Marktplatz Menschen sucht. Vgl. Nietzsche, Friedrich, Die fröhliche Wissenschaft, in Kritische Studienausgabe, hrsg. von Colli-Montinari, Bd. 3, München 1999, S. 480.

[13] Waldenfels, Hans, Zur gebrochenen Identität des abendländischen Christentums, in: Religion und Identität. Im Horizont des Pluralismus, hrsg. von Gephart, W./Waldenfels, Hans (Suhrkamp Taschenbuch Wissenschaft 1411), Frankfurt a.M. 1999, S. 123.

von Erzählung ist dabei keine „ursprüngliche" Weise, ein räumlich und zeitlich begrenztes Ereignis zu „übertragen", sondern das Gegenmittel, damit die Erstarrung der christlichen Verkündigung vermieden wird und die Kirche stets den Mut eines „kritischen Bewusstseins hat, das die gegenwärtigen Plausibilitätsstrukturen in Frage stellt und damit zugleich zukunftseröffnend wirkt"[14]. Es geht um die Idee der „Reform", die Papst Franziskus ausdrückt.[15] Aus dem Vorschlag von Waldenfels geht unmittelbar klar die Dimension der Kontinuität und der organischen Entwicklung einer theologischen Reflexion hervor, die schon immer auf der Polarität von Text und Kontext gründet. Sein Ansatz zur Wirklichkeit Gottes beruht nicht auf der Entdeckung eines neuen „Schlusssteins" für sämtliche Systeme der theologischen Reflexion, wie es mehrmals in der Theologiegeschichte des letzten Jahrhunderts durch große Theologen vorkam (die Entmythisierung des Wortes, die Konzentration auf das Wort, die korrelative Struktur, die einzelnen Aspekte der Selbstverwirklichung des Menschen in der Geschichte), sondern auf einer erleuchteten, geduldig und hingebungsvollen Annäherung an die Voraussetzungen und die Folgen dieser Polarität. In erster Linie nimmt Waldenfels die stärkste Verwirklichung dieser Polarität in den Blick, er richtet seine Aufmerksamkeit auf jenen Moment der Beziehung-Begegnung zwischen Gott und dem Menschen, in dem auf die Initiative Gottes hin der offenbarende Funke überspringt. Aus dieser Beziehung entspringt die anthropologische Umschreibung seines Projektes, in dem der Mensch nicht nur als „Seiender unter den Seienden" („ente tra gli enti"), sondern auch als derjenige betrachtet wird, an „den sich das Wort richtet" („colui al quale è rivolta la Parola"), besser noch, als „derjenige, auf dessen Vermittlung hin die Offenbarung geschieht" („colui mediante il quale accade la Rivelazione"). Der Kontext ist nicht nur ein hermeneutischer Angelpunkt, eine didaktische Dimension, sondern der Ort, an dem Gott, der sich in Jesus Christus vollkommen geoffenbart hat, sich in der Geschichte weiter offenbart, indem er den Menschen anredet und seine Antwort einfordert, seine Einstellung zur Wirklichkeit und zu den Mitmenschen zu bestimmen und die Initiative der Liebe zu bezeugen, die an ihn gerichtet ist.

3. Kampf der Eschatologien

In dieser „verschwimmenden" Epoche kann man die Verteidigung der eigenen Identität nicht wie früher auf einen bestimmten Punkt konzentrieren

---

[14] Waldenfels, Hans, Kontextuelle Fundamentaltheologie, a.a.O., S. 376.
[15] Vgl. Waldenfels, Hans, Sein Name ist Franziskus. Der Papst der Armen, Paderborn 2014.

(wie einst Herrschaft oder Kapital), es geht diffuser und anonymer („Anonymous") zu. Durch die technologischen Mittel, die die meisten Männer und Frauen der Erde zur Verfügung haben, erscheint diese Fähigkeit in Form eines Beziehungsnetzes zwischen Individuen, in dem nur die „Kräfteverhältnisse" zählen. Jede soziale Beziehung wird zu einem „Machtverhältnis". Soll dies das Schicksal des Menschen sein? Ist dies vielleicht der einzige Schlüssel zum Verständnis der Gegenwart? Auch wenn die Postmoderne als Abschied von jener „meta-physischen" Gewissheit des Ursprungs verstanden wird, als Rückweg zur „Physik", zum „Organischen" – zu dieser Summe von „Individualitäten", die in die Existenz geworfen wurden (Heidegger) – hat sie nicht verhindert, dass die gleichen Herausforderungen wieder erscheinen, denen sich unsere Vorfahren in der Vergangenheit zu stellen versuchten, aber heute geschieht dies in einem sozial, politisch, wirtschaftlich, religiös völlig veränderten Kontext. Die Postmoderne hat eigentlich versucht – und dabei eine starke „Ernüchterung" verursacht –, die Bedingungen zu schaffen, damit jene Art von Ideologie nicht mehr konzipiert wird, die im 20. Jahrhundert zu schrecklichen Tragödien geführt hatte. Indem der „schwache" postmoderne Gedanke (Vattimo) jede Form der Ideologie ehrlich bekämpft hat, hat er – vermutlich unbewusst – einen tödlichen Angriff gegen die „eschatologische Spannung" gerichtet, die der grundlegenden geistigen Dimension des Menschen innewohnt, die sich als Fähigkeit erweist, sich selbst zu „übersteigen", „weiter weg" und „tiefer" zu blicken (ohne in den reinen Idealismus zu verfallen) und die jeglicher lebendigen Kultur zugrunde liegt! Meiner Meinung nach findet der echte Kampf heute nicht auf der Ebene der „Kulturen" statt (wie Samuel P. Huntington behauptete, Clash of civilizations, 1996), sondern auf der Ebene von „Eschatologien", und zwar von weitreichenden „Sinnangeboten". Was häufig den meisten westlichen Beobachtern entgeht, ist meiner bescheidenen Meinung nach die Tatsache, dass die „Gewalt" nur die Oberfläche des Problems, die Spitze des Eisbergs ist. Alain Finkielkraut, atheistischer Philosoph, hat kürzlich in einem Interview der Zeitschrift *Le Figaro* gesagt: „Gott ist fortgegangen und es hängt nicht von uns ab, ob Er wiederkommt. Was in Frankreich wie auf der ganzen Welt wirklich gestorben ist, ist der Glaube an das ewige Leben"[16]. Es gibt eine „Leere" im Herzen des postmodernen Menschen: Sie wartet auf nichts anderes als darauf, uns das Gesicht Gottes auf neue überraschende Weise zu „enthüllen"… Ein Gott, der

---

[16] „Dieu est parti, et il ne dépend pas de nous de le faire revenir. Je crois que ce qui est mort pour de bon en France comme dans le reste du monde occidental, c'est la croyance en la vie éternelle" (van der Plaetsen, J.-R., Houellebecq à Finkielkraut: „Alain, je suis en net désaccord avec vous", in: Figaro Magazine, 14. August 2015).

diesem Nichts, das vor allem im 20. Jahrhundert dramatisch erfahren wurde, einen Sinn gibt. Gerhard (Gershom) Sholem schreibt 1933 zu einer Hochzeit in seinem Freundeskreis ein Gedicht, dessen letzte Zeilen lauten: „In alten Zeiten führten alle Bahnen / zu „Gott" und seinem Namen, irgendwie./ Wir sind nicht fromm. Wir bleiben im Profanen / und wo einst Gott stand, steht: Melancholie"[17].

4. Die zwei Schlüsselworte, die uns erlauben, die „Zeichen der Zeit" zu lesen

Um den Weg der Kulturen fortzusetzen, muss man den Rückweg zu den Wurzeln des Menschlichen antreten und „tiefer" gehen. Man muss sich unter die Oberfläche begeben und in den „Abgrund" schauen, der sich meistens hinter der „Banalität des Bösen" verbirgt (H. Arendt). Ist ein „neuer Humanismus" denkbar, der aus einer „neuen Ontologie" entsteht, die den in der Wirklichkeit vorkommenden Antinomien gerecht wird? Die Frage „Was ist der Mensch?" ist nun wieder drängend und sie bringt gleichzeitig die Suche nach einem „Sinn" mit sich, der es ermöglicht, dass die Einzelnen in einer globalisierten Welt nicht in einer gleichmachenden Einheit aufgehen. In der Vergangenheit wurde die Antwort in dem Land, wo ich und die Mehrheit von Ihnen aufgewachsen sind, anhand von zwei kulturellen Leitlinien formuliert: der griechisch-hellenistischen und der biblischen. Der Mensch a) kommt zur Existenz in der ursprünglichen und originalen Beziehung zu Gott (Bibel); b) er ist ein intelligentes Wesen, das in Beziehung zu den anderen und zur Welt steht (griechische Philosophie). In mehreren Phasen entstanden daraus im Westen lebendige und wirksame kulturelle Gestalten des Humanismus, um die Herausforderungen zu meistern, die im Lauf der Jahrhunderte am Horizont erschienen sind. Es waren vielleicht sogar noch dramatischere Krisen als heute. Die Herausforderungen liegen stets auf der gleichen zeitlich-räumlichen Linie, die durch zwei Punkte geht: was uns als Vergangenheit gehört und was wir als unsere Zukunft wählen. Ohne diese zwei Punkte sinkt die Gegenwart in den

---

[17] Die Widmung des Gedichtes lautet: An Karl und Kitty. Mit einem Exemplar (von Walter Benjamin) „Einbahnstrassen". Es handelt sich um Karl Steinschneider und Kitty Marx. Das Gedicht ist dann in den Briefwechsel zwischen Walter Benjamin und Gershom Scholem hineingeflossen: Benjamin, Walter/Sholem, G., Teologia e utopia, Carteggio 1933–1940, Torino 1987, S. 96. Der deutsche Hebraismus des 19. Jahrhunderts scheint in seinen Hauptdarstellern – Scholem, Benjamin, Freud und anderen – von diesem „melancholischen" Moment durchquert worden zu sein. Ist das auf die menschliche Erfahrung der „Abwesenheit" bzw. des Todes Gottes" zurückzuführen?

theoretischen und praktischen „Nihilismus". Was sind die Herausforderungen, die wir in jenem Schnittpunkt zwischen Vergangenheit und Gegenwart finden und in der Gegenwart angehen sollen? Zusammenfassend könnte man zwei Schlüsselworte verwenden, um die „Zeichen der Zeit" zu lesen: Freiheit (ein Ergebnis der westlichen Moderne, das in einem wesentlich christlichen kulturellen Kontext ermöglicht wurde) und Beziehung (ein Schatz, der seit der Antike in den großen philosophischen und religiösen Traditionen aufbewahrt wird). Was die Religionen betrifft: Kann der Glaube uns zueinander „in Beziehung setzen" und uns gleichzeitig freier machen? Wird vielleicht hier der neue „Sinn" für diese neue Epoche angekündigt, die aus der Shoah, den ideologischen Ost-West-Konflikten, den ökonomischen Nord-Süd-Konflikten und den kulturell-religiösen globalen Konflikten verletzt herausgekommen ist? In welche Beziehung können zum Beispiel heute 1) Identität und Anderssein, 2) Einheit und Pluralität, 3) Innerlichkeit und Äußerlichkeit, 4) Freiheit und Gesetz, 5) Gewissen und Erkenntnis, 6) Person und Gesellschaft, 7) Charisma und Institution, 8) Tradition und Fortschritt, 9) Religion und Religionen, 10) Allgemeines und Besonderes gesetzt werden?

5. Praktische Folgerungen, die mir für unser theologisches Leben von Bedeutung erscheinen

Zum Schluss schlage ich einige Überlegungen aus meiner Sicht vor: a) Es ist erforderlich, einen neuen Sinn innerhalb von Grenzerfahrungen zu entdecken; b) die Gastfreundschaft ist ein vitales Bedürfnis jeglicher Kultur; c) der Weg zur Begegnung ist der Dialog. Die Theologie von H. Waldenfels hat diese drei Ausrichtungen für die Praxis gebührend berücksichtigt.

5.1. Neuen Sinn innerhalb von Grenzerfahrungen entdecken

Zuerst ist es nötig, einen „Sinn" wiederzuerhalten, der die postmodernen Ansprüche in Betracht zieht. Er soll aus jenem Prozess hervorgehen, der das Leben selbst ist: das persönliche und das gemeinschaftliche Leben (das jeglicher apriorischen Interpretation die Legitimation entzieht). Die von der Uneigennützigkeit bewegte Liebe ist nicht akzidentiell, sondern ein Prozess – wie das Leben! –, der das „Wesentliche" der Menschen offenbart und in Freiheit ihre echte Identität zum Vorschein bringt. Das Leben, das in aufrichtiger Hingabe gegenüber allen, die uns begegnen, gelebt wird, ist also ein Prozess der Wieder-Erkennung, nicht von außen, sondern von innen. Dieser

Prozess bringt in erster Linie die eigene Freiheit ins Spiel, aber auch die der anderen. Beide sind nur fassbar, wenn es eine größere Freiheit gibt, die sie in ihrem Unterschied enthält und sie ermöglicht: Die Freiheit Gottes – als Liebe, der [wörtlich verstanden] den anderen „sein lässt", indem Er „nicht ist" und in seinem Inneren den Raum schafft, damit der andere sei. Solche „Leere" ist nicht Abwesenheit, sondern Ausdruck größter Freiheit, jener Freiheit, sich selbst völlig zu besitzen, um sich dem anderen ganz zu schenken. Diese von der Liebe geschaffene Leere ist in der Praxis dazu bestimmt, Worte und Schweigen aufzunehmen, in denen Tiefe, Ruhe, Aufrichtigkeit, Offenheit, Annahme, Intelligenz, Bescheidenheit, Mitleid, etc. den Stil bestimmen. Der neue Sinn des Lebens soll also in den kleinen Geschichten gefunden werden, die am Rande der „großen Geschichte" geschrieben werden, die von denjenigen erzählt und oft geleitet wird, die die (wirtschaftliche, politische, massenmediale, religiöse) Macht haben. Es geht um eine Geschichte, in der die „Grenzen", die Brüche, die eigenen Wunden und die der anderen zum besten Standpunkt werden, um die persönliche Identität zu bewahren, als Möglichkeit zur Selbstüberschreitung und so zum realen Wachstum. Die geographische, menschliche, ethnische, religiöse, physische, …. Grenze – die „Peripherie", auf die sich Papst Franziskus bezieht – wird so zur Ressource und lässt unbekannte Wege entstehen, die auf Zukunft hin offen sind und allen ohne Ausnahme zugutekommen. Innerhalb dieser Dynamik der Grenzüberschreitung durch die Selbsthingabe entsteht ein neues „Denken" (eine neue Weise, Theologie zu betreiben?). Hier wird die Identität offenbar, indem sie vom anderen ausgeht, nämlich durch den freien und von der Liebe bewegten Akt, „aus sich selbst heraus zu gehen". Im letzten Hirtenbrief (1994), der wegen seines vorzeitigen Todes postum bekannt gegeben wurde, sprach der Theologe und Bischof von Aachen K. Hemmerle über die Bitte eines Kindes an seinen Vater, „ihm von Gott zu erzählen" („Erzähle mir von Gott"). Darin erblickte er den „Weg", den Glauben an Gott durch seine eigene Geschichte mit Gott zu vermitteln. „Sprechen wir so von Gott – fragte Hemmerle – daß wir dabei über uns persönlich, sprechen wir so von uns persönlich, daß wir dabei von Gott sprechen? (…) Erzähle von Gott! Das heißt nicht, sich vor den Problemen in harmlos fromme Geschichten flüchten. Aber es heißt: mit Gottes Wort leben, so daß es unser Leben, unsere Maßstäbe, unser Verhalten ändert – und dann darüber miteinander reden. (…) Bleibt die bedrängende Frage: Was aber, wenn es einfach nicht „geht", von Gott zu erzählen, weil er für uns so stumm bleibt wie damals über dem Schrei seines Sohnes am Kreuz? Diese Ohnmacht aushalten und nicht von ihr weglaufen: kann nicht auch dies

Anfang einer neuen Geschichte von und mit Gott sein?"[18]. Das haben einige Jugendliche erlebt, als sie in meiner Heimatstadt dazu beigetragen haben, eine Erstaufnahmeeinrichtung angenehmer zu gestalten, die in einem stillgelegten kirchlichen Krankenhausgebäude eröffnet wurde. Sara, Christin, und ihr Mann Saber, algerischer strenggläubiger Muslim, leiten diese Einrichtung zusammen mit einer Gruppe von Freiwilligen. Hier sind siebzig Männer aus Afrika untergebracht, deren Durchschnittsalter bei 20–25 Jahren liegt. Das Motto, das sie gewählt haben, um den Jugendlichen die Initiative zu erklären, ist: „Dinge reparieren, um Beziehungen aufzubauen". Einer dieser Jugendlichen hat mir am Ende erzählt: „Die schönste Frucht des „Tags der Geschwisterlichkeit" war für mich Freundschaft. Das unmittelbare Lächeln der Flüchtlinge, ihre Bereitschaft, uns kennenzulernen, ihre Freundlichkeit und Höflichkeit, die Schüchternheit eines Gastes, der eine besondere geistliche Prägung erahnen ließ. Sie waren für uns die Gelegenheit, eine Kultur kennenzulernen, die anders als unsere ist. Als ich nach Hause zurückgekehrt bin und den Fernseher eingeschaltet habe, gab es schon wieder die Berichte über die Einwanderung. Jetzt betrachte ich die Situation mit anderen Augen. Ich denke darüber nach, dass es auf diesen Booten Jungen gibt, wie jene, die ich glücklicherweise kennenlernte, und dass es einen von ihnen hätte geben können, der es nicht geschafft hat: Rashid, Locky, Ibra, Sajo, Abubacar, meine neuen Freunde". Das ist eine Skizze der Kirche, die Waldenfels mit Hemmerle als „Weggemeinschaft" bezeichnet, eine Gemeinschaft auf dem Weg, mit dem Herrn Jesus unterwegs, der dank dieser kenotischen Liebe mitten in seinem Volk ist, [jener Liebe,] die seine Jünger wieder neu leben sollen, um an seiner Herrlichkeit teilzunehmen und sie so in der Welt zu bezeugen.[19]

5.2. Die Gastfreundschaft ist ein vitales Bedürfnis jeglicher Kultur

Zweitens ist es nötig, sich der Gastfreundschaft dem anderen gegenüber zu öffnen. Aber „wer ist der andere"? Das Wort „anderer" (auf Italienisch, Englisch und Deutsch) ist indogermanischen Ursprungs und bedeutet „jemand, der nicht zu mir und meiner Familie gehört; ich kümmere mich nicht um ihn". In den semitischen Sprachen haben die Worte 'acher im Hebräischen und al- achar im Arabischen die gleiche Bedeutung. Was ist aber das

---

[18] Hemmerle, Klaus, „Fastenhirtenbrief 1994", in: Kirchenzeitung für das Bistum Aachen 49 (1994), S. 221.

[19] Vgl. Waldenfels, Hans, „Theologie der Nachfolge. Zum theologischen Weg Klaus Hemmerles", in: Lebendiges Zeugnis 2 (1995), S. 97–98; Ders., Kontextuelle Fundamentaltheologie, a.a.O., S. 377–382.

Gegenteil von „anderer"? Es ist nicht das „Ich". Nach dem Brudermord von Kain an Abel bringt die Bibel die erstaunliche Weisung: „Du sollst deinen Nächsten (heb.: rēăʿ; arabisch: al- karib[20]) lieben wie dich selbst" (Lev 19,18), und darunter versteht sie: „denjenigen, der zu deinem Clan gehört, den, der dein Nachbar ist". Aber sein Sinn erstreckt sich bis zur Bedeutung, die Jesus ihm im Gleichnis vom barmherzigen Samariter gibt (vgl. Lk 10,25–37), und zwar: Wie Gott in seiner Barmherzigkeit der Nächste für „alle" (auch für die Feinde) ist, ausnahmslos und ohne Unterschied, genauso sollen seine Kinder tun: sich umeinander kümmern. Es gibt keine „anderen", sondern „die Nächsten", die wir alle als unsere „Brüder und Schwestern" erkennen, da wir „Kinder" desselben Vaters im Himmel sind. Hier ist die Wurzel des Begriffs der „universalen Geschwisterlichkeit", der aber in der europäischen Kultur noch kaum im Mittelpunkt steht, obwohl die Französische Revolution ihn als konstitutiv für ihr Motto angesehen hat. Wie Papst Franziskus in seiner letzten Enzyklika „Laudato si'" schreibt: „... dass Gott unser gemeinsamer Vater ist und dass dies uns zu Brüdern und Schwestern macht. Die Bruderliebe kann nur gegenleistungsfrei sein und darf niemals eine Bezahlung sein für das, was ein anderer verwirklicht, noch ein Vorschuss für das, was wir uns von ihm erhoffen. Darum ist es möglich, die Feinde zu lieben. Diese gleiche Uneigennützigkeit führt uns dazu, den Wind, die Sonne und die Wolken zu lieben und zu akzeptieren, obwohl sie sich nicht unserer Kontrolle unterwerfen. Darum können wir von einer universalen Geschwisterlichkeit sprechen" (Nr. 228). Die allgemeine Überzeugung geht dahin – so der Papst –, „dass alles aufeinander bezogen ist und dass die echte Sorge für unser eigenes Leben und unsere Beziehungen zur Natur nicht zu trennen ist von der Brüderlichkeit, der Gerechtigkeit und der Treue gegenüber den anderen" (Nr. 70). Und weiter: „Der größte Teil der Bewohner des Planeten bezeichnet sich als Glaubende, und das müsste die Religionen veranlassen, einen Dialog miteinander aufzunehmen, der auf die Schonung der Natur, die Verteidigung der Armen und den Aufbau eines Netzes der gegenseitigen Achtung und der Geschwisterlichkeit ausgerichtet ist. Dringend ist auch ein Dialog unter den Wissenschaften selbst, denn jede von ihnen pflegt sich in die Grenzen ihrer eigenen Sprache zurückzuziehen, und die Spezialisierung neigt dazu, sich in Abschottung und in eine Verabsolutierung des eigenen Wissens zu verwandeln" (Nr. 201). Der Wirtschaftswissenschaftler Luigino Bruni beschreibt das „Gemeinwohl" der Gastlichkeit auf folgende Weise: „Die Pflicht der Gastfreundschaft ist die tragende Wand der westlichen Zivilisation und das Abc der (guten) Menschlichkeit. In der griechischen Welt war der Fremde Träger einer göttlichen Gegenwart. [...] Außerdem ist

---

[20] Arabisch: Al Ghrieb (die Fremde).

die Bibel ein ständiger Gesang über den absoluten Wert der Gastfreundschaft und die Aufnahme der Ausländer, die nicht selten „Engel" genannt werden. [...] Das Christentum sammelte diese Traditionen über die Gastfreundschaft und erläuterte sie als Konsequenz des Liebesgebots und als direkten Ausdruck der Vorliebe Jesu für die Letzten und die Armen: „Ich war fremd und ihr habt mich aufgenommen" (Mt 25,35). In diesen alten Kulturen, wo die „Talionslehre" noch galt und fast keines der Menschenrechte anerkannt wurde, die der Westen in den letzten Jahrhunderten erreicht und verkündet hat, wurde die Gastfreundschaft als Grundstein der Kultur gewählt, aus der dann unsere entstanden ist. In einer viel unsichereren, hilfsbedürftigeren und gewaltsameren Welt als der unseren verstanden die Menschen der Antike, dass die Pflicht der Gastfreundschaft wesentlich ist, um die Barbarei hinter sich zu lassen. „Barbarische und unzivilisierte Völker kennen den Gast nicht und anerkennen ihn auch nicht. Polyphem [der von Homer in der Odyssee erwähnte Zyklop, Anm. d. Verf.] ist das perfekte Bild der Unkultur und der Unmenschlichkeit, da er seine Gäste verschlingt, statt sie aufzunehmen"[21].

5.3. Der Weg zur Begegnung ist der Dialog

Aber es kommt ein Zeitpunkt, in dem die bloße Gastfreundschaft nicht mehr genügt. Notwendigerweise kommt die Zeit, den Dialog als Weg zur authentischen Begegnung zwischen den Einzelnen und den Völkern zu praktizieren. Das Wort διάλογος kommt weder in der ins Griechische übersetzten Bibel (Septuaginta) vor, ebenso wenig wie dialogus in der lateinischen. Was ist also der Dialog? Ist es vielleicht nur ein „Miteinander-Sprechen", eine reine Dialektik, in der Gott auch versucht mitzureden, indem er sich einen Weg durch unsere Wörter bahnt, uns sogar zum Schweigen bringt oder diese Worte in eine höhere Einheit eingliedert? Gott spricht mit uns durch menschliche, also für uns verständliche Worte. Aber noch viel mehr spricht Gott in unseren menschlichen Worten, wenn sie nicht bloß Ausdruck von „Toleranz" sind - wie Azzedine Gaci, Rektor der Moschee Othmane von Villeurbanne (Frankreich); Haïm Kòrsia, Großrabbiner von Frankreich; Se. E. Kardinal Jean-Louis Tauran, Präsident des Päpstlichen Rates für den Interreligiösen Dialog erklärt haben, sondern jener gegenseitigen Liebe, die keine Idee offenbart, sondern eine Person:

---

[21] Bruni, L., „Non siamo ciclopi. Ecco perché l'ospitalità fonda la nostra civiltà [Wir sind keine Zyklopen. Das ist der Grund, warum die Gastfreundschaft das Fundament unserer Kultur ist]", in: Avvenire, 19. August 2015, S. 1–2.

Gott selbst, der alle zu einer einzigen Familie zusammenführt. Nachdem die genannten Persönlichkeiten jede Form von Extremismus verurteilt haben, haben sie gemeinsam dazu aufgefordert, den Begriff der Toleranz zu überwinden, „der auf eine fast heimtückische Weise zwar die Idee der Akzeptanz, aber nicht das Miteinander-Teilen der Idee eines anderen impliziert. Hingegen müsse ein Schritt darüber hinaus unternommen werden – sagte Haïm Kòrsia – nämlich im Denken über die Notwendigkeit der Existenz des anderen als wesentliche Voraussetzung für meine eigene Existenz. Dies beweist, dass das Anderssein das menschliche Dasein bereichert und dass es 'conditio sine qua non' für die eigene Existenz ist". Und Azzedine Gaci sagt: „Der Respekt des anderen meint nicht Toleranz: Die Beziehungen unter uns müssen über die Toleranz hinausreichen, denn jene erweckt die Vorstellung, die Gegenwart des anderen zu erleiden [ertragen]"[22]. Der Dialog ist auch keine Dialektik zwischen einem „Ich" und einem „Du", die eine Synthese durch ein „Wir" finden, das alle eingliedert, indem es die Identitäten in einem Vereinheitlichungsverfahren auflöst. Was die Mitteilung und die Gemeinschaft unter den Menschen ermöglicht, ist immer ein „Dritter", der uns vorausliegt und uns „Eins" macht, indem Er unsere Identität von tödlicher Einsamkeit oder unwürdiger Unterwerfung befreit. Dieser „Dritte" ist der Gott, an den wir uns alle wenden und zu dem wir beten. Wenn Gott nicht aus der bloßen Innerlichkeit und dem Individualismus unseres Glaubens „herausfindet" und zu einem sichtbaren und erfahrbaren „Ort" wird, sind Frieden, Gerechtigkeit, Dialog und Einheit nicht möglich.

6. Die „Kultur der Begegnung"

Wir können also Protagonisten einer „neuen Kultur" sein, dort wo wir sind: die „Kultur der Begegnung", deren meisterhafter Vertreter Papst Franziskus ist.

Der Horizont der globalen Welt und der Horizont meiner Identität können sich erst durch einen Aufschwung der Seele treffen und vereinen, was freilich der Gestalt der Propheten und Künstler angemessener ist, als den Experten der „Theorie des Dialogs". Deshalb müssen wir vor allem – wie der Schriftsteller Joseph Conrad schrieb – dies neu lebendig werden lassen: Nämlich: „unsere Einstellung zum Wunderbaren und zum Staunen darüber, den Sinn für das Geheimnis, das unser Leben birgt, unsere Empfänglichkeit

---

[22] Zitate in: Viana, P., „Non siamo richiedenti asilo ma credenti e cittadini autentici [Wir sind keine Asylbewerber, sondern Gläubige und authentische Bürger]", in: Avvenire, 21. August 2015, S. 9.

für den Glauben, für die Schönheit und für den Schmerz, jenes verborgene Gespür für die Geschwisterlichkeit mit der Schöpfung und jener kaum spürbare aber unüberwindbare Sinn für die Solidarität, die die Einsamkeit unzähliger Herzen verbindet, die Solidarität in den Träumen, in der Freude, in der Traurigkeit, in den Enttäuschungen, in der Hoffnung, in der Angst, die die Menschen zusammenführt, die die Menschheit vereint, die Toten mit den Lebenden, und die Lebenden mit den noch Ungeborenen (to our capacity for delight and wonder, to the sense of mystery surrounding our lives; to our sense of pity, and beauty, and pain; to the latent feeling of fellowship with all creation – and to the subtle but invincible conviction of solidarity that knits together the loneliness of innumerable hearts, to the solidarity in dreams, in joy, in sorrow, in aspirations, in illusions, in hope, in fear, which binds men to each other, which binds together all humanity – the dead to the living and the living to the unborn)"[23].

Abschließend will ich fragen: Gibt es eine Methode, die hilfreich ist für den Dialog der Christen mit der Welt?

Unser Papst Franziskus hat uns nicht nur das Beispiel gegeben, sondern auch sechs Orientierungen. Wenn wir die Botschaft der Liebe Gottes für den Menschen verkünden – sagt der Papst – und über unsere christliche Identität reden, machen wir das „1) nicht durch mühevolles Überzeugen, 2) niemals, indem man die Wahrheit aufzwingt, 3) und auch nicht, indem man sich auf irgendeine religiöse oder moralische Pflicht versteift. 4) Gott verkündet man durch die Begegnung mit den Menschen 5) und unter Berücksichtigung ihrer Geschichte 6) und ihres Weges. Denn der Herr ist nicht eine Idee, sondern eine lebendige Person"[24].

---

[23] Conrad, J., The Nigger of the 'Narcissus'. Preface, in The Secret Sharer and Other Stories, London 2014.

[24] Papst Franziskus, Homilie, Außerordentliches Jubiläum der Barmherzigkeit, Jubiläum der Katechisten, 25. September 2016.

Diaspora: Ein Paradigma kontextueller Theologie

Günter Riße

Eine jede Theologie, die getrieben wird, ist immer in der Zeit, nicht losgelöst von ihr. Dass eine jede Theologie in der Zeit und damit in der Geschichte ihren genuinen Ort und je eigenen Text und Kontext hat und in diesem Sinne kontextuell ist, zeigt sich schon an ihrem Gegenstand selbst, der Offenbarung Gottes in Jesus Christus, seine Menschwerdung, konkret in der Zeit vor über zweitausend Jahren an dem Ort Nazareth in der damaligen römischen Provinz Judäa.

Durch die Zeiten hindurch ist eine jede Theologie, mehr oder weniger wahrgenommen, geprägt von der Erfahrung der Diaspora, der Diasporaseelsorge und Diasporafürsorge. Das ist keine Singularität. In der Geschichte theologischen Forschens und Nachdenkens war die Minderheitensituation, die Diaspora, immer schon eine erlebte Realität. Heute gelten zum Beispiel Ostdeutschland und Tschechien weltweit als am stärksten säkularisierte Regionen, konfessionell gebunden ist hier nur noch eine Minderheit.[1] Allein schon unter Beachtung dieses Faktums ist (und war) Diaspora ein Paradigma kontextueller Theologie.

Außerhalb der Theologie, vor allem in den Kultur- und Sozialwissenschaften, wird der Begriff „Diaspora" gegenwärtig gern als eine Folie verwandt, um die unterschiedlichen Ebenen von Migration und Globalisierung zu erfassen und darzustellen. In den letzten Jahrzehnten war es – vor allem innerkatholisch – das „Bonifatiuswerk der Deutschen Katholiken", das das Thema „Diaspora", wie auch eine Theologie der Diaspora, aus dem Schattendasein ins Licht von Theologie und Kirche geführt und daran erinnert hat, dass es heute nicht mehr darum geht, das Faktum der Minderheitensituation nur allein rein empirisch-konfessionell in den Blick zu nehmen, sondern vor allem die biblischen, systematischen und pastoraltheologisch-missionarischen Implikationen zu bedenken und in den Vordergrund zu stellen.[2] Gegenwärtig knüpfen verschiedene theologische Arbeiten an die-

---

[1] Kranemann, Benedikt/Štica, Petr (Hrsg.), Diaspora als Ort der Theologie: Perspektiven aus Tschechien und Ostdeutschland (Erfurter Theologische Schriften, Bd. 48), Würzburg 2016.

[2] Vgl. Riße, Günter, „Verstreut über die ganze Erde. Gedanken zu einer weltweiten Diasporakirche", in: Pulte, Matthias/Weitz, Thomas A. (Hrsg.), Veritas vos liberabit. Festschrift zum 65. Geburtstag von Günter Assenmacher (Kirchen- und Staatskirchenrecht, Bd. 27), Paderborn 2017, S. 747–753; Riße, Günter/Kathke, Clemens A. (Hrsg.), Diaspora. Zeugnis von Christen für Christen. 150 Jahre Bonifatiuswerk der deutschen Katholiken, Paderborn 1999.

sem Befund an und machen deutlich, dass „Diaspora" wesentlich zur Theologie dazugehört.[3]

So haben sich konkret die biblischen Erfahrungen von Diaspora tief in die Erfahrung des Gottesvolkes Israel eingegraben. Gerade im Exil und in der Diaspora ist Gottes Gegenwart und Zuwendung da, wird Gottes Anwesenheit ganz neu erfahren und in die Zukunft transportiert.[4] Das Christentum, in frühchristlicher, neutestamentlicher Zeit eine kleine Minderheit, knüpft an diese israelitisch-frühjüdische Diasporaerfahrungen an. Zwei Briefe des Neuen Testaments sind dann ausdrücklich an die Diaspora adressiert. Jakobus schreibt an die „auserwählten zwölf Stämme in der Diaspora" (Jak 1,1), Petrus im 1. Petrusbrief an die „auserwählten Heiligen, die als Fremde in der Diaspora von Pontus, Galatien, Kapadozien, Asien und Bithynien leben" (1 Petr 1,1)[5]. Dem neutestamentlichen Verständnis der Diaspora, so Thomas Söding in seinen grundlegenden Ausführungen zur Diaspora im Neuen Testament, „entspricht es, eine christliche Minorität in einer nichtchristlichen Mehrheit zu sehen und diese Diaspora nicht als Verlust ursprünglicher oder idealer Einheit zu buchen, sondern als Signal der Katholizität der Kirche in der Welt zu betrachten. Diaspora, Ökumene und Mission gehören untrennbar zusammen, wie schwierig ihre Vermittlung auch sein mag. [...] Die Diaspora-Gemeinden können der Kirche als Ganzer einen Dienst leisten – wenn sie selbstkritisch und selbstbewusst ihren Ort im Gang der Geschichte Gottes mit den Menschen markieren. Sie können die lebendige Erinnerung der Kirche an ihre missionarische und diakonische Aufgabe sein. Letztlich sind sie allein schon durch ihre Existenz ein Zeichen der Zeit, das die Hoffnung auf Vollendung wachhält, den eschatologischen Vorbehalt anzeigt und das Verhältnis der Kirche zur Welt ebenso nüchtern wie leidenschaftlich bestimmen lässt: Im Sinn des Ersten Petrusbriefes als Befähigung und Beauftragung, ein ‚Haus des Geistes' zu errichten, das der Gotteserfahrung inmitten der Welt Heimat gibt (1 Petr

---

[3] Vgl. Beck, Annegret, Christ sein können. Religiöse Kompetenz in der katholischen Diaspora Ostdeutschlands (Erfurter Theologische Studien, Bd. 65), Würzburg 2009; Ullrich, Lothar, „Diaspora und Ökumene in dogmatischer (systematischer) Sicht", in: Kresing, Bruno (Hrsg.), Für die Vielen. Zur Theologie der Diaspora, Paderborn 1984, S. 156–192; Rahner, Karl, „Der Christ und seine ungläubigen Verwandten", in: Kresing, Bruno (Hrsg.), Für die Vielen, a.a.O., S. 88–105; Rahner, Karl, „Theologische Deutung der Position des Christen in der modernen Welt", in: Ders., Sendung und Gnade, Innsbruck 1959, S. 13–47; Berliner Bischofskonferenz (Hrsg.), Konzil und Diaspora. Die Beschlüsse der Pastoralsynode der katholischen Kirche in der DDR, Berlin 1977.

[4] Hossfeld, Frank-Lothar, „Israel in der Diaspora", in: Riße, Günter/Kathke, Clemens A. (Hrsg.), Diaspora. Zeugnis von Christen für Christen, a.a.O., S. 205–216.

[5] Vgl. Söding, Thomas, „Diaspora im Neuen Testament. Geschichtliche Erfahrung und theologisches Verständnis", in: Riße, Günter/Kathke, Clemens A. (Hrsg.), Diaspora. Zeugnis von Christen für Christen, a.a.O., S. 217–234.

2,5), und im Sinn des Jakobusbriefes als Herausforderung und Möglichkeit, eine Solidargemeinschaft im Glauben zu bilden, die vor allem den Armen zugutekommt, die an den Rand gedrängt werden und in diesem Sinn zur Diaspora gehören"[6].

Die urchristlichen Gemeinden begannen ihren Weg in der Geschichte als eine kleine Zahl von Christgläubigen. Heute können wir uns dieser Zeit wieder erinnern, gehört doch schon in Deutschland mehr als ein Drittel keiner Konfession mehr an. In manchen Gegenden in Ostdeutschland sind über achtzig Prozent der Menschen nicht getauft. Christen, ob evangelisch oder katholisch, sind in zahlreichen Großstädten, denken wir nur an Berlin, Hamburg oder München, eine Minderheit. Diaspora ist der Normalfall und so ist Realität geworden, was Pater Ivo Zeiger SJ 1948, drei Jahre nach dem Ende des Zweiten Weltkrieges, auf dem Mainzer Katholikentag konstatierte – Deutschland sei mittlerweile selbst zum Missionsland geworden, in dem die kirchlich gebundene Bevölkerung nur noch eine Minderheit bildete.[7]

Damit eine Minderheitensituation aber nicht zur Inselmentalität wird und zur Abschottung führt, sind Brückenbauer notwendig. Das Bonifatiuswerk der deutschen Katholiken baut Brücken und unterstützt seit fast 170 Jahren katholische Christen überall dort, wo sie in einer extremen Minderheitensituation, in der Diaspora, ihren Glauben leben. Mit seinen Hilfsaktionen fördert das Bonifatiuswerk Projekte in Deutschland, Nordeuropa und dem Baltikum. Das Bonifatiuswerk – ein Hilfswerk für den Glauben!

Hunger, Armut, Krieg und Krankheit sind Nöte, die – so das Bonifatiuswerk auf der Homepage – für jeden offensichtlich sind. An ihnen kann niemand vorbeisehen. Sie springen ins Auge und rufen spontan unser Mitgefühl hervor. Die Not, auf die (...) das Bonifatiuswerk der deutschen Katholiken aufmerksam macht, ist anderer Natur. Sie heißt: Allein sein. Allein sein mit seinem Glauben, allein sein unter Menschen, die einem anderen Glauben folgen, die überhaupt keiner Religion angehören, die sich vom eigenen Glauben mehr und mehr abwenden.

Wer alleine inmitten Anders-Gläubiger, Nicht-Gläubiger und Glaubens-Gleichgültiger lebt, fühlt sich außen vor. Er sehnt sich nach Gemeinschaft, nach Menschen mit einer ähnlichen Einstellung in wesentlichen Fragen des Lebens, nach Menschen, die Werke der Nächstenliebe mittragen. Er braucht Orte, wo er seinen Glauben ungezwungen und befreit leben kann. Er hofft

---

[6] Ebd., S. 233 f.
[7] Vgl. Gatz, Erwin, „Historische Aspekte zur Minderheitensituation von Katholiken in Deutschland", in: Riße, Günter/Kathke, Clemens A. (Hrsg.), Diaspora. Zeugnis von Christen für Christen, a.a.O., S. 245–252.

auf Unterstützung, um seinen Glauben seinen Kindern weiterzugeben. Er sucht nach Wegen, seinen Glauben anders- und nichtgläubigen sowie glaubensgleichgültigen Menschen in seiner direkten Lebensumgebung anzubieten.

Wo katholische Christen eine absolute Minderheit darstellen, wo sie verstreut und völlig vereinzelt über weite geographische Gebiete verteilt leben, wo sie durch große Entfernungen voneinander getrennt sind, wo sie inmitten von Menschen leben, die zwar der katholischen Kirche angehören, den Glauben aber längst aus ihrem Leben verdrängt haben, da stellt sich das Bonifatiuswerk helfend an ihre Seite – denn: „Keiner soll alleine glauben!"[8]

Mit der Lösung „Keiner soll alleine glauben" wird, angesichts einer immer stärker werdenden agnostischen Weltkultur, angezeigt, dass, den interreligiösen Hintergrund mitbedenkend, glaubend Bekennende sich um Lebensbewusstsein mühen, die das Biographische Zeugnis wieder viel, viel ernster nehmen. Unter diesem Vorzeichen ist eine Diasporatheologie immer auch und vor allem eine biographische Theologie, die die Lebens- und Glaubenserfahrungen der Menschen nicht aus dem Blick verliert.

Theologie ist Biographie

1997 weist Michael Schneider mit seiner Publikation „Theologie als Biographie. Eine dogmatische Grundlegung" auf folgendes Desiderat der Theologie hin: „Heutiger Theologie wird nicht selten ein Erfahrungsdefizit vorgeworfen: Die theologische, historische und spekulative Gelehrsamkeit der Fachgelehrten erreicht kaum mehr die persönliche spirituelle Erfahrung, findet keinen Widerhall in Glaube und Gebet. Echte Theologie darf jedoch die persönliche Nachfolge nicht vernachlässigen, denn gerade diese kann das Denken verändern und prägen."[9]

Für eine Theologie, die Biographie ist, steht in unseren Tagen Herbert Vorgrimler (gest. 2014), der 2006 ein Buch mit seinen Lebenserinnerungen publizierte, das den programmatischen Titel trägt: „Theologie ist Biographie"[10]. Für Herbert Vorgrimler war es, so Thomas Holtbernd in seinem Nachruf auf Herbert Vorgrimler, wichtig, dass alles theologische Tun an der eigenen Biographie zu überprüfen ist und ein „Theologe nur dann glaubwürdig theologische Wissenschaft betreiben kann, wenn die Theologie an

---

[8] Vgl. Homepage Bonifatiuswerk, www.bonifatiuswerk.de (29.05.2017).

[9] Schneider, Michael, Theologie als Biographie. Eine dogmatische Grundlegung (Schriftenreihe des Patristischen Zentrums Koinonia-Oriens, Bd. 44), St. Ottilien 1997.

[10] Vgl. Vorgrimler, Herbert, Theologie ist Biographie. Erinnerungen und Notizen, Münster 2006.

Menschlichkeit und Glauben gebunden ist. (…) Theologie als Biografie zu betreiben, bedeutet nicht, das Niveau der Auseinandersetzung auf einen sozialpädagogischen Selbsterfahrungskurs herab zu senken. Nicht die eigentliche theologische Arbeit wird biografisch angegangen, sondern die Überprüfung und die Relevanz theologischer Traktate. Eine solche Abgleichung der Theologie mit dem Leben setzt voraus, dass systematische Theologie betrieben wird. Es geht nicht darum, eine theologische Meinung biografisch zu deuten, es geht um die Spannung zwischen Theologie und Biografie. Je kenntnisreicher und systematischer die Theologie ist, desto spannungsreicher ist die Gegenüberstellung von Theologie und Biografie. Theologie ist dann Biografie. Der Theologe lebt seine Theologie und bildet so seine Biografie. Im gesellschaftlichen Kontext bedeutet dies, dass ein Diskurs keineswegs ein Austauschen von Positionen und das Finden eines irgendwie gearteten Kompromisses ist, vielmehr wird die Spannung wahrgenommen zwischen theologisch eindeutigen Aussagen und der Lebenswirklichkeit. Das Ziel ist nicht der Kompromiss oder ein Konsens, sondern die Ermöglichung, aus dieser Spannung heraus individuelle oder gesellschaftliche Entwicklungen entstehen zu lassen"[11].

Das Biographische ist immer schon in der Christentumsgeschichte präsent gewesen und hat einen entsprechenden Raum eingenommen. Schon die Bibel insgesamt treibt ja an vielen Stellen eine narrative Theologie, indem sie von konkreten Menschen und ihren Lebens- und Glaubensgeschichten erzählt. Das gilt dann neutestamentlich von Jesus, den von ihm berufenen Jüngern und Jüngerinnen wie auch vom Apostel Paulus, der uns in seinen Briefen teilnehmen lässt an seinem Alltag, seinen Freuden und Sorgen im Dienst der Gemeinde. Präsent ist die Lebensgeschichte in den überlieferten „Confessiones", den Bekenntnissen des Heiligen Augustinus und vor allem in den Heiligenbiographien von der frühen Zeit der Kirche bis in unsere Gegenwart. Exemplarisch und stellvertretend sei hier auf das Leben und das Wirken der vier Lübecker Märtyrer verwiesen.

Vor mehr als 70 Jahren, am 10. November 1943, wurden in einem Hamburger Gefängnis vier Geistliche durch das Fallbeil hingerichtet. Im Abstand von jeweils nur drei Minuten starben die – in der Diaspora des Nordens tätigen – katholischen Kapläne Eduard Müller, Johannes Prassek und Hermann Lange sowie der evangelische Pastor Karl Friedrich Stellbrink. Sie hatten, indem sie vor allem auch die mutigen Predigten des Bischofs von Münster, Clemens August Graf von Galen, verbreiteten, gegen die Verbrechen des Nazi-Regimes Stellung bezogen. Im Zeugnis durch ihr

---

[11] Holtbernd, Thomas, https://hinsehen.net/2014/09/21/theologie-ist-biografie-zum-tode-von-herbert-vorgrimler/ (29.05.2017).

Leben und Sterben haben sie die trennenden Grenzen der Konfessionen überwunden und wurden zum leuchtenden Beispiel wirklich gelebter und bekennender Ökumene.

Die Lübecker Geistlichen haben ihren Widerstand mit dem Leben bezahlt, sie „sind Zeugen einer anderen, einer besseren Welt in einer Welt des Unheils. Sie sind Zeugen der Wahrheit gegen die Lüge, Zeugen der Menschenwürde gegen die Menschenverachtung, Zeugen des Glaubens in einer Zeit, in der Menschen selbstherrlich den Thron Gottes beanspruchen"[12].

Das Zeugnis der vier Lübecker Märtyrer mahnt uns nachdrücklich, dass das Zeugnis-Geben durch den Lebensvollzug, das Erzählen und das Erinnern wesentliche Grundeigenschaften einer biographischen Theologie sind. „Erlauben Sie, dass ich Ihnen eine Geschichte erzähle", so beginnt Elie Wiesel, der durch sein Lebenszeugnis in seinen Publikationen die Erinnerung an die Shoah wachhält, stets seine Reden.[13] In einem Aufsatz über den Holocaust schreibt Elie Wiesel: „Wir müssen Geschichten erzählen, um den Menschen daran zu erinnern, wie verletzlich er ist, wenn er mit dem unbändig Bösen konfrontiert wird. Wir müssen Geschichten erzählen, damit die Henker nicht das letzte Wort haben. Das letzte Wort gehört den Opfern. Die Aufgabe des Zeugen ist es, ihr Wort einzufangen, ihm Gestalt zu geben, es weiterzugeben und doch wie ein Geheimnis zu hüten, den anderen das Geheimnis weiterzugeben."

In der Zwiesprache mit der Vergangenheit, gleichsam der Vergegenwärtigung der Vergangenheit, zeigt uns Elie Wiesel, wie wir die heutige Zeit besser verstehen und gestalten und wie wir uns um der Zukunft willen der Vergangenheit erinnern müssen. Im Heute stehend gilt es, sich immer wieder neu des Erzählens und des Erinnerns bewusst zu werden, dass wir erkennen, dass die Beschäftigung mit der Vergangenheit uns hilft, die Gegenwart zu verstehen, und in der Beschäftigung mit der Gegenwart uns der großen Hilfen bewusst sind, die zu einem besseren Verständnis der Vergangenheit führen.

Dabei aber zeigt sich, dass die Erinnerungen, zwischen Vergessen und Bezeugen, nicht nur gute Erinnerungen sind, sondern es auch gefährliche Erinnerungen gibt, die Bitterkeit hinterlassen. Erinnerung ist letztlich dann

---

[12] www.luebeckermaertyrer.de (29.05.2017); vgl. auch Pelke, Else, Der Lübecker Christenprozeß 1943, Mainz 1961 [Neuauflage 2011]; Meier, Kurt, Kreuz und Hakenkreuz, München 1992.

[13] Vgl. dazu bis in die Formulierung hinein Riße, Günter, „Zur Einführung", in: Lebendiges Zeugnis 56 (2001), S. 243 f.; vgl. Wiesel, Elie, Die Nacht. Erinnerung und Zeugnis, Freiburg 2013; Ders., Hoffnung. Bleib dem Leben treu, Herder 2008; Ders., Mit offenem Herzen. Ein Bericht zwischen Leben und Tod, aus dem Französischen von Sigrid Irimia, Herder 2012; McAfee Brown, Robert, Elie Wiesel. Zeuge für die Menschheit, Freiburg 1990.

doch eine zweischneidige Angelegenheit: „Die Erinnerung" – so Elie Wiesel – „ist nicht nur ein Königreich; sie ist auch ein Friedhof." Gerade die jüdische Gedächtniskultur vermittelt in besonderer Weise das Wesen und die Wege der Erinnerung. Erinnern und Erzählen ist für die Überlebenden der Shoah geradezu eine Pflicht. Zechor! – Erinnere Dich! Auf zahlreichen Gedächtnisstätten und Mahnmalen, die gleichsam Medium des Erinnerns sind, steht dieser oder ein ähnliches Erinnerungswort.

Elie Wiesel setzt in seinem Lebenswerk seine ganze „Hoffnung auf das Wort, auf die verändernde Kraft der erinnernden Rede. Man darf nicht verdrängen, wozu der Mensch fähig ist. 'Verdrängen hält die Erlösung auf. Erinnerung bringt sie näher', so heißt ein zentraler Satz der chassidischen Tradition"[14]. Und, um Elie Wiesel noch einmal zu zitieren: „Wir leben alle im Schatten einer feurigen Wolke; Gottes Gesetz ist an die Erinnerung gebunden – wenn wir es halten, werden wir auf diesem Planeten leben. Wenn wir unserem Schicksal gegenüber gleichgültig bleiben und blind vor der Wolke aus Feuer verharren, wird niemand übrigbleiben, um unsere Geschichte zu erzählen."[15]

Mehr denn je in unserer Zeit bedarf die Welt, die von Terror und Gewalt heimgesucht wird, der Gerechtigkeit, der Solidarität und des Friedens in der einen Menschheitsfamilie. Möge uns dazu die Mahninschrift der Jerusalemer Holocaust-Gedenkstätte Yad Vashem eindringlich und nachdrücklich erinnern und leiten: „Erinnere Dich – vergiss es nicht. Das Geheimnis der Erlösung liegt in der Erinnerung."

Für eine kontextuelle Diasporatheologie sind Erzählung und Erinnerung wesentliche Bestandteile einer Theologie der Diaspora, die nochmals in besonderer Weise die Lebens- und Glaubensgeschichten der Menschen bedenkt und in den Blick nimmt. So haben Theologie und Verkündigung stets darum gewusst, dass die beiden Seiten der einen Medaille, die nachdenkend reflexive und argumentative wie die narrative, nicht auseinander dividiert werden können. Die Glaubensgemeinschaft Kirche als eine Erinnerungs- und Erzählgemeinschaft hält in der Wortverkündigung und vor allem in der Eucharistiefeier das Heilshandeln Gottes in der Geschichte lebendig und verheutigt geradezu durch die erinnernde Erzählung der biblischen Botschaft die Erfahrung des Heils für alle Menschen. Dabei muss sich der Christ als Erzähler aber immer auch bewusst sein, dass seine erzählende Erinnerung sich als eine Zeugnis- und Bekenntnisstiftende Verkündigung erweist. Der erinnernd-erzählende Verkündiger von Kreuzestod

---

[14] Wiesel, Elie, Worte wie Licht in der Nacht, hrsg. und eingeleitet von Rudolf Walter, Freiburg 2017, S. 12.
[15] Ebd., S. 139.

und Auferstehung des Gottessohnes, Jesus Christus, hat dann in letzter Konsequenz in Wort und Tat ein lebendiges Zeugnis des Glaubens zu geben.

„Zeig draußen, was du drinnen glaubst! Missionarische Perspektiven einer Diaspora-Kirche", war vor ein paar Jahren ein Symposium des Bonifatiuswerkes überschrieben.[16] Die damals dort formulierten Leitfragen sind immer noch aktuell: „Wie reagieren wir zeitgemäß auf die religiösen Sehnsüchte der Menschen? Welcher missionarische Auftrag ergibt sich aus der zunehmenden Diaspora-Situation der Kirche? Und nicht zuletzt: Muss nicht der Begriff der ‚Glaubens-Diaspora‘ neu definiert werden, wenn Kirche und Gesellschaft in einem tief greifenden Wandel stecken?"

Die Diaspora ist schon längst keine „Nische" mehr in der Kirche. Unsere Zeit ist geprägt vom Kairos der Diaspora. Die Minderheitensituation ruft geradezu nach einer stärker durchdachten und durchdenkenden Theologie der Diaspora auch und gerade im Blick auf die Brüche und Umbrüche in der Kirche; eine Kirche, die in der Suchbewegung sich befindet, die Pastoral der Zukunft zu gestalten. Wir stehen derzeit, unter Beachtung des sich ausbreitenden säkularen Raumes, in einem kaum in Gänze überschaubaren Prozess der Umgestaltung der kirchlichen Landschaft und kirchlichen Strukturen.

Auf diesem pastoralen Zukunftsweg, kommt es in besonderer Weise darauf an, dass sich die Kirche ihres Wesens als dienende Kirche für und bei den Menschen erweist. „Stellvertretung"[17] ist hier nicht nur ein Schlüsselwort einer Diasporatheologie, sondern auch ein zentrales Schlüsselwort eines pastoralen Zukunftsweges. Eine geistliche Wegweise ist dabei wiederum für unsere Gemeinden, Gremien und Einrichtungen grundlegend. Konkret heißt das, dass wir mehr geistliche Oasen brauchen, geistliche Biotope, damit Leben in Fülle sich entfalten und ausbreiten kann. Vielfarbig und vielfältig gestaltet sich die Landkarte geistig-geistlicher Biotope in der Diasporasituation unseres Landes und ganz Europas. Mannigfaltig treten die getätigten Initiativen der Neuevangelisierung in Erscheinung, sie werden wahrgenommen, aufgegriffen und kreativ weiterentwickelt, dass Christen allüberall, wo sie eine Diasporasituation erfahren, wo sie in der Diaspora leben, gestärkt und ermutigt werden, ihren Glauben zu leben und treu zu bezeugen. Geistliche Biotope entstehen da, wo Menschen, als Salz der Erde, sich mit ganzer Hingabe an Christus binden, ihm nachfolgen und ihren Glauben in Wort und Tat im Alltag bekennen und bezeugen. So bauen wir, in

---

[16] Vgl. Austen, Georg/Riße, Günter (Hrsg.), Zeig draußen, was du drinnen glaubst! Missionarische Perspektiven einer Diaspora-Kirche, Paderborn 2009.

[17] Vgl. Dirscherl, Erwin, „Was bedeutet Stellvertretung. Bemerkungen zu einer theologischen Grundkategorie im Kontext der Diaspora", in: Riße, Günter/Kathke, Clemens A. (Hrsg.), Diaspora. Zeugnis von Christen für Christen, a.a.O., S. 459–468.

ökumenischer Verantwortung[18], mit am Reich Gottes, nur so machen wir die Menschen froh.

Auf dem pastoralen Zukunftsweg – als eine Geh-hin-Kirche in der Welt, im Brotbrechen der Eucharistie und im gemeinsamen Mahlhalten, im Mit-der-Welt-Teilen, im Hören und gegenseitigem Austausch auf das, was Gott uns in der Bibel sagt – kann uns ein prophetisches Wort von Madeleine Delbrêl – „Lasst euch finden" – Weggeleit sein[19]:

> „Geht in euren Tag hinaus ohne vorgefasste Ideen,
> ohne die Erwartung von Müdigkeit,
> ohne Plan von Gott, ohne Bescheidwissen über ihn,
> ohne Enthusiasmus,
> ohne Bibliothek –
> geht so auf die Begegnung mit ihm zu.
> Brecht auf ohne Landkarte –
> Und wisst, dass Gott unterwegs zu finden ist
> und nicht erst am Ziel.
> Versucht nicht, ihn nach Originalrezepten zu finden,
> sondern lasst euch von ihm finden
> in der Armut eines banalen Lebens." [20]

---

[18] Vgl. Wanke, Joachim, „Gemeinsam Christus bezeugen. Diaspora und Ökumene", in: Rieße, Günter/Kathke, Clemens A. (Hrsg.), Diaspora. Zeugnis von Christen für Christen, a.a.O., S. 521–529.

[19] Biendarra, Ilona, „Christsein als Berufung und Auftrag heute. Von Madeleine Delbrêl inspirierte Lebensentwürfe in Frankreich, Italien und Deutschland", in: Lebendiges Zeugnis 65 (2010), S. 251–260; vgl. auch das ganze vierte Themenheft von „Lebendiges Zeugnis" im 65. Jahrgang.

[20] Zitat, ebd., S. 260.

Christus als Kachere-Baum und als Granatapfel

Kontextualisierte Ausdrucksformen des Glaubens in der christlichen Kunst

Klaus Vellguth

Das Zweite Vatikanum hat wesentliche Weichenstellungen für eine Kontextualisierung der christlichen Botschaft sowie die Entwicklung kontextueller Theologien vorgenommen. Die Entwicklung des Neologismus der Inkulturation[1] sowie dessen intensive Rezeption und anschließende Weiterentwicklung zum Konzept der Interkulturalität wäre ohne die Impulse des Konzils kaum denkbar. Umso erstaunlicher ist, dass die Kontextualisierung in der (welt-) kirchlichen Praxis bislang nur ansatzweise realisiert wurde.[2] Unmittelbar nach dem Konzil war erwartet worden, dass nun vor allem in der Entwicklung der Liturgie kultursensible Wege eingeschlagen würden: „Man schlägt nicht nur den weitgehenden Gebrauch der einheimischen Sprache in der Eucharistiefeier, in Sakramenten und in sonstigen Riten vor, sondern auch neue, angepasstere Formen. Selbst einheimische Riten und kultische Formen möchte man, soweit dem inneren Wesen und der äußeren Ausdrucksweise nach vereinbar, heimholen in die liturgische Fülle der Kirche. Das gilt nicht nur für Farben, Kleidung und Schmuck, sondern auch für Gebärden und Körperhaltung, Bewegungen und Tänze, Initiationsriten und Beerdigungszeremonien, Vigilfeiern und Prozessionen, selbst Opferfeiern und Kulte"[3], schrieb Johannes Schütte, der wesentlich an der Entstehungsgeschichte von Ad Gentes beteiligte deutsche Theologe, nach Beendigung des Konzils. Und Papst Paul VI. hatte die afrikanischen Bischöfe in bestem „nachkonziliaren" Sinn im Rahmen seiner ersten Afrikareise – und damit der ersten Afrikareise eines Papstes in einer damals fast zweitausendjährigen Kirchengeschichte – in Kampala im Jahr 1969 aus-

---

[1] Vgl. Waldenfels, Hans, Stichwort „Inkulturation", in: Ruh, Ulrich/Seeber, David/Walter, Rudolf, Handwörterbuch religiöser Gegenwartsfragen, Freiburg/Basel/Wien 1986, S. 169–173, hier: S. 171; Waldenfels, Hans, „Gottes Wort in der Fremde. Inkulturation oder Kontextualität", in: Pankoke-Schenk, Monika/Evers, Georg, Inkulturation und Kontextualität. Theologien im weltkirchlichen Austausch. FS Ludwig Bertsch, Frankfurt 1994, S. 114–123, hier: S. 119; Sievernich, Michael, „Von der Akkomodation zur Inkulturation. Missionarische Leitideen der Gesellschaft Jesu", in: Zeitschrift für Missionswissenschaft und Religionswissenschaft 86 (2002) 4, S. 260–276.

[2] Vgl. dazu beispielsweise die einschlägigen Hinweise in Millo, Luke G./Soédé, Nathanaël (Hrsg.), Doing Theology and Philosophy in the African Context, Frankfurt 2003.

[3] Schütte, Johannes, „Fragen der Mission an das Konzil", in: Schütte, Johannes (Hrsg.), Mission nach dem Konzil, Mainz 1967, S. 9–20, hier: S. 16.

drücklich dazu ermutigt, eigene Ausdrucksformen des Glaubens zu entwickeln: „Unter diesem Aspekt ist ein Pluralismus legitim, ja sogar erwünscht. Eine Anpassung des christlichen Lebens im pastoralen, rituellen, lehrmäßigen und spirituellen Bereich ist möglich und wird von der Kirche sogar gefördert. Die liturgische Erneuerung ist dafür ein lebendiges Beispiel. In diesem Sinne könnt und sollt ihr [Afrikaner] ein afrikanisches Christentum haben. Ja, ihr besitzt menschliche Werte und charakteristische Kulturformen, die sich zu einer eigenständigen Vollkommenheit erheben können, die geeignet ist, im Christentum und durch das Christentum eine höhere, ihre ursprüngliche Fülle zu finden. So ist sie fähig, einen Reichtum eigenen Ausdrucks zu entfalten, der wirklich afrikanisch ist."[4] Doch obwohl die Tore für eine Kontextualisierung und Inkulturation des Glaubens weit offen standen, setzte schon bald eine Ernüchterung ein. Zwar konnten vielerorts gerade in der Gestaltung liturgischer Räume traditionelle kulturelle Elemente aufgegriffen werden. Doch gelang es kaum, offiziell anerkannte inkulturierte Liturgien zu entwickeln. Und selbst in den Fällen, in denen – wie beispielsweise beim so genannten „Zairischen Ritus"[5]– ein Versuch gelungen ist, kulturelle Elemente angemessen zu berücksichtigen, wurde darauf geachtet, die inkulturierte Form „semantisch zu nostrifizieren" und als „römisch" zu bezeichnen. So lautet der offizielle Titel des Zairischen Ritus „Missel *romain* pour les diocèses du Zaire".[6]

Kontextualisierung des Glaubens in der Kunst

Vielleicht ist es die christliche Kunst, in der die Kontextualisierung des christlichen Glaubens in den Jahrzehnten nach dem Zweiten Vatikanischen Konzil besonders augenfällige Spuren hinterlassen konnte. Exemplarisch soll im Folgenden an Beispielen aus Afrika und Asien aufgezeigt werden, welche Ausdrucksformen die Kontextualisierung des Christentums in der Kunst gefunden hat.

---

[4] Papst Paul VI., „To the Inaugural 1969 SECAM, Kampala", Nr. 35.
[5] Vgl. Egbulem, Chris Nwaka, „An African Interpretation of Liturgical Inculturation. The Rite Zairois", in: Downey, Michael/Fragomeni, Richard (Hrsg.), A Promise of Presence, Washington D.C. 1992.
[6] Vgl. Okolo, Chukwudum Barnabas, The African Experience on Christian Values, Dimensions of the Problematic, http://www.crvp.org/book/Series02/II-3/chapter_xi.htm (12.05.2016).

Kontextualisierung in Afrika: Christus als Kachere-Baum

Für eine Inkulturation des Christentums in die afrikanische Kunst und Kultur steht die am KuNgoni Center of Culture and Art[7] in Malawi entwickelte Darstellung Christi als „Christus-Kacherebaum".[8] Am Beispiel dieser Darstellung kann aufgezeigt werden, wie der Glaube in der christlichen Kunst Ostafrikas bzw. in Malawi Wurzeln schlägt.[9] In Mua wurde eine Skulptur entwickelt, die Christus in Form eines Kacherebaums (Fikus natalensis) zeigt, der in vielen Regionen Zentralafrikas für sein eigentümliches Wachstum bekannt ist. Die Früchte des Kacherebaums werden von Vögeln gefressen, wobei sie die Samen auf den Ästen bzw. in der Rinde anderer

---

[7] Vgl. Boucher, Claude Chisale, „KuNgoni as a Centre of Culture and Art", in: Network Pastoral Africa, Second Meeting of Network Pastoral in Africa 22 to 27 November 2014, unveröffentlichtes Dokument, Lilongwe 2014, S. 17–24; missio (Hrsg.), Alles Leben strömt aus Gott, München 2010; Hulten, Piet van, „Cultural Centre. Witness of Faith", in: Petit Echo 1004 (2009) 8, S. 466–468; Boucher, Claude/Thole, Boniface, „KuNgoni Centre of Culture and Art. Cultural values as resources for reconciliation and forgiveness: the Case of KuNgoni Art Centre, Diocese of Dedza, Malawi", in: Cultural resources for reconciliation and forgiveness. Acts of the first meeting of directors of Catholic cultural centres in Africa (18–22 April 2006 in Lusaka, Zambia), hrsg. von Gaspare Mura, Vatikan-Stadt 2007, S. 137–140; St-Arneault, Serge, KuNgoni. When water falls, sand becomes crystal. A Guide to Mua and the KuNgoni Centre of Culture and Art Malawi, Mtakata 2007; Ott, Martin, African Theology in Images, Zomba 1999, S. 87–120. Hohmann, Horst, „Brückenschnitzer. In Mua (Malawi) verbindet Schnitzkunst das althergebrachte Weltbild der Einheimischen mit den Traditionen des Christentums", in: Alle Welt 51/12, S. 16–17; Ott, Martin, Dialog der Bilder. Die Begegnung von Evangelium und Kultur in der afrikanischen Kunst, Freiburg 1995; missio (Hrsg.), Das Geheimnis von Tod und Leben. Afrikanische Theologie im Bild. Medien zur Inkulturation, München, 1994; missio (Hrsg.), Wie der Glaube Wurzeln schlägt. Inkulturation in Malawi, München 1993; Gonzálvez, Gerardo/Calvera, Antonio, „KuNgoni. Centro de arte y de vida / en colab. con Claude Boucher", in: Mundo negro 31 (1990) 334, S. 34–42; Boucher, Claude, „Présenter le message en beauté", in: Missions d' Afrique, 70 (1974) 2, S. 6; missio (Hrsg.), Hauskirche und Sakramentskapelle im Hause missio München. Gestaltet von Künstlern des Ku-Ngoni Art Craft Centers, Mua Mission in Dedza, Malawi, München o. Datum.

[8] Vgl. missio (Hrsg.), Alles Leben strömt aus Gott, München 2010; missio (Hrsg.), Das Geheimnis von Tod und Leben. Afrikanische Theologie im Bild. Medien zur Inkulturation, München, 1994; missio (Hrsg.), Wie der Glaube Wurzeln schlägt. Inkulturation in Malawi, München 1993; Ott, Martin, „Ein Glaube in vielen Kulturen. Inkulturation – Worum geht es?", in: Ders./Barth, Bernhard, Wie der Glaube Wurzeln schlägt. Inkulturation in der Weltkirche, München 1993; Ott, Martin, Kacherebaum und Maisfeld. Inkulturation in Malawi, München 1991; Gonzálvez, Gerardo/Calvera, Antonio, „KuNgoni. Centro de arte y de vida / en colab. con Claude Boucher", in: Mundo negro 31 (1990) 334, S. 34–42. Boucher, Claude, „Présenter le message en beauté", in: Missions d' Afrique, 70 (1974) 2, S. 6; missio (Hrsg.), Hauskirche und Sakramentskapelle im Hause missio München. Gestaltet von Künstlern des Ku-Ngoni Art Craft Centers, Mua Mission in Dedza, Malawi, München o. Datum.

[9] Vgl. Boucher, Claude/Thole, Boniface, „KuNgoni Centre of Culture and Art", a.a.O., S. 139; Ott, Martin, „Christus-Kacherebaum. Meditation zu einer Christusskulptur in Malawi", in: Werkmappe Weltkirche (1993) 90, S. 6.

Bäume zurücklassen. Dort keimen die Samen, verbinden sich zunächst mit dem Wirtsbaum und bilden anschließend Luftwurzeln aus, die nach unten wachsen, um sich im Erdreich zu verwurzeln. Wenn diese Verwurzelung stattgefunden hat, kann auf dem Wirtsbaum ein neuer Kacherebaum entstehen. Der junge Kacherebaum wird aus dem Erdreich versorgt und umschließt allmählich die Wirtspflanze, so dass beide Bäume zu einer Einheit zusammenwachsen. Die zweifache Wachstumsdynamik – zunächst von oben nach unten und anschließend von unten nach oben – hat die Künstler in Mua dazu angeregt, Christus in einer allegorischen Anlehnung als einen Kacherebaum darzustellen: Während Christus im kenotischen Akt der Inkarnation „von oben" auf die Erde gekommen ist, hat er sich in der afrikanischen Erde verwurzelt, wird zu einer Einheit mit der afrikanischen Kultur und wächst nun auf afrikanischem Boden in den Menschen Afrikas und in ihren Kulturen.[10] Die Darstellung von Christus als Kacherebaum ist eine von zahlreichen Kontextualisierungen bzw. inkulturierten Ausdrucksformen in der Kunst, die der Glaube am KuNgoni Center of Culture and Art gefunden hat. „The metaphor of the Kachere tree can be used to talk about incarnation of Christ or Christianity on the African soil and also to talk about the dialogue between culture and Christian faith"[11], schreibt Claude Boucher, der Gründungsdirektor des ostafrikanischen Instituts.

Der Ansatz der Inkulturation, der axiomatisch von einer Offenbarung Gottes bereits vor der Ankunft der ersten europäischen Missionare ausgeht, prägt die Arbeit am KuNgoni-Zentrum.[12] In einem Vortrag, den Boucher im November 2014 im Rahmen der Jahreskonferenz des afrikanischen Netzwerk Pastoral hielt, fasste der Theologe sein Verständnis von Kontextualität und Inkulturation zusammen.[13] Dabei betonte er die Vorrangigkeit der Oralität vor dem geschriebenen Wort, die Bedeutung eines Respekts vor Gottes Offenbarungspädagogik, die Kontinuität vom Gott der Ahnen hin zum lebendigen Gott der Christen, die Bedeutung der menschlichen Seite

---

[10] Oft werden zahlreiche weitere Details in den Körper Christi geschnitzt, die Realitäten Afrikas darstellen: Im unteren Teil des Körpers finden sich Darstellungen von Armut, Hunger, Dürre, Zwietracht, Kolonialismus oder Krieg, während Motive auf der oberen Körperhälfte die Ernte, die Freude, die Unabhängigkeit oder den Gemeinschaftssinn Afrikas darstellen. Martin Ott schrieb dazu: „Das Leben der Afrikaner ist Christus gleichsam auf den Leib geschnitzt." Ott, Martin, „Christus-Kacherebaum. Meditation zu einer Christusskulptur in Malawi", a.a.O., S. 6.

[11] Boucher, Claude/Thole, Boniface, „KuNgoni Centre of Culture and Art", a.a.O., S. 139.

[12] Vgl. St-Arneault, Serge, KuNgoni. When water falls, sand becomes crystal. A Guide to Mua and the KuNgoni Centre of Culture and Art Malawi, Mtakata 2007, S. 20.

[13] Vgl. Boucher, Claude Chisale, „KuNgoni as a Centre of Culture and Art", in: Network Pastoral Africa, Second Meeting of Network Pastoral in Africa 22 to 27 November 2014, unveröffentlichtes Dokument, Lilongwe 2014, S. 17–24, hier: S. 21–23.

Jesu als Sohn Gottes, die Sorge um eine konkrete Verortung und Relevanz der Botschaft, die Kultur als einen „Stolperstein" für die göttliche Offenbarung, die Bedeutung eines holistischen religionsverbindenden Ansatzes und den Respekt vor der Schöpfung, aus der die Kulturen und Völker hervorgegangen sind.

Kontextualisierung in Asien: Christus als Granatapfel

Beispielhaft für eine Inkulturation des Christentums in Asien ist die Kunst des indischen Malers Jyoti Sahi, der in einem von ihm gegründeten Kunst-Ashram („Art-Ashram") nahe Bengaluru lebt. In einem seiner Bilder malt Sahi Jesus als Granatapfel. Dabei greift er die Symbolik des Granatapfelbaums auf, der in der jüdischen Tradition ein Symbol für die Fruchtbarkeit und das Leben ist.[14] Auch die jüdische Zahlensymbolik zeichnet den Granatapfel aus: So soll der Granatapfel 613 Kerne haben – was der Anzahl der im Alten Testament überlieferten Gesetze entspricht. Dem Granatapfel wurde auch in der jüdischen Liturgie ein symbolischer Stellenwert beigemessen: So waren Granatäpfel Teil des Gewandes des Hohepriesters (Ex 28,33 f.). Die abschließenden Knäufe der beiden Erzernen Säulen vor dem Salomonischen Tempel wurden von zwei Reihen Granatäpfeln geschmückt (1 Kön 7,18). Darüber hinaus berichtet die Überlieferung, dass Saul zeitweilig unter einem Granatapfelbaum verweilte (1 Sam 14,2).[15] In der christlichen Ikonographie wurde die Symbolik teilweise übernommen. So steht der Granatapfel für die Gemeinschaft der Gläubigen bzw. für die Kirche als Ekklesia.[16] An dieses metaphorische Verständnis anknüpfend symbolisieren die Saatkörner in dem von Sahi gemalten Granatapfel die Seelen derjenigen, die in Christus geborgen sind.

---

[14] In der griechischen Mythologie wuchs der Granatapfelbaum aus dem Blut des Dionysios, dem Gott des Weines, der Freude, der Trauben, der Fruchtbarkeit, des Wahnsinns und der Ekstase. Darüber hinaus wurde der Granatapfel auch als Symbol für die (staatliche) Macht gesehen, beispielsweise in der Darstellung des Reichsapfels.

[15] Erwähnt wird der Granatapfel im Alten Testament darüber hinaus im Hohelied Salomons (Hoh 4,3; 4,13; 6,7) sowie bei den Propheten Joel (Joel 1,12) und Haggai (Hag 2,19).

[16] Auf der von Matthias Grünewald zu Beginn des 16. Jahrhunderts geschaffenen „Stuppacher Madonna" spielt das Jesuskind mit einem Granatapfel, den ihm Maria reicht. Diese Darstellung symbolisiert Maria als Mutter der Kirche (*mater ecclesiae*).

Kontextualisierung in Asien: Die Saccidananda-Kapelle

Ein weiteres Beispiel für sakrale Kunst in Indien ist die Saccidananda-Kapelle, die auf dem Gelände des National Biblical Catechetical and Liturgical Center (NBCLC), dem Pastoralinstitut der indischen Bischofskonferenz (CBCI) in Bengalore steht und die ebenfalls vom indischen Künstler Jyoti Sahi gestaltet worden ist.[17] Im Zentrum der Kapelle steht ein Kosmischer Baum (cosmic tree), in dessen Mitte der Tabernakel positioniert ist. Der Kosmische Baum verweist auf die Gemeinschaft Gottes und der Menschen sowie auf die Verbindung von Himmel und Erde, die durch Jesus Christus realisiert wird. Die aufsteigenden Energien der Erde und die absteigenden Energien des Himmels treffen in der Inkarnation Gottes in Jesus Christus zusammen. Der Künstler hat in der Stelendarstellung des Kosmischen Baumes drei Elemente der irdischen Wirklichkeit und drei Elemente der himmlischen Wirklichkeit miteinander kombiniert. Am Fuß der Stele steht ein vierdimensionaler rotgrauer, mit vier Lotusblumen-Blättern verzierter Stein, der die Erde repräsentiert. Oberhalb dieses Steines ist ein mit sechs Lotusblumen-Blättern dekorierter Stein angeordnet, der das Element des Wassers repräsentiert. Der darauf angeordnete dritte Stein repräsentiert das Feuer und ist mit zehn Lotusblumen-Blättern geschmückt. Diese drei unterhalb des eigentlichen Tabernakels angeordneten Steine repräsentieren die aufsteigenden Energien der Erde. Auf diesen Steinen ist der mit zwölf Lotusblumen-Blättern verzierte Tabernakel platziert. Oberhalb des Tabernakels hat der Künstler einen langen Stein positioniert, der den Äther symbolisiert und mit 16 Lotusblumen-Blättern verziert ist. Daran schließt ein Stein an, der auf die unendliche Weite des Raumes verweist. Als Symbol für die Unendlichkeit wurde der Stein mit einem Alpha und einem Omega versehen – dem Anfang und dem Ende. Der oberste Stein repräsentiert die unendliche Weisheit Gottes. Das Leben wird als eine Verbindung zwischen der irdischen und himmlischen Wirklichkeit gesehen, wobei der Tabernakel mit den zwölf Lotusblumen-Blättern im Zentrum der aufsteigenden beziehungsweise absteigenden Energien steht.

Kunst als Ausdrucksform einer Kontextualisierung

Die hier angeführten Beispiele aus Malawi bzw. Indien zeigen auf, welche innovativen Bilder entstehen können, wenn christliche Aussagen in einem

---

[17] Vgl. Amalorpavadass, Duraiswami Simon, NBCLC Campus, Milieu of God-experience. An artistic synthesis of Spirituality, Bangalore 1982.

außereuropäischen Kontext zur Sprache gebracht werden sollen. Dabei ist die christliche Kunst (neben vielen weiteren Ausdrucksformen) nur eine mögliche visualisierende Form der Kontextualisierung und Inkulturation, die nie zum Abschluss kommt, sondern vor immer neue Herausforderungen gestellt wird, da sich sowohl der Kontext als auch das Verständnis der biblische Überlieferung fortwährend ändert. Umso wichtiger ist es, Fragen der Kontextualisierung und Inkulturation nicht aus dem Blick zu verlieren, sondern sich ihnen in immer neuen Versuchen zu nähern. Mit Blick auf eine Inkulturation der biblischen Botschaft in der Gegenwart schreibt Peter Neuner: „Die Christenheit ist heute herausgefordert, mit ähnlichem Mut und mit der Phantasie, wie sie die Alte Kirche bestimmten, die christliche Botschaft wiederum neu auszusagen. Vielleicht werden wir manchmal Schwierigkeiten haben, in der Neuformulierung die alte Botschaft wiederzuerkennen. Vermutlich wird auch heute der Übersetzungsprozess nicht ohne Reibungsverluste vor sich gehen; es werden Fehler gemacht, wahrscheinlich wird auch manches auf der Strecke bleiben, manches neu betont, was bisher noch nicht so gesehen wurde. Auch Verurteilungen und Häresievorwürfe werden nicht ausbleiben, ohne Kosten wird es nicht abgehen. Angesichts der Aufgabe sind derartige Reibungen keineswegs erstaunlich, sondern eher verständlich. Sie sind der Preis, der dafür bezahlt werden muss, dass die christliche Botschaft nicht zu einem Petrefakt wird, in einem Museum bewundert und im Schaukasten verschlossen, sondern dass sie Antwort geben kann auf die Lebensfragen heute.[18]

Von der Kontextualisierung und Inkulturation hin zur Interkulturalität

Die Begriffe der Kontextualisierung und Inkulturation haben sich zu theologischen Paradigmen entwickelt und besitzen eine hohe Plausibilität. In Evangelii gaudium verweist Papst Franziskus auf deren Relevanz mit Blick auf das missionarische Wirken der Kirche.[19] Viele Theologen gerade aus Ländern des Südens gehen mit Blick auf die Kontextualisierung des Christentums aber noch einen Schritt weiter und legen Wert auf die Unterscheidung zwischen „Inkulturation" einerseits und „Interkultureller Begegnung" andererseits.[20] Sie bemängeln am allgemein geläufigen Ver-

---

[18] Neuner, Peter, Die Hellenisierung des Christentums als Modell von Inkulturation, in: Stimmen der Zeit 213 (1995) 6, S. 363–376, hier: S. 372 f.

[19] Vgl. EG 68; 69; 122; 129

[20] Vgl. Gruber, Judith, Theologie nach dem Cultural Turn. Interkulturalität als theologische Ressource, Stuttgart 2013.

ständnis der Inkulturation, dass es sich um einen Begriff handelt, der in den Kirchen des Südens von westlichen Missionaren eingeführt wurde und letztlich aus ihrem westlich geprägten Blickwinkel heraus auf die Beheimatung der Religion in einer spezifischen Kultur schaut.[21] So wendet beispielsweise der indische Theologe Felix Wilfred ein, dass dabei übersehen würde, dass dieser Blickwinkel nicht „spezifisch christlich" ist, sondern selbst in einem geprägten Prozess der Inkulturation des Christentums in den „christianisierten" Kulturen entstanden ist und dass er in anderen Kontexten eine andere Relevanz entfaltet. „Während Inkulturation in den Weltreligionen mit langer christlicher Tradition den Dialog mit der zeitgenössischen Kultur und die Bemühung bedeutet, den christlichen Glauben mit einem Gespür für moderne kulturelle und philosophische Entwicklungen einen Sinn zu geben, bedeutet dieser Ausdruck in […] vielen Ländern der Dritten Welt weit mehr. Inkulturation bedeutet [hier] vor allem die Anerkennung der Kulturen als etwas Positives, mit dem der christliche Glauben in Beziehung zu bringen ist."[22] Die undifferenzierte Übertragung dieser bereits in einen spezifischen Kontext inkulturierten Form des Christentums betrachten viele Theologen des Südens als ein von einem (bis heute im wirtschaftlichen und sozialen Bereich ebenso wie im Bereich der Theologie und Mission anzutreffenden) postkolonialen Denken[23] geprägten Prozess. Um der damit verbundenen Herausforderung gerecht zu werden, schlagen sie statt des Begriffs der Inkulturation als eine alternative Terminologie die Bezeichnung „Interkulturelle Begegnung" vor.[24] Dadurch würde zum Ausdruck gebracht, dass das Christentum heute nicht als ein „präkulturelles Evangelium" bzw. als „unveränderte christliche Botschaft an sich" auf eine Kultur trifft, sondern stets bereits von einer anderen (in der Regel westlich geprägten) Kultur rezipiert worden ist und erst nach diesem Rezeptionsprozess (in der Regel in westlichem Gewand) in den Dialog mit einer anderen Kultur tritt.[25]

---

[21] Vgl. Collet, Giancarlo, Akkulturation – Inkulturation – Interkulturalität. Neue Fragen für ein altes Problem oder alte Fragen für ein neues Problem, in: Theologie der Gegenwart 58 (2015) 2, S. 131–143, hier: S. 139 f.

[22] Wilfred, Felix, An den Ufern des Ganges. Theologie im indischen Kontext, Frankfurt a. M. 2001, S. 46.

[23] Vgl. Schroeder, Roger, „Interculturality and Prophetic Dialogue", in: Verbum SVD 54 (2013) 1, S. 8–21, hier: S. 9.

[24] Vgl. Collet, Giancarlo, „Akkulturation – Inkulturation – Interkulturalität. Neue Fragen für ein altes Problem oder alte Fragen für ein neues Problem", in: Theologie der Gegenwart 58 (2015) 2, S. 131–143, hier: S. 140; Wilfred, Felix, „Inkulturation oder interkulturelle Begegnung", in: Ders., An den Ufern des Ganges, Theologie im indischen Kontext, Frankfurt/London 2001, S. 45–68.

[25] Ein weiteres Argument, das Felix Wilfred vorbringt, verweist darauf, „dass das Evangelium mehr ist als ein Bündel von Dogmen, nämlich letztlich ein Mysterium" (Wilfred, Felix, An den

Kulturverbindend betont der deutsch-brasilianische Theologe Paulo Suess, dass das Evangelium sich nicht mit einer Kultur identifiziert[26] und eben „keine Kultur allgemein gültige Eigentumsrechte am Evangelium hat, sondern dass die Glaubensbotschaft stets über alle kulturellen Grenzen hinausgeht"[27]. Eine interkulturelle Theologie, die Räume für interkulturelle Begegnungen öffnet, darf nicht nur die Absicht verfolgen, sich selbst in fremde Kontexte hinein zu kommunizieren, sondern zeichnet sich durch eine Offenheit aus, religiöse Elemente und Einsichten von anderen Religionen aufzugreifen, im Horizont des Evangeliums zu reflektieren und ggf. zu übernehmen. Interkulturalität geht von der multikulturellen Realität im Zeitalter der Globalisierung aus, das von weltweiter Kommunikation und weltweiten Migrationsbewegungen geprägt ist. Sie zeichnet sich dadurch aus, dass sie multikulturell bzw. kulturverbindend ist, dass sie einen reziproken Charakter besitzt, reziproke Bezüge fördert und dass sie Dialog ermöglicht.[28] Dabei bestehen wechselseitige, reziproke Beziehungen zwischen den verschiedenen kulturellen Räumen, die relational miteinander in einen so lebendigen und offenen Dialog gebracht werden, dass die kulturellen Räume sich gegenseitig befruchten, bereichern und verändern.[29]

Solch eine Form der interkulturellen Theologie setzt eine Offenheit für den Anderen und das Andere ebenso voraus wie die Fähigkeit, dem Anderen angstfrei zu begegnen – im Vertrauen darauf, dass der eine Gott auch in anderen Kontexten, Kulturen und Religionen zu entdecken ist.[30] Kennzeichnend für solch eine interkulturelle Theologie, die als eine „Inkulturation in actu" verstanden werden kann, ist das heilsgeschichtliche Verständnis, dass die heilsvermittelnde Funktion der christlichen Kirchen sich zunächst am Paradigma der universalen Heilvermittlung in Christus ori-

---

Ufern des Ganges. Theologie im indischen Kontext, Frankfurt/M. 2001, S. 117). Der Übergang von einem Inkulturationsdenken hin zu einem Verständnis interkultureller Begegnung würde der Herausforderung gerecht werden, „von unseren eigenen Wurzeln her die christliche Erfahrung in ihren vielen Dimensionen und Facetten [bei den anderen] zu entdecken und zu erfahren" (Wilfred, Felix, An den Ufern des Ganges. Theologie im indischen Kontext, Frankfurt a.M. 2001, S. 131.).

[26] Vgl. EN 20.

[27] Suess, Paulo, „Zum Transfer des Evangeliums in andere Sprachen, Sprechweisen und Lebenswelten", in: Delgado, Mariano/Waldenfels, Hans, Evangelium und Kultur. FS für Michael Sievernich SJ, Fribourg 2010, S. 271–287, hier: S. 275.

[28] Vgl. Gibbs Phil, „Interculturality and Contextual Theology", in: Verbum SVD 54 (2013) 1, S. 75–89, hier: S. 82.

[29] Vgl. Scheuren, Franz Xaver, Interculturality. A Challenge for the Mission of the Church, Bangalore 2001, S. 232.

[30] Vgl. Piepke, Joachim G., Theologie und Interkulturalität, in: Philosophisch-Theologische Hochschule SVD St. Augustin, Jahrbuch der Philosophisch-Theologischen Hochschule SVD St. Augustin/Theologie im Dialog mit der Welt, Sankt Augustin 2013, S. 9–22, hier: S. 20.

entieren muss. Darüber hinaus entwickelt sie auf dem Hintergrund des „cultural turn" ein neues Verständnis von der Zeit- und Kulturabhängigkeit der abendländischen christlichen Tradition und überwindet dabei auch das essentialistische Weltbild, dass die von der griechischen Philosophie geprägte abendländische Theologie bis in die Gegenwart hinein prägt. Schließlich setzt sich eine interkulturelle Theologie mit dem religionstheologischen Pluralismus auseinander und öffnet sich für eine „Makroökumene" als einer Ökumene der Weltreligionen.[31] Dabei ist eine interkulturelle Theologie vom Bewusstsein geprägt, dass es sich bei einer interkulturellen Kommunikation stets um eine analoge (und nicht univoke) Sprechweise handelt, die ihren Ursprung nicht in Begriffen, sondern in der Erfahrung hat, und die eben nicht denotativ eindeutige Fakten im Bereich der Kultur bezeichnet, sondern konnotativ auf die spirituelle Ebene der Realität verweist. Franz Gmainer-Pranzl fasst sein Verständnis einer solchen interkulturellen „Welt-Theologie" zusammen: „Was heißt es also, unter ‚globalen' Bedingungen Theologie zu treiben? Es bedeutet, diese Welt als Ort des Handelns Gottes und als Ort des Glaubens der Menschen anzuerkennen; es bedeutet, die Menschen zu lieben und sich den ‚Zeichen der Zeit' zu stellen – wachsam und kritisch, offen und solidarisch, couragiert und diskursiv. Interkulturelle Theologie kann in diesem Sinn der Schrittmacher einer Form der Glaubensverantwortung sein, die sich als ‚Welt-Theologie' versteht: als intellektuelle Rechenschaft einer Hoffnung, die tatsächlich allen Menschen gilt."[32]

Weltkirche und relationale Ekklesiologie

Sozialwissenschaftliche Studien haben herausgestellt, dass Interkulturalität einen Beitrag zu einer Welt leisten kann, in der Individuen und Nationen wertschätzend und sich gegenseitig fördernd miteinander umgehen.[33] Wenn sich die Kirche als eine römisch-katholische Kirche im Zeitalter der Globalisierung versteht, so stellt die Entwicklung einer interkulturellen Kommunikations-Kompetenz die entscheidende Herausforderung an die Kirche

---

[31] Vgl. Fornet-Ponse, Thomas, Komparative Theologie und/oder interkulturelle Theologie? Versuch einer Verortung, in: Zeitschrift für Missionswissenschaft und Religionswissenschaft 96 (2012) 3–4, S. 226–240; Franz Gmainer-Pranzl, Beate Kowalski, Tony Neelankavil (Hrsg.), Herausforderungen Interkultureller Theologie, Paderborn 2016.

[32] Gmainer-Pranzl, Franz, „Welt-Theologie. Verantwortung des christlichen Glaubens in globaler Perspektive", in: ZMiss 38 (2012) 4, S. 408–433, hier: S. 432.

[33] Vgl. Schroeder, Roger, Interculturality and Prophetic Dialogue. in: Verbum SVD 54 (2013) 1, S. 8–21, hier: S. 10.

dar. Dabei müssen grundlegende ekklesiologische Perspektiven theologisch neu reflektiert werden. Wenn in der Vergangenheit beispielsweise über das Verhältnis von der Universalkirche einerseits und den Ortskirchen andererseits reflektiert wurde, so reduzierte sich die Fragestellung schnell auf die Frage, ob der Ortskirche oder der Universalkirche der Primat zukommt. Eindrucksvoll wurde um diese Frage und das dahinterstehende ekklesiologische bzw. ontologische Verständnis im – als „Cardinals Dispute" bekannt gewordenen – Diskurs zwischen den damaligen Kurienkardinälen Walter Kasper und Joseph Ratzinger in den Jahren 1999 bis 2001 gerungen.[34] Und es ist der große Verdienst von Walter Kasper, dass er dabei durchgängig an die Dignität der Ortskirchen erinnerte und ein zeitgemäßes Verständnis der Universalkirche angemahnt sowie an die notwendige Differenzierung zwischen Universalkirche und Papstamt hingewiesen hat: „Vollends problematisch wird die Formel (‚die Kirche in und aus der Kirche'), wenn die eine universale Kirche unter der Hand mit der römischen Kirche, de facto mit Papst und Kurie, identifiziert wird. [...] Das Verhältnis von Orts- und Universalkirche ist aus der Balance geraten."[35]

Mehr als eine Dekade nach diesem ekklesiologischen Diskurs stellt sich aber die Frage, ob tatsächlich eine ontologische Neubestimmung des Verständnisses von Universalkirche bzw. Ortskirche ansteht oder ob es nicht primär um das Verhältnis dieser beiden Größen gehen muss und von daher relationale Fragen im Vordergrund stehen müssten. Man mag einwenden, dass zunächst einmal das ontologische Verständnis von Universalkirche und Ortskirche geklärt werden muss, um in einem weiteren Schritt (und vom ersten Schritt abgeleitet) deren Verhältnis zu bestimmen. Dies entspricht jedoch nicht einem ganzheitlichen, sondern eher einem reduktionistischen Verständnis, dass die Wirklichkeit dadurch erschlossen werden kann, indem man sie in ihre einzelnen Teile zerlegt und diese erforscht, um die Teilerkenntnisse anschließend zu synthetisieren.[36] Auch wenn solch ein methodisches Vorgehen zu einem hilfreichen Verständnis der Wirklichkeit führt, geht mit ihm oftmals ein „Übersehen der Zwischenräume" einher. Wenn diese Zwischenräume aber gerade beim Diskurs zu Universalkirche und Ortskirche nicht reflektiert werden, wird eine entscheidende Größe der

---

[34] Vgl. Kasper, Walter, „Zur Theologie und Praxis des bischöflichen Amtes", in: Auf neue Art Kirche sein (FS J. Homeyer), München 1999; Ratzinger, Joseph, „The Local and The Universal Church", in: America 185 (2001) 16, S. 7–11; Ratzinger, Joseph, Weggemeinschaft des Glaubens. Kirche als Communio, Augsburg 2002; Kehl, Medard, „Der Disput der Kardinäle. Zum Verhältnis von Universalkirche und Ortskirchen", in: StdZ 128 (2003) 5, S. 219–232.
[35] Kasper, Walter, „Zur Theologie und Praxis des bischöflichen Amtes", a.a.O., S. 44.
[36] Vgl. Boff, Leonardo/Hathaway, Mark, Befreite Schöpfung. Kosmologie-Ökologie-Spiritualität. Ein zukunftsweisendes Weltbild, Kevelaer 2016, S. 66–68.

Relation übersehen, die in der letztlich reziproken Beziehung eine wesentliche Rolle spielt.[37] Denn vielleicht muss Universalkirche im dritten Jahrtausend viel stärker relational als die Beziehung zwischen den einzelnen Ortskirchen verstanden und der Universalkirche zunächst einmal keine material entscheidende, sondern eine formal moderierende und modal dienende Funktion im dynamischen Netzwerk der Ortskirchen zugewiesen werden.

Der Glaube realisiert sich in den Kontexten

Solch einer relationalen Ekklesiologie, die im Zeitalter der Interkulturalität beziehungsweise Globalisierung eine wesentliche Herausforderung darstellt, um Kirche zukunftsfähig zu leben,[38] redete Papst Franziskus zuletzt das Wort, als er in Amoris Laetitia darauf verwies, dass in der Kirche zwar eine Einheit notwendig sei, dass diese Einheit aber nicht als Uniformität missverstanden werden und kein Hindernis dafür sein dürfe „dass verschiedene Interpretationen einiger Aspekte der Lehre oder einiger Schlussfolgerungen, die aus ihr gezogen werden, weiter bestehen."[39] Papst Franziskus ermutigt in diesem Kontext dazu, regional angepasste Vorgehensweisen zu entwickeln wenn er schreibt: „Außerdem können in jedem Land oder jeder Region besser inkulturierte Lösungen gesucht werden, welche die örtlichen Traditionen und Herausforderungen berücksichtigen. Denn die Kulturen [sind] untereinander sehr verschieden und jeder allgemeine Grundsatz [...] muss inkulturiert werden, wenn er beachtet und angewendet werden soll."[40] Mit Blick auf die Betonung der eigenen Dignität des Kontextes und der sich in ihnen realisierenden Ortskirchen ist es hilfreich, dass Papst Franziskus auch zur Entwicklung eines relationalen Wahrheitsbegriffs ermutigt und dabei zu einer Dezentralisierung der Kirche aufruft. So schreibt er in Evangelii gau-

---

[37] Eindrucksvoll beschreibt Leonardo Boff die Bedeutung der „Zwischenräume" und deren reziproke Beziehung zu den Subjekten wenn er auf die Formation der Zugvögel verweist, deren Strukturen und Dynamiken wohl nicht auf einen strukturieren Impuls eines einzelnen Subjektes zurückzuführen sind. Boff bemüht dabei die (naturwissenschaftlich nicht allgemein anerkannte) Theorie der morphischen Resonanz. Vgl. Boff, Leonardo/Hathaway, Mark, Befreite Schöpfung, a.a.O., S. 132–140.

[38] Vgl. Vellguth, Klaus, „Relationale Missionswissenschaft. Wenn Mission dazwischen kommt", in: Zeitschrift für Missionswissenschaft und Religionswissenschaft 101 (2017) 1–2, S. 190–195.

[39] Franziskus, Nachsynodales Schreiben „Amoris laetitia" des Heiligen Vaters Papst Franziskus an die Bischöfe, an die Priester und Diakone, an die Personen geweihten Lebens, an die christlichen Eheleute und an alle christgläubigen Laien über die Liebe in der Familie, 19. März 2016, Verlautbarungen des Apostolischen Stuhls, Nr. 204, Bonn 2016, Nr. 3.

[40] Amoris laetitia 3

dium: „Ich glaube auch nicht, dass man vom päpstlichen Lehramt eine endgültige oder vollständige Aussage zu allen Fragen erwarten muss, welche die Kirche und die Welt betreffen. Es ist nicht angebracht, dass der Papst die örtlichen Bischöfe in der Bewertung aller Problemkreise ersetzt, die in ihren Gebieten auftauchen. In diesem Sinn spüre ich die Notwendigkeit, in einer heilsamen „Dezentralisierung" voranzuschreiten."[41]

Dezentralisierung und Kontextualisierung in der Weltkirche setzen Dialogfähigkeit voraus. Denn nur wenn die verschiedenen Perspektiven eingebracht werden und die Beiträge aus unterschiedlichen Kontexten wertschätzend wahrgenommen werden, führen sie zu einer theologischen, vielleicht sogar auch zu einer spirituellen gegenseitigen Bereicherung. Dieser weltkirchliche Dialog muss neu eingeübt werden.[42] Hilfreich ist dabei ein relationales ekklesiologisches Verständnis, das sich nicht vorschnell an (ideologischen) Glaubenssätzen festhält und diese intersubjektiv als verbindlich kommuniziert, denn es sind nicht in erster Linie Glaubenssätze, die uns als Christen miteinander verbinden. Viel wichtiger als kognitive Konstrukte ist doch eine Beziehung, die Christen weltweit miteinander verbindet. So schreibt Benedikt XVI. in seiner Enzyklika „Deus caritas est": „Am Anfang des Christseins steht nicht ein ethischer Entschluss oder eine große Idee, sondern die Begegnung mit einem Ereignis, mit einer Person, die unserem Leben einen neuen Horizont und damit seine entscheidende Richtung gibt."[43]

Als Weltkirche lernt die katholische Kirche (nicht erst) zu Beginn des dritten Jahrtausends, dass diese Begegnung mit Christus in unterschiedlichen kulturellen Kontexten verschieden gestaltet werden kann. Die Begegnungen und Erfahrung, die Menschen mit Christus machen, wird in unterschiedlichen kulturellen Räumen verschieden sein – sich vielleicht auch ganz unterschiedlich „anfühlen". Spannend wird es dann, wenn Christen sich diese unterschiedlichen Erfahrungen in der Weltkirche gegenseitig erzählen. Und wertschätzend zuhören, wenn andere ihnen von ihren – manchmal vielleicht zunächst einmal unglaublich klingenden – Begegnungen und Erfahrungen mit Jesus Christus erzählen.

---

[41] Evangelii Gaudium 16.

[42] Vgl. Klasvogt, Peter, „Feuer auf die Erde werfen…! Zur Gesellschaftsrelevanz einer Kirche in synodaler Verantwortung", in: Stimmen der Zeit 235 (2017) 2, S. 95–102; Buber, Martin, Das dialogische Prinzip: Ich und Du. Zwiesprache. Die Frage an den Einzelnen. Elemente des Zwischenmenschlichen. Zur Geschichte des dialogischen Prinzips, Gütersloh 2006.

[43] Benedikt XVI., Enzyklika „Deus Caritas Est" an die Bischöfe, an die Priester und Diakone, an die Gott geweihten Personen und alle Christgläubige über die christliche Liebe (Verlautbarung des Apostolischen Stuhls Nr. 171), Bonn 2005, Nr. 1.

Autorenverzeichnis

René Buchholz, geb. 1958, Dr. theol., ist apl. Professor für Fundamentaltheologie an der Katholisch-Theologischen Fakultät der Universität Bonn. Arbeitsschwerpunkte: Religion und Moderne, Kritische Theorie und Theologie, Jüdisch-christlicher Dialog, Jüdische und christliche Identitäten seit Haskalah/Aufklärung, Jüdisch-christliche Kontroversen in der Moderne.

Mariano Delgado, geb. 1955, Dr. theol. Dr. phil., ist Professor für Kirchengeschichte und Direktor des Instituts für das Studium der Religionen und den interreligiösen Dialog an der Universität Fribourg/Schweiz.

Ursula Nothelle-Wildfeuer, geb. 1960, Dr. theol. habil., verheiratet, 5 Kinder, ist Professorin für Christliche Gesellschaftslehre an der Theologischen Fakultät Freiburg. Neben der universitären Lehr- und Forschungsarbeit ist sie in zahlreichen Kommissionen von Politik, Universität und Kirche beratend tätig.

Claude Ozankom, geb. 1958 in Idiofa/Kongo, Dr. theol. Dr. phil., ist Professor für Fundamentaltheologie, Religionsphilosophie und Theologie der Religionen an der Katholisch-Theologischen Fakultät der Universität Bonn.

Paul Petzel, Dr. theol., ist nach Studium der Theologie und Kunst Lehrer an einem Gymnasium und engagiert sich im jüdisch-christlichen Dialog. Zuletzt veröffentlichte er „Von Abba bis Zorn Gottes. Irrtümer aufklären – das Judentum verstehen".

Günter Riße, Dr. theol., ist Professor für Religionswissenschaft/Fundamentaltheologie an der Philosophisch-Theologischen Hochschule Vallendar, Gründer des dortigen „Instituts für interkulturelle und interreligiöse Begegnung" und Direktor des Erzbischöflichen Diakoneninstituts im Erzbistum Köln.

Alban Rüttenauer, geb. 1967, Dr. theol., Mitglied des Pallottinerordens, ist nach theologischen Studien in Münster und Rom sowie Promotion in Augsburg derzeit Juniorprofessor für Alttestamentliche Exegese an der Philosophisch-Theologischen Hochschule Vallendar (PTHV).

Michael Sievernich, geb. 1945, Dr. theol. Dr. h.c., ist Professor em. für Pastoraltheologie an der Johannes Gutenberg-Universität Mainz, Honorarprofessor an der Philosophisch-Theologischen Hochschule Sankt Georgen in Frankfurt.

Tobias Specker, geb. 1971, Dr. theol., ist Juniorprofessor der Stiftungsprofessur „Katholische Theologie im Angesicht des Islam" an der Philosophisch-Theologischen Hochschule Sankt Georgen. Er arbeitet an einem Habilitationsprojekt zur Thematik „Gottes Wort und die menschliche Sprache. Ein christliches Gespräch mit islamischen Auffassungen zur Unnachahmlichkeit des Koran".

Klaus Vellguth, Dr. theol. habil. Dr. phil. Dr. rer. pol. und Dipl. Religionspädagoge (FH), ist Professor für Missionswissenschaft an der Philosophisch-Theologischen Hochschule Vallendar (PTHV), Direktor des Instituts für Missionswissenschaft (IMW) an der PTHV und Leiter der Abteilung „Theologische Grundlagen" sowie Leiter der Stabsstelle „Marketing" von missio in Aachen.

Vincenzo Di Pilato, Dr. theol. habil., ist Professor für Fundamentaltheologie an der Facoltà Teologica Pugliese in Bari/Italien, außerdem Visiting Professor für Theologie des Dialogs am Istituto Universitario Sophia in Florenz/Italien.

Hans Waldenfels, geb. 1931, lic. phil., Dr. theol. habil. Dr. h.c., ist Professor em. für Fundamentaltheologie, Religionsphilosophie und Theologie der Religionen an der Katholisch-Theologischen Fakultät der Universität Bonn.